Science,
on blogue!

Le nouveau monde d'Internet

Catalogage avant publication de Bibliothèque et Archives nationales du Québec et Bibliothèque et Archives Canada

Lapointe, Pascal, 1964-

Science, on blogue!

Comprend des réf. bibliogr.

ISBN 978-2-89544-121-2

1. Blogues. 2. Sciences – Blogues. 3. Extranets. I. Drouin, Josée Nadia. II. titre.

TK5105.8884.L36 2007   006.7   C2007-941547-4

Pascal Lapointe et Josée Nadia Drouin

Science, on blogue!

Le nouveau monde d'Internet

ÉDITIONS MultiMondes

© Éditions MultiMondes, 2007
ISBN : 978-2-89544-121-2
Dépôt légal – Bibliothèque et Archives nationales du Québec, 2007
Dépôt légal – Bibliothèque et Archives Canada, 2007

ÉDITIONS MULTIMONDES
930, rue Pouliot
Québec (Québec) G1V 3N9
CANADA
Téléphone : 418 651-3885
Téléphone sans frais : 1 800 840-3029
Télécopie : 418 651-6822
Télécopie sans frais : 1 888 303-5931
multimondes@multim.com
http://www.multim.com

DISTRIBUTION AU CANADA
PROLOGUE INC.
1650, boul. Lionel-Bertrand
Boisbriand (Québec) J7H 1N7
CANADA
Téléphone :   450 434-0306
Tél. sans frais : 1 800 363-2864
Télécopie :   450 434-2627
Téléc. sans frais : 1 800 361-8088
prologue@prologue.ca
http://www.prologue.ca

DISTRIBUTION EN FRANCE
LIBRAIRIE DU QUÉBEC
30, rue Gay-Lussac
75005 Paris
FRANCE
Téléphone :   01 43 54 49 02
Télécopie :   01 43 54 39 15
direction@librairieduquebec.fr
http://www.librairieduquebec.fr

DISTRIBUTION EN BELGIQUE
La SDL Caravelle S.A.
Rue du Pré aux Oies, 303
Bruxelles
BELGIQUE
Téléphone :   +32 2 240.93.00
Télécopie :   +32 2 216.35.98
Sarah.Olivier@SDLCaravelle.com
http://www.SDLCaravelle.com/

DISTRIBUTION EN SUISSE
SERVIDIS SA
chemin des chalets 7
CH-1279 Chavannes-de-Bogis
SUISSE
Téléphone :   (021) 803 26 26
Télécopie :   (021) 803 26 29
pgavillet@servidis.ch
http://www.servidis.ch

Les Éditions MultiMondes reconnaissent l'aide financière du gouvernement du Canada par l'entremise du Programme d'aide au développement de l'industrie de l'édition (PADIÉ) pour leurs activités d'édition. Elles remercient la Société de développement des entreprises culturelles du Québec (SODEC) pour son aide à l'édition et à la promotion.

Gouvernement du Québec – Programme de crédit d'impôt pour l'édition de livres – gestion SODEC.

100%

Imprimé avec de l'encre végétale sur du papier Rolland Enviro 100, contenant 100% de fibres recyclées postconsommation, certifié Éco-Logo, procédé sans chlore et fabriqué à partir d'énergie biogaz.

IMPRIMÉ AU CANADA/PRINTED IN CANADA

Table des matières

Contribuez à ce livre!

Le chapitre 8, «La communication en dehors de la tour d'ivoire», peut être amélioré, augmenté, discuté, enrichi à:

http://sciencepresse.wiki-site.com

Introduction

L e scientifique est un être ennuyeux. Distrait. Asocial. Il s'habille mal. Il s'enferme dans son bureau. Il ne vit que pour les équations et les éprouvettes. Et il ne sort pas avec les filles!

Portrait familier. Tellement familier que c'est ainsi que les enfants décrivent un scientifique lorsqu'on leur pose la question! Et les adultes ne font guère mieux: ils formulent tout simplement la chose en d'autres mots. Le scientifique est «enfermé dans sa tour d'ivoire». Un professeur Tournesol. Qui parle un langage incompréhensible. Qui était le *nerd* de l'école... et bien sûr, un homme! Tout au plus convient-on qu'il doit sûrement exister des scientifiques mariés... encore qu'on se demande ce que les femmes ont bien pu leur trouver!

Et ajoutez à cela un autre facteur démotivant: dès qu'une personne croit dur comme fer en une chose dont la science dit qu'elle n'a pas été démontrée, le scientifique hérite, en plus, du statut de «borné» – c'est-à-dire celui qui refuse de croire en ce que d'autres considèrent «évident». Or, comme la moitié des gens croient aux soucoupes volantes, qu'une autre moitié ne croit pas en l'évolution et que la moitié croit au paranormal... ça fait beaucoup de gens montés contre «la science»!

«Pourquoi les gens en science se sentent-ils comme une élite? Nous, on est juste de la merde, les *pas bons* qui ont échoué leurs cours de sciences et de maths», déclare une internaute sur *Science! On blogue*, le blogue de l'Agence Science-Presse.

Nombre de scientifiques se défendent bien de se prendre pour une élite. Plusieurs croient au contraire très fort en l'importance d'une science qui parlerait à tous et à toutes.

Et il s'en trouve même qui n'aimaient pas les cours de sciences et de maths à l'école! Un des plus brillants vulgarisateurs du 20e siècle, Carl Sagan, évoquait peu avant sa mort combien il trouvait «ennuyantes» les sciences qu'on lui enseignait. «C'étaient des récitations mécaniques du Tableau périodique, des surfaces planes et inclinées, la photosynthèse des plantes vertes et la différence entre l'anthracite et le charbon bitumineux. Mais il n'y avait aucun sens du merveilleux, aucun indice d'une perspective évolutive et rien sur les idées erronées auxquelles tout le monde croyait[1]».

Pourtant, les sciences ne sont pas soporifiques, du moins pas dans la bouche de Carl Sagan, d'Hubert Reeves ou des *Débrouillards*. Elles décrivent l'incroyable beauté du cosmos, les extraordinaires prouesses des animaux, le fabuleux génie créatif des êtres humains. Comment donc ont-elles pu en arriver à être considérées comme non seulement «ennuyantes», mais, pire, séparées du reste du monde?

Des enfants, dès l'âge de trois ans, sont débordants de curiosité face à tout ce qui est scientifique: ils observent avec fascination la marche d'une colonne de fourmis, questionnent les adultes sur la façon dont brillent les étoiles et veulent savoir d'où provient la nourriture, la pluie ou l'image de la télé. Pourtant, leur intérêt pour la science s'émousse souvent lorsqu'ils mettent le pied dans un cours de chimie ou de mathématiques.

Soyons justes: peut-être que, même en absence d'école, leur curiosité se serait naturellement émoussée, avec l'arrivée de l'adolescence – la musique, le sport... et les amours! N'empêche que par la suite, pendant toute leur vie d'adulte, ils seront nombreux à associer leurs mauvais souvenirs de l'école à ce qu'ils croient être «la science». Quelle gaffe monumentale!

* * *

Internet peut-il rattraper le coup? Ce gigantesque puits de connaissances qui passionne jeunes et moins jeunes peut-il contribuer à remettre sur les rails l'intérêt pour la science? Peut-il rapprocher le scientifique du citoyen qui le perçoit comme un être enfermé dans sa tour d'ivoire?

Chose certaine, pour l'instant, l'évolution d'Internet est en train de s'inscrire parfaitement dans le rêve des promoteurs d'un

---

1. Carl Sagan, «Introduction: My Teachers», dans *The Demon-Haunted World*, New York, Ballantine Books, 1997, p. xiii.

dialogue universel, où chacun aurait sa place : scientifique et non-scientifique, journaliste et non-journaliste, prof et étudiant, jeune et vieux... De bibliothèque planétaire qu'il était dans les années 1990, Internet est en voie de se transformer en une conversation planétaire, où le passionné, quelle que soit sa passion, peut facilement trouver son audience.

Déjà, des études révèlent que nombre de jeunes discutent et socialisent davantage par le biais des réseaux virtuels que par le biais du « vrai monde ». Plutôt que de tenir des journaux personnels, ils tiennent des blogues. Plutôt que de s'inventer des personnages dans leur tête, ils en créent des « vrais » dans de vraies-fausses réalités comme *Second Life*. Plutôt que de tenir des albums photos, ils utilisent un lieu virtuel comme *Flickr*. Plutôt que de s'échanger des cartes de hockey ou des DVD, ils participent à des communautés sur *YouTube* et créent leurs propres anthologies musicales qu'ils emportent ensuite sur leur iPod.

Et tout cela s'est produit en moins d'une décennie. Les plus de 30 ans ont à peine eu le temps de digérer l'impact du courriel que, déjà, les plus jeunes – et quelques « vieux » plus audacieux – sont rendus à des années-lumière. « L'outil Internet » n'avait même pas eu le temps d'être assimilé par l'industrie de la musique que, déjà, les internautes jouaient dans le territoire des journaux, de la radio et de la télé et prenaient le contrôle de certaines des voies de distribution qui avaient jusque-là été l'apanage des géants de l'informatique, de la culture ou de l'information.

En décembre 2006, le magazine *Time* attribuait le titre de « personnalité de l'année » à « vous » – oui, vous – pour avoir réussi avec succès à « prendre le contrôle » : « vous » contrôlez – du moins, vous pouvez contrôler – plusieurs des flux d'information qui vous alimentent, de la distribution de musique à l'actualité politique en passant par les images que, jusque-là, seules les chaînes de télé auraient choisies à votre place[2].

Prendre soi-même la parole avait été une caractéristique importante d'Internet dès le début des années 1990. Mais après l'an 2000,

---

2. « Person of the Year », *Time*, 25 décembre 2006.

cette caractéristique, tel un arbre qui aurait entamé une croissance folle, s'est multipliée en une foule de branches. Certaines de ces ramifications sont elles-mêmes devenues un immense écosystème : c'est le cas des blogues. D'autres, telle une brindille mutante surgie de nulle part, se sont transformées en des phénomènes commerciaux : *Friendster, Bebo, YouTube, Flickr, MySpace...*

MySpace, justement. Qualifié de «mère des réseaux sociaux virtuels» par le magazine scientifique *New Scientist, MySpace* est révélateur de cette folle croissance : à la fin de l'été 2006, il accueillait son 100 millionième abonné ; quelques semaines plus tôt, il avait été acheté par le magnat des communications Rupert Murdoch pour la somme de 580 millions $! Pas mal pour un site Web lancé à partir de rien quelques années plus tôt, et dont l'idée, en apparence banale, avait été de permettre à ses abonnés de se créer un «espace personnel» affichant leurs goûts, leurs intérêts, leurs livres et films préférés, leur journal «intime», leurs photos, toutes des données à partir desquelles ils peuvent ensuite se «réunir» suivant leurs affinités.

Et l'évolution ne s'arrêtera pas là, puisque la technologie permet des prouesses que même les pionniers d'Internet, il y a une quinzaine d'années, n'avaient pas prévues. Ces réseaux sociaux ne sont plus limités à des gens assis devant leur ordinateur, ils s'élargissent et deviennent mobiles, grâce aux téléphones cellulaires, Blackberry, iPod et autres joujoux sortis de notre imagination.

Oubliez le cliché, transmis par les médias, de l'ado boutonneux qui écrit quelques mots dans un mauvais français (*Ou que té?*) au bénéfice de l'ami qu'il va retrouver dans 30 secondes. L'un de ces réseaux, *Facebook* (www.facebook.com), a été lancé en 2004 spécifiquement pour les étudiants. Trois ans plus tard, il rassemblait plus de 18 millions d'abonnés dont les deux tiers s'y pointent une fois par jour pour y chercher – et y donner – conseils, aide aux devoirs, ou simplement réconfort, et il était devenu le principal concurrent de *MySpace.* Le dossier du *Time* sur sa «personnalité de l'année» mentionnait une étudiante de l'Université de Portland, Oregon, qui avait 708 «amis», selon sa page *Facebook*: réseau social à la définition floue, mélange de café étudiant, de conférence téléphonique perpétuelle et de discussions de corridors sur les derniers potins.

Lors de la tuerie de Virginia Tech, en avril 2007, c'est sur *FaceBook* que les étudiants se sont rués pour avoir des nouvelles de leurs camarades ou rassurer leurs proches.

Un autre de ces réseaux sociaux virtuels, *Siphs* (www.siphs.com/), s'adresse spécifiquement à ceux qui travaillent en sciences de la vie : des biologistes marins, botanistes, environnementalistes, la liste est longue!

De : **Amanda Gefter, *The New Scientist***
Date : 16 septembre 2006
Titre : Ceci est votre espace

Il semble inévitable qu'un méta-réseau unissant ces nombreux réseaux sociaux émergera un jour. Et que l'identité complète d'un individu, vue sous toutes ces facettes, vivra sur Internet. Nous transporterons ce méta-réseau avec nous dans de petits appareils sans fil de telle façon que nos identités virtuelles s'intégreront de plus en plus au « vrai monde ». Nous serons plus autonomes et mobiles que jamais, et en même temps découvrirons une forme sans précédent de collectivisme. Pour la génération *MySpace*, ce ne sera pas étrange du tout[3].

C'est une entreprise de colonisation. Une population entière est en train de coloniser un nouvel espace, distinct de l'espace physique que nous avons occupé en quittant nos cavernes.

Et la science là-dedans? Un des pionniers d'Internet, Vernor Vinge – chercheur et, à ses heures, auteur de science-fiction – greffe ce vaste espace à l'avenir même de la communauté scientifique.

De : Vernor Vinge, Université de Californie à San Diego
Date : 23 mars 2006
Titre : La machine à créativité, dans *Nature*

Nous, humains, avons bâti une machine à créativité. Elle est la somme de trois choses : quelques centaines de millions d'ordinateurs, un système de communication connectant ces ordinateurs et quelques millions de personnes utilisant ordinateurs et communications.

Internet a déjà changé la façon dont nous faisons la science, en particulier en facilitant la collaboration entre les chercheurs. L'Internet d'aujourd'hui fournit des simulations et des bases de données, et des connexions fiables entre des

---

3. Amanda Gefter, « This is your Space », *The New Scientist*, 16 septembre 2006, p. 46-48 : http://www.newscientisttech.com/article/mg19125691.500

laboratoires informatisés. Il représente également un investissement financier dirigé par les demandes de centaines de millions de consommateurs... Plus que n'importe quel mégaprojet du passé, l'essence même d'Internet est de créer une circulation ordonnée de l'information[4].

Dans ce vaste ensemble, le blogue est davantage qu'un élément parmi d'autres. Il est tantôt la partie de ce vaste univers qui émerge au grand jour, tantôt le carrefour de tous les éléments de ce vaste univers: c'est le journal personnel du jeune qui s'affiche sur *MySpace* et échange ses vidéos sur *YouTube*; ou c'est la zone d'archivage des textes du journaliste dont le travail s'effectue dans le «vrai monde»; ou c'est l'outil pédagogique du prof vers lequel hyperlient les utilisateurs de *FaceBook*...

Résultat, un blogue peut n'avoir que 100 lecteurs réguliers, cela importe peu: s'ils forment par eux-mêmes une communauté spécialisée qui a réussi à engendrer une conversation intéressante, il est un succès. Il est un mini-réseau social à l'intérieur du méga-réseau social virtuel.

Cette communauté de 100 personnes peut être une communauté de profs de science. Ou de généticiens de la levure de bière. Ou une communauté réunie autour d'un scientifique-blogueur dont on admire la plume ou l'érudition. D'ores et déjà, dans le monde anglophone, des centaines de scientifiques – surtout des jeunes, et parmi eux un bon contingent d'étudiants au doctorat ou au post-doctorat – bloguent sur une base hebdomadaire, voire quotidienne.

En français, le site Science! On blogue (blogue.sciencepresse. info) aura été le premier, à l'automne 2005, à proposer un tel lieu aux scientifiques qui voulaient plonger dans la blogosphère.

Au moment d'écrire ces lignes, près de deux ans plus tard, le nombre de blogues scientifiques en langue française demeure insignifiant. Ce qui est, à notre avis, à nous de l'Agence Science-Presse qui avons créé *Science! On blogue*, une erreur magistrale. Et nous ne sommes pas les seuls à l'avoir souligné: les prestigieuses revues internationales *Nature* et *Science* ont invité leurs lecteurs à plonger. Des chercheurs, dont on retrouvera les signatures au long de ce

---

4. Vernor Vinge, «The Creativity Machine», *Nature,* 23 mars 2006, p. 411.

livre, ont bâti des argumentaires pour convaincre leurs collègues de l'importance que peut prendre le blogue, et de la signification qui se dégage du blogue, dans un contexte international où des millions de gens souhaitent prendre la parole à travers Internet, ou contrôler le flux d'information qui leur parvient.

Le blogue, à la base, est l'incarnation même de ce dont rêvent les promoteurs d'une science plus près du citoyen :

- Un outil qui permet aux scientifiques de parler directement au citoyen, eux qui sont si souvent négligés par les médias ;
- Un outil qui permet au citoyen d'écouter ou de lire ce que les scientifiques ont à dire, dans un langage clair et compréhensible ;
- Un outil qui permet à des experts de plus d'une discipline d'échanger sur un terrain commun, plutôt que d'être cantonnés aux congrès ne réunissant que les experts de leur propre discipline ;
- Un outil qui permet même d'entamer un dialogue à grande échelle entre le citoyen et cette soi-disant tour d'ivoire.

Dans ce livre, nous allons tenter d'expliquer pourquoi cette expérience est indispensable à l'évolution de la science et de la communication scientifique. À ceux que les blogues effraient encore, nous offrons un chapitre «pour les nuls» qui vous expliquera tout ce qu'il y a à savoir pour se lancer dans la blogosphère – et ce «tout», vous verrez, est encore plus petit que vous ne l'imaginez.

Nous verrons également que d'ores et déjà, des chercheurs, des enseignants et de simples citoyens avides de science, ont découvert des utilités au blogue, que ce soit pour leurs collègues, leurs élèves ou leur travail en solitaire. Vous lirez certaines de leurs interventions et vous aurez tout loisir, en suivant les hyperliens donnés en références, de lire plus en détail jusqu'où les ont conduits leurs observations et leurs pérégrinations dans ce nouvel espace.

Interaction avec le public, conversation planétaire, prise de parole et prise de contrôle par le citoyen : ce sont des mots-clés que l'on retrouvera tout au long de ces pages. Or, ces mots ne résument-ils pas ce que réclament depuis une éternité les amateurs de science, frustrés de la maigreur de l'information scientifique à laquelle ils ont accès? Ces mots ne sont-ils pas la réponse aux critiques qui perçoivent les scientifiques comme une élite réfugiée au sommet de sa tour d'ivoire?

L'évolution d'Internet en général et l'évolution des blogues en particulier constituent peut-être les clés pour rompre cet isolement de la science, pour jeter un pont entre la société et cette autre planète en apparence si étrange.

PREMIÈRE PARTIE

Entrez dans la blogosphère !

CHAPITRE 1
Pourquoi diable bloguer?

« Vous entendez derrière moi? Il y a comme un bruit de ventilateur?» L'astrophysicien Robert Lamontagne, qui faisait cette remarque au téléphone lors d'une entrevue qu'il nous accordait avant le lancement de *Science! On blogue*, n'est pas affligé d'un bureau doté d'un système de climatisation particulièrement bruyant. Il est à l'Observatoire québécois du mont Mégantic, et le bruit est celui d'un spectrographe qu'il est occupé à réparer.

Parce que la science n'est pas ce que l'on croit

C'est que contrairement à la croyance populaire, le travail d'astrophysicien ne se résume pas à échafauder des théories sur l'univers. «Il y a des moments où on travaille avec un tournevis», explique celui qui est devenu blogueur à l'automne 2005.

Ainsi, au moment de cet entretien téléphonique, il était en train de procéder à la cure de rajeunissement du spectrographe de l'Observatoire du mont Mégantic, où il occupe la fonction d'astronome ingénieur.

«Être astronome ingénieur, c'est porter plusieurs chapeaux, explique-t-il. Je m'occupe de tout ce qui concerne l'équipement technique de l'observatoire, de la conception d'instruments d'observation à la rédaction de manuels d'utilisation, jusqu'à l'entretien de ce matériel... En fait, être astronome ingénieur, c'est pratiquement être responsable de l'observatoire au complet!»

On est loin du cliché traditionnel du scientifique, n'est-ce pas? Or, une bonne partie de l'incompréhension face aux scientifiques vient justement du fait que les gens n'ont souvent pas la moindre idée du travail que font les scientifiques au jour le jour.

Pensons par exemple au physicien. Combien de films, de romans, d'articles journalistiques, ont forgé de celui-ci l'image d'un Einstein aux cheveux en bataille, inscrivant au tableau de longues et incompréhensibles équations sur d'obscures particules? Or, comme en témoigne Normand Mousseau, physicien à l'Université de Montréal, une journée typique dans la vie d'un «prof de physique» comporte, au contraire, bien des points communs avec bien d'autres travailleurs «non scientifiques» du secteur public.

De: Normand Mousseau, Université de Montréal
Date: 14 juin 2006
Titre: Une journée dans la vie d'un prof de physique,
dans *Science! On blogue... de physique*

Le matin, avant de partir, je vérifie une première fois mon courriel et réponds à mes collaborateurs européens, par exemple, qui ont déjà 6 heures de travail dans le corps. À l'arrivée au bureau, généralement entre 8h30 et 9h, je jette un coup d'œil aux simulations que j'ai lancées la veille. Si ces simulations sont terminées, je peux en profiter pour faire un peu d'analyse. Je ramasse mon courrier, regarde les articles qui sont apparus sur Internet depuis la veille et en imprime quelques-uns pour les lire avec un peu plus d'attention ou les empiler afin de les avoir sous la main lorsque je préparerai un article.

Vers 10h, je fais le tour des étudiants et chercheurs postdoctoraux que je supervise afin de voir où en est leur travail. [...] Après une heure de tournée, je retourne à mon bureau afin de relire un manuscrit ou une demande de subvention que je dois évaluer. [...]

À 11h30, deux fois par semaine, il y a des séminaires présentés par des chercheurs invités ou locaux. *Les séminaires constituent probablement la meilleure façon de suivre l'évolution de mon champ de recherche et des domaines connexes. Avec l'augmentation constante du nombre d'articles publiés chaque année, il est difficile de suivre la littérature pertinente et presque impossible de déborder et de lire sur des sujets un peu éloignés. Les séminaires scientifiques permettent de combler cette lacune, en nous permettant, en une heure, de faire le point sur un sujet particulier.*

À mon retour du séminaire, je prends 30-45 minutes pour manger en compagnie de mes collègues. Ensuite, il faut préparer les cours. *Lorsque je ne suis pas en année sabbatique, je donne deux cours par année; ma chaire de recherche me permet d'être dispensé d'un troisième cours. [...]*

Vers 14h30, j'ai une réunion en vidéo-conférence du comité de direction de l'Association canadienne des utilisateurs de super-ordinateurs. *Ah! Que dire des réunions et des comités? Ceux-ci sont une nécessité du monde académique, car les professeurs doivent participer directement à la gestion de l'université et du monde de la recherche en général.*

15h30. Cours. Une heure, aujourd'hui. Après le cours, je discute un peu avec les étudiants. Vers 17h, je retourne à mon bureau, réponds à mon courriel et je finis une couple de petites choses avant de partir, vers 18h. Dans la soirée, je prendrai une heure ou deux pour lire quelques articles et travailler à la rédaction d'un article que j'écris en collaboration avec un de mes étudiants. Sinon, je rédigerai un billet pour *Science! On blogue.*

Robert Lamontagne fait lui aussi de la recherche, par exemple, sur les naines blanches. Il donne également un cours d'astrobiologie, cette science qui s'intéresse à la possibilité de vie ailleurs dans l'Univers. C'est un des rares cours du genre dans toute la francophonie. Et comme une bonne partie de ses élèves ne provient pas du cursus d'astronomie «il faut d'abord que je fasse un travail de démystification en traitant des soucoupes volantes»... puisque c'est généralement à ça qu'on pense d'abord dès qu'on entend le mot «extraterrestre»! «Mon cours traite aussi de la question de l'humanité dans l'espace, en demandant pourquoi nous ne sommes pas encore allés sur Mars, par exemple.» Bref, c'est un cours de vulgarisation.

Vulgarisation, nous y voilà. «J'ai toujours eu un intérêt personnel pour la vulgarisation scientifique et son côté pédagogique. Alors quand il me reste du temps (on est étonné qu'il en reste!), eh bien je fais des choses comme ce blogue.»

Bloguer pour vulgariser

Un tel parcours rendait Robert Lamontagne prédestiné à devenir un des premiers participants à *Science! On blogue.* En octobre 2005, alors que dans le monde anglo-saxon, le phénomène des blogues vivait son Big Bang, dans le monde francophone, il demeurait aussi peu visible qu'une naine blanche! Et dans le secteur scientifique, il était comme la matière sombre: invisible et indéfinissable!

Et pourtant, à l'Agence Science-Presse, l'idée qui nous était venue ne nous semblait pas si folle: pourquoi des scientifiques ne pourraient-ils pas, eux aussi, bloguer?

Au premier abord, le potentiel des blogues nous semblait coller parfaitement à la volonté de certains scientifiques de parler de ce qui les passionne, de jeter des passerelles vers d'autres disciplines – comme avec l'astrobiologie – et d'en jeter vers le grand public.

Et ça s'est réalisé: par exemple, au cours de la première année de *Science! On blogue,* Robert Lamontagne a écrit sur sa discipline (la construction d'un télescope géant, la recherche d'eau sur Mars, la sonde Huygens sur Titan, etc.) a tissé des liens vers d'autres disciplines (*Les astronomes et le climat*) ou vers certaines portions du public (comme ceux qui contestent le Big Bang).

De: Robert Lamontagne, Université de Montréal
Date: 16 février 2006
Titre: Les météorites disparaissent!,
dans *Science! On blogue... d'astronomie*

Le marché des météorites est si lucratif que des «chasseurs» parcourent la planète à la recherche de nouveaux spécimens. Ils les taillent et les revendent en petites parcelles avant que des spécialistes aient pu en faire l'analyse.

Heureusement, il y a une lueur d'espoir pour la recherche et les musées. Le cosmo-chimiste Dante Lauretta, du Lunar and Planetary Laboratory de l'Université d'Arizona à Tucson, et le collectionneur de météorites Marvin Killgore ont mis sur pied un centre de collection et d'analyse des météorites – le UA Southwest Meteorite Center – afin de préserver ce patrimoine mondial. [...]

Il ne manque qu'une grande star afin de parrainer la cause. Y a-t-il une Brigitte Bardot des météorites?[1]

Aux yeux d'un autre blogueur de la première heure, Jean-Claude Mareschal, professeur et chercheur au département des sciences de la terre et de l'atmosphère à l'Université du Québec à Montréal (UQAM): «Les blogues (fournissent) l'occasion de nous rapprocher des phénomènes affectant notre vie de tous les jours[2].»

---

1. Robert Lamontagne, «Les météorites disparaissent!», *Science! On blogue*, 16 février 2006: http://blogue.sciencepresse.info/astronomie/item/207
2. Danny Raymond, «Biographie de J.C. Mareschal», *Science! On blogue*, 25 octobre 2005: http://blogue.sciencepresse.info/environnement/item/101

C'est ainsi que dans un blogue étiqueté «environnement», lui et ses collègues ne pouvaient faire autrement que de parler:

- de l'ouragan Katrina, qui a dévasté la Nouvelle-Orléans quelques semaines avant l'ouverture de *Science! On blogue*, parfait prétexte pour parler de ce qui nous attend si rien n'est fait;
- du recul du pergélisol qui, tel qu'évoqué par les médias ces dernières années, pourrait avoir de graves conséquences sur la vie sociale et économique des habitants de ces régions;
- du pétrole... évidemment! «La crise du pétrole ajoute une pression supplémentaire, faire comprendre au public l'existence d'un problème réel: il n'y aura plus de pétrole dans 50 ans et la consommation augmente!», ajoutait le géophysicien.

«J'ai pensé que c'était un bon moyen de vulgariser mes recherches et de les faire connaître aux gens.», ajoutait Jean-Claude Mareschal dans une entrevue accordée au journal de son université, intéressé à signaler la présence de ce prof de «chez eux» sur le blogue de l'Agence Science-Presse[3].

Chose certaine, la nécessité de vulgariser n'est jamais aussi évidente que lorsqu'on lit des commentaires qui nous rappellent la perception négative qu'a le public de la science.

De: **Juste une secrétaire**
Date: **14 novembre 2006**
Titre: **Réponse à Les dangers d'une formation scientifique peu attrayante, *Science! On blogue***

Pourquoi les gens en science se sentent-ils comme une élite? Nous, on est juste la merde, les pas bons qui ont «coulé» leurs cours de science et de math au secondaire!

J'en suis et j'ai souvent affaire à des scientifiques dans mon métier. Très rares sont ceux qui ne me regardent pas avec un petit air suffisant, de dire, peuh! MOI j'ai un Ph. D. en physique et toi... ben t'é juste une secrétaire! Tandis que bizarrement, avec ceux qui sont moins «élitistes», on parle de tout... sauf de science! Et quand je tente de les amener sur le sujet... ils évitent en restant vagues et ne rentrent jamais à fond dans le sujet... probablement de peur que je n'y comprenne rien!

---

3. Pierre-Étienne Caza, «Bloguez-vous?», *L'UQAM*, 28 novembre 2005, p. 4.

Voilà entre autres pourquoi les sciences rebutent tant de gens, parce que c'est comme les Raéliens. Les sciences c'est juste pour les bons, ceux frôlant le génie... ou presque! Si tu as le malheur de t'y intéresser et d'aller y faire une carrière, accroche ta tuque avec d'la broche parce qu'il ne faudra jamais que tu descendes en bas de 90% de moyenne tout au long de ta carrière d'étudiant! Et il ne faudra jamais que tu cesses de prouver par un travail acharné, ne laissant de place à rien d'autre qu'à la science, que tu es le meilleur, celui qui va écraser tous les autres et avoir TOUTES les bourses et plus tard TOUTES les grosses subventions...

J'aime la science, je suis curieuse, j'apprends des rudiments d'astronomie et de mathématiques à mes enfants de 2 et 4 ans. Mais je le fais en cachette... parce que dans mon entourage on m'a souvent dit: si tu n'es pas scientifique, à quoi bon t'intéresser à l'espace-temps, tu n'y comprendras rien! Et depuis je ne le dis à personne, je n'en parle plus à personne, sauf anonymement sur un blogue! Et c'est bien dommage...[4]

La vulgarisation peut emprunter quantité de sentiers, et les sujets qui semblent moins sérieux n'en rejoignent pas moins un important public. Batman, par exemple!

De: **Janet Stemwedel, Université d'État de San Jose**
Date: **21 juin 2006**
Titre: **C'est *Dr Batman* pour toi!, dans *Adventures in Ethics and Science***

Ben, dans *The World's Fair,* demande quel type de scientifique est Batman... Sandra Forter tente de démontrer qu'il est un généticien, mais je ne suis pas convaincue. Il y aurait plus de mouches à fruits dans la *Batcave*.

J'ai une autre idée. Le combat contre le crime n'est pas vraiment la raison d'être de Batman. Si les méchants étaient de véritables méchants, ils ne seraient pas si mous et si inefficaces dans leurs «tentatives» de «tuer» le croisé à la cape. Batman nourrirait les poissons du port de Gotham City depuis des années.

Les méchants sont en réalité les adjoints de Batman. Et ceux qui prennent les coups sont ses étudiants à la maîtrise[5].

---

4. Juste une secrétaire, Réponse à «Les dangers d'une formation scientifique peu attrayante», *Science! On blogue*, 14 novembre 2006: http://blogue. sciencepresse.info/physique/item/307
5. Janet Stemwedel, «It's *Dr Batman* for you!», *Adventures in Ethics and Science*, 21 juin 2006: http://scienceblogs.com/ethicsandscience/2006/06/thats_dr_ batman_to_you_evil_do.php

Hélas, la vulgarisation n'est souvent pas valorisée dans le milieu universitaire. Elle ne conduit pas nécessairement à un meilleur poste ou à de meilleures subventions. Plusieurs s'insurgent contre cet état de fait. Pour le politologue américain Henry Farrell, auteur d'une des premières analyses académiques des blogues, la «blogosphère» ne serait rien de moins qu'un retour à ce qui a conduit des universitaires à vouloir devenir des... universitaires!

De: Henry Farrell, Université George Washington
Date: 7 octobre 2005
Titre: La blogosphère comme carnaval d'idées

Les blogues académiques offrent le genre de stimulation intellectuelle et d'engagement qui ont attiré en tout premier lieu plusieurs étudiants à la vie universitaire, mais qui se sont souvent perdus dans la bousculade à atteindre un poste, une subvention et une reconnaissance professionnelle.

Tout bien considéré, la blogosphère représente le plus proche équivalent de la République des Lettres que nous ayons aujourd'hui. Les blogues académiques, comme leur équivalent du XVIIIe siècle, sont remplis d'inimitiés, d'étalages d'humeurs, de caprices, de marottes et d'inepties... Toutefois, les blogues académiques fournissent aussi un carnaval d'idées, un échange d'arguments et des débats vivants et excitants à côté desquels plusieurs conversations savantes semblent ennuyeuses et sèches.

Au cours des 10 prochaines années, les blogues et autres formes d'échanges vont fort probablement modifier la façon dont nous, comme universitaires, nous nous définissons. Le blogue ne remplacera pas les publications académiques, mais il construit déjà un espace pour des conversations sérieuses autour des articles plus rigoureux que nous écrivons[6].

Bloguer pour parler entre soi

Si on peut bloguer pour vulgariser au bénéfice du public le plus large possible, on peut aussi bloguer au bénéfice d'un auditoire restreint. Par exemple, une équipe de recherche éparpillée dans plusieurs villes, un groupe scolaire. On peut tout simplement vouloir bloguer, comme on parle en général, au bénéfice de gens partageant des valeurs communes et des intérêts communs.

---

6. Henry Farrell, «The Blogosphere as a Carnival of Ideas», *Chronicle of Higher Education*, 7 octobre 2005: http://chronicle.com/free/v52/i07/07b01401.htm

De: **Paul Myers, Université du Minnesota**
Date: **6 juillet 2006**
Titre: **Entrevue à *Nature***

Un blogue ressemble à la conversation que vous auriez au bar après un colloque scientifique[7].

De: **Henry Farrell, Université George Washington**
Date: **7 octobre 2005**
Titre: **La blogosphère comme carnaval d'idées**

Le blogue sacrifie une certaine profondeur – il est difficile de présenter une thèse complexe dans l'espace classique du blogue – mais offre en retour une liberté et une flexibilité que les publications universitaires ne peuvent égaler. Pensez au temps qu'il faut pour publier un article dans un journal doté d'un comité de révision par les pairs. Dans plusieurs disciplines, ce sont des années qui peuvent s'écouler entre la première version et la publication. Une autre année peut s'écouler avant que d'autres universitaires ne commencent à publier des articles ou des livres en réponse.

En comparaison, un billet est publié sur un blogue immédiatement après que le blogueur ait appuyé sur le bouton «publier». Des réactions peuvent arriver dans les heures qui suivent... D'autres peuvent à leur tour répondre à ces réactions, créant un effet boule-de-neige s'étendant sur plusieurs blogues. Dans l'univers temporel propre à la recherche, une telle conversation serait étalée sur des années, à supposer qu'elle ait lieu.

Une fois que vous prenez l'habitude de cette rétroaction rapide, il peut être difficile de revenir au rythme plus tranquille des journaux savants. Pour reprendre les mots du professeur de philosophie de l'Université nationale de Singapour et blogueur John Holbo, la différence entre la publication savante et le blogue fait penser à un de ces épisodes de *Star Trek* ou d'*Au-delà du réel*, où on découvre qu'il existe une autre espèce qui partage le même espace que nous, mais si rapide ou si lente qu'un contact est presque impossible[8].

Parler parce que les médias n'en parlent pas

L'environnement médiatique pèse de tout son poids. Des années avant *Science! On blogue*, c'est l'environnement médiatique qui a été déterminant dans la naissance de blogueurs altermondialistes, contestataires, militants; ils se sentaient motivés à «descendre dans

---

7. Declan Butler, «Top Five Science Blogs», *Nature*, 6 juillet 2006: http://www. nature.com/news/2006/060703/pf/442009a_pf.html
8. Henry Farrell, *op. cit.*

l'arène» parce qu'ils déploraient l'absence de débats sur ces sujets dans les médias «traditionnels».

Inutile de dire que les amateurs de science ont toutes les raisons de se sentir eux aussi oubliés. Dans les médias, la science est le parent pauvre chronique. «Exceptées *Découverte* et *Les Années lumière*, les deux émissions scientifiques de Radio-Canada, il n'existe aucune tribune scientifique dans les médias électroniques!», s'indigne le physicien Normand Mousseau, de l'Université de Montréal, lui aussi, avec Robert Lamontagne et Jean-Claude Mareschal, parmi les premiers scientifiques blogueurs de la francophonie, sur *Science! On blogue*.

Les quatre directeurs qui se sont succédé depuis 1978 à l'Agence Science-Presse (ASP), peuvent en témoigner. L'ASP, initiatrice de *Science! On blogue*, est une agence de presse spécialisée en science, c'est-à-dire un média voué à alimenter les autres médias – journaux, radio, télé – en nouvelles scientifiques. Or, depuis 1978, l'ASP s'est maintes fois heurtée au même déprimant obstacle: la science n'intéresse pas les médias. Bien que les journaux hebdomadaires aient pu jadis s'abonner à l'ASP pour la mince somme de 100 $ par année, et obtenir ainsi la possibilité de remplir l'équivalent de deux pages de leur journal chaque semaine – le rêve de tout rédacteur en chef! – ils furent généralement peu nombreux à signer un chèque.

Pourquoi cela? Eh bien, «parce que c'est de la science». La science, c'est compliqué. La science, ce sont les mauvais souvenirs des cours ennuyants. La science, c'est le sarrau, la tour d'ivoire, les *nerds*. La science, c'est comme un corps étranger dont ne sait trop que faire.

Bien que les quotidiens et les téléjournaux voient défiler une quantité de nouvelles scientifiques sur les fils de presse qui les alimentent 24 heures sur 24, ces nouvelles scientifiques prennent dans la majorité des cas la direction de la poubelle, ou se transforment en un entrefilet. Dans les médias, la science, ça passe après le sport, les arts, la politique, l'économie, les faits divers, les cahiers sur l'automobile, la décoration, la consommation... et après l'horoscope!

Plutôt que d'écrire ces billets sur *Science! On blogue*, poursuivait Normand Mousseau à l'été 2006, «j'aurais pu écrire une lettre aux journaux. Mais ils ne l'auraient pas publiée. En fait, j'en ai envoyées, mais elles n'ont pas été publiées.»

**De:	Normand Mousseau, Université de Montréal**
Date: 22 janvier 2007
Titre: Les Débrouillards célèbrent leur premier quart
de siècle!, dans *Science! On blogue*

Tel que le rapportait *Le Devoir* dans son édition du samedi 20 janvier, le mouvement des Débrouillards a 25 ans tout juste. Alors que la présence de la science dans les médias est en déclin, une petite équipe de journalistes et de créateurs motivés ont réussi à tenir à bout de bras une des plus grandes activités de vulgarisation scientifique au Québec et à survivre à travers les tempêtes et les succès.

[...] Ironiquement, dans la même édition du *Devoir*, l'Institut du Nouveau Monde publie un cahier spécial sur *Que devient la culture québécoise?* On y retrouve des articles sur l'avenir de la culture québécoise, le rôle des minorités, la place de la religion et bien plus, mais pas un seul mot sur la culture scientifique! [...] Depuis plus d'une cinquantaine d'années, la communauté intellectuelle a rejeté la science. (Un citoyen) accompli se doit de s'intéresser à la littérature, à la poésie, à la philosophie, aux religions, à l'histoire, à la danse, à la peinture, à la sculpture, à la musique et au cinéma, mais pas à la science. Comme si celle-ci se développait de façon désincarnée et ne représentait pas une facette essentielle de notre personnalité: la curiosité face à notre environnement[9].

Même lorsque les médias publient de la science, même lorsqu'ils font de leur mieux pour correctement vulgariser, ils peuvent susciter la critique[10].

---

9. Normand Mousseau, «Les Débrouillards célèbrent leur premier quart de siècle!», *Science! On blogue*, 22 janvier 2007: http://blogue.sciencepresse.info/physique/item/363

10. La blogueuse Tara C. Smith a frappé une corde sensible, à en juger par les commentaires sur son billet consacré aux raisons motivant certains scientifiques à ne pas vouloir parler aux journalistes: «Question for the academic types interview requests», *Aetiology*, 15 juin 2007: http://scienceblogs.com/aetiology/2007/06/question_for_the_academic_type.php

De: **Gavin Schmidt, climatologue,**
Institut Goddard de la NASA
Date: 21 avril 2006
Titre: Comment ne pas écrire un communiqué
de presse, dans *RealClimate*

La plupart des journalistes n'ont pas suffisamment d'expérience en matière de sujets scientifiques pour mettre de nouveaux résultats [de recherche] dans leur contexte sans aide extérieure.

Souvent, ils ont un petit nombre de cadres préconçus à l'intérieur desquels ils vont insérer leur histoire: les plus courants impliquent les prédictions de désastres naturels, les conflits avec la communauté (plus c'est personnalisé, mieux c'est), des Galilée courageux luttant contre l'establishment et bien sûr, tout ce qui jongle avec la politique, ou l'ingérence politique dans la science. Ceci peut être utile si l'histoire se case bien dans une de ces boîtes, mais ça peut causer de gros problèmes si l'histoire est plus complexe...

Les scientifiques en sont conscients mais ne sont généralement pas assez proactifs pour prévenir ces dérapages[11].

De: **Paul Myers, Université du Minnesota**
Date: 13 juillet 2006
Titre: *Playboy*, parangon du journalisme, dans *Pharyngula*

Un lecteur m'a envoyé une citation du *Playboy* de ce mois. Eux, ils ont compris.

En matière politique, nous sommes surpris qu'autant de lecteurs attendent de nous, ou de toute autre publication, de présenter des versions «équilibrées». Cela reflète une croyance dans l'argument fallacieux suivant lequel il y a toujours deux côtés égaux à une histoire. Vous retrouvez cela dans les débats sur le réchauffement planétaire et sur l'évolution des espèces. Des milliers de scientifiques sont d'un côté: ils reconnaissent que le réchauffement planétaire est un problème et que l'évolution est fermement démontrée. Seuls quelques détracteurs se tiennent de l'autre côté.

Dépassé, le *New York Times! Playboy* s'appuie sur de meilleurs principes journalistiques que lui (ou du moins, que certains membres de son équipe). Je commencerais bien à lire ce magazine, sauf que chaque fois que j'en ai ouvert une copie, je ne pouvais pas dépasser les images[12].

---

11. Gavin Schmidt, «How to not write a press release», *RealClimate*, 21 avril 2006: http://www.realclimate.org/index.php/archives/2006/04/how-not-to-write-a-press-release

12. P.Z. Myers, «Playboy, Parangon of Journalism», *Pharyngula*, 13 juillet 2006: http://scienceblogs.com/pharyngula/2006/07/playboy_paragon_of_journalism.php

De: **Normand Mousseau, Université de Montréal**
Date: **8 octobre 2006**
Titre: **Corrélation et causalité, dans *Science!***
**   *On blogue... de physique***

Si on ne peut discerner la différence entre causalité et corrélation, il est impossible de penser rationnellement. C'est facile à comprendre. Commençons par l'observation suivante: «Lorsque les gens mangent de la crème glacée, il fait chaud». Il s'agit d'une corrélation... Maintenant, quel est le lien de causalité? Est-ce que le fait de manger une crème glacée augmente la température? Est-ce que la température élevée permet de fabriquer plus de crème glacée? On pourrait continuer ce jeu encore longtemps.

Passons maintenant à une corrélation plus sérieuse: «Certaines personnes du mouvement *goth* sont violentes». Cette corrélation a causé énormément de problèmes aux journalistes dans la foulée de la fusillade au Collège Dawson. Étonnamment, on s'est aperçu que ceux-ci ne comprennent rien à la logique la plus fondamentale: ce n'est pas parce qu'il y a une corrélation qu'il y a un phénomène de cause à effet...

On a entendu beaucoup de commentaires aussi peu allumés dans le cas de l'effondrement du viaduc au-dessus de l'autoroute 19. Avant d'accuser ou de conclure, il importe donc de bien distinguer entre ces concepts: les corrélations, qui indiquent seulement que deux phénomènes se produisent dans un ordre déterminé, et la causalité, qui démontre qu'un phénomène est la cause du second. Il est extrêmement important de se rappeler que l'existence de corrélations n'implique JAMAIS l'existence d'une relation de cause à effet[13].

Ajoutez à cela que ce dont les médias ne parlent pas, c'est aussi de la vie d'un scientifique: en quoi consiste son travail, et en quoi consiste sa vie... en dehors du travail! Plusieurs prétendent que si on pouvait sortir de la caricature habituelle du scientifique en sarrau, la perception négative du public s'atténuerait. À ce titre, un blogue intitulé *YoungFemaleScientist* (youngfemalescientist.blogspot.com/) dit bien ce qu'il veut dire.

---

13. Normand Mousseau, «Corrélation ou causalité», *Science! On blogue*, 8 octobre 2006: http://blogue.sciencepresse.info/physique/item/295

De: **Yvan Dutil**
Date: **11 février 2006**
Titre: **Mais que peut faire un astrophysicien dans une entreprise?!, dans *Science! On blogue... d'astronomie***

Je travaille chez ABB Bomem. Cette entreprise est l'un des chefs de file mondiaux en spectroscopie infrarouge [...] Le plus grand défi avec mon emploi est de décrire ce que je fais pour gagner ma vie. Mon boulot est tellement diversifié que cela ne rend pas la chose simple. Typiquement, je participe aux premières étapes de conception d'un projet ainsi qu'aux phases de tests. Ainsi, lors de la conception, une de mes premières tâches est de comprendre ce que veut le client et de convertir ses besoins en requis techniques... Par exemple, si on exige qu'un instrument possède une certaine résolution spatiale, cela impose un diamètre minimal du télescope d'entrée. Régulièrement, je dois concevoir ou utiliser des modèles mathématiques afin de prévoir comment un système réagira...

Un autre aspect important de mon travail est de faire de la coordination technique entre les différentes équipes d'experts qui travaillent sur un même projet. En effet, l'ingénieur mécanique, le concepteur optique et les ingénieurs électriques n'utilisent pas le même langage technique pour communiquer ou faire leurs calculs. Mes collègues et moi devons souvent jouer le rôle d'interprète. Ma formation en astrophysique m'a apporté une culture générale en science très vaste qui me permet de passer relativement facilement d'un sujet à l'autre[14].

Enfin, les médias critiqués pour leurs lacunes ne sont pas seulement les médias destinés au grand public. Les éditeurs de l'*American Journal of Bioethics* ont lancé en 2004 un blogue pour pallier les lacunes... de leur propre revue!

De: **Comité éditorial de l'*American Journal of Bioethics***
Date: **24 septembre 2004**
Titre: **What is This?, dans *Bioethics.net***

Pourquoi les éditeurs d'un journal médical publieraient-ils un blogue? Beaucoup de gens nous ont écrit pour se plaindre que le site Web du journal 1) ne couvrait pas toutes les nouvelles et 2) ne discutait pas des nouvelles ou ne les remettait pas en contexte. De sorte qu'à présent, nous avons résolu ce problème.

Être soi-même les éditeurs d'un journal rend cette démarche beaucoup plus facile: non seulement recevons-nous des informations en provenance de beaucoup de journalistes et autres collaborateurs, mais en plus, nous avons

---

14. Yvan Dutil, «Mais que peut faire un astrophysicien dans une entreprise?!», *Science! On blogue*, 11 février 2006: http://blogue.sciencepresse.info/astronomie/item/203

la chance d'avoir des étudiants et autres volontaires prêts à donner du temps pour synthétiser le tout[15].

Bloguer pour s'engager

Il y a le désir de fournir une information qu'on ne trouve pas dans les médias et il y a aussi le désir de corriger une information erronée. Entre les deux, la marche est souvent bien petite. Résultat, certains blogueurs américains ont, parfois sans l'avoir demandé, «croisé le fer».

De: **L'équipe de *RealClimate***
Date: **28 décembre 2005**
Titre: **Un an déjà..., dans *RealClimate***

Au cours des 12 derniers mois, nous avons croisé le fer virtuel avec Michael Crichton, avec le comité éditorial du *Wall Street Journal*, avec George Will [célèbre columnist de droite aux États-Unis], avec Nigel Lawson [ancien ministre des Finances sous Margaret Thatcher], avec Fox News [le réseau télé américain le plus à droite] et des réalisateurs de documentaires de même idéologie (quoique seulement une personne ait menacé de nous poursuivre)[16].

Pour le physicien Normand Mousseau, le blogue peut être une occasion de «dénoncer certaines pseudo-sciences qui déforment des réalités scientifiques à travers des filtres idéologiques trop largement véhiculés». Sur bien des sujets, disait-il à l'été 2005, trop de mythes circulent dans les nouvelles, et il existe trop peu de tribunes où on puisse véritablement discuter et argumenter.

Autrement dit: les scientifiques ne sont pas seulement en déficit de vulgarisation. Ils sont en déficit d'engagement social.

De: **Normand Mousseau, Université de Montréal**
Date: **10 avril 2006**
Titre: **Scientifique ou intellectuel,**
          dans *Science! On blogue... de physique*

Il est important pour les scientifiques de s'exprimer sur la société pour plusieurs raisons. Tout d'abord, leur formation leur permet d'analyser sans complexes des problèmes compliqués qui nécessitent parfois de passer à travers des colonnes

---

15. *American Journal of Bioethics*, «What is This», *Bioethics.net*, 24 septembre 2004: http://blog.bioethics.net/2004/09/what-is-this.html
16. *RealClimate*, «One Year on...» dans *RealClimate*, 28 décembre 2005: http://www.realclimate.org/index.php/archives/2005/12/one-year-on/

de chiffres. De plus, ils sont formés à poser des questions et à rester sceptiques lorsque les preuves manquent.

Il ne faut pas se leurrer toutefois, bon nombre de chercheurs érigent un mur infranchissable entre leur travail et leur quotidien, réservant leur sens critique pour leur activité professionnelle. De plus, la communauté scientifique ne voit pas toujours d'un bon œil le fait qu'un chercheur se prononce, en tant que citoyen engagé, dans des débats hors de son champ de spécialisation, de peur que ces positions ne nuisent à la communauté scientifique en général.

Je rejette cette catégorisation. Le scientifique est autant un intellectuel que le chercheur en sciences sociales[17].

Dilemme que les scientifiques n'ont pas encore tranché. Si on n'a pas de problème à voir un politologue ou un économiste intervenir plusieurs fois par mois dans les médias pour émettre son opinion sur une foule de sujets, pourquoi en aurait-on pour un physicien, un astronome ou un généticien, dès lors que ce qu'il a à dire est intéressant, pertinent – et compréhensible?

Normand Mousseau pratique en tout cas ce qu'il prêche, puisque la semaine même où il écrivait le billet ci-haut, était publié *Où va notre argent?*, un livre auquel il a contribué, produit par le collectif militant ATTAC et l'éditeur Écosociété.

«Mon expérience personnelle m'indique que les scientifiques devraient intervenir beaucoup plus dans les questions sociales», lui répondait l'astronome Yvan Dutil. Ce dernier est lui-même intervenu sur diverses tribunes au fil des années, notamment sur un dossier de nature astronomique – la pollution lumineuse – mais aussi sur un dossier sans rapport aucun avec l'astronomie: la réforme du mode de scrutin.

De: **Yvan Dutil**
Date: **17 avril 2006**
Titre: **Réponse à *Scientifique ou intellectuel*, dans *Science! On blogue... de physique***

Laisser toute la place aux prétendus «intellectuels» est dangereux. D'une part, parce que, comme tu l'as mentionné, les scientifiques sont familiers avec les outils mathématiques... D'autre part, la majorité des «intellectuels» proviennent

---

17. Normand Mousseau, «Scientifique ou intellectuel», *Science! On blogue*, 10 avril 2006: http://blogue.sciencepresse.info/physique/item/229

de deux ou trois écoles de pensée, ce qui réduit le débat social à un conflit permanent d'idées sans solution possible.

De plus, les scientifiques ont l'habitude de se tromper... En effet, se tromper fait partie de notre formation alors que dans la plupart des autres domaines, la formation consiste d'abord et avant tout à «avoir raison», quelle que soit l'absurdité des raisonnements sous-jacents. En science, on nous entraîne à faire face à la froideur des faits, que cela nous plaise ou pas.

Enfin, l'équipe de la Chaire d'études sur les écosystèmes urbains (UQAM), qui a contribué au blogue environnement en 2005-2006, a quelques fois pointé un doigt accusateur, soulignant non seulement la nécessité «de réduire nos émissions de gaz à effet de serre, mais aussi de repenser notre mode de consommation en général», et insistant sur la responsabilité qui nous incombe, en tant que Terriens riches et pollueurs, de donner un coup de pouce aux Terriens pauvres qui doivent subir les conséquences de notre pollution[18].

L'Américain Chris Mooney, qui n'est pas scientifique mais journaliste, a publié en 2005 un essai remarqué, *La Guerre républicaine à la science*, où il conclut que sous la présidence de George W. Bush, on a assisté à plus d'ingérences politiques dans la science que jamais auparavant dans l'histoire américaine. Face à cette réalité dérangeante, dit-il, les scientifiques se doivent de riposter. Ils doivent s'engager dans le débat, que cela leur plaise ou non.

De: Chris Mooney, journaliste scientifique
Date: Janvier 2006
Titre: Apprendre à parler *science*, dans *Seed Magazine*

Ce dont nous, les défenseurs de la science, devons prendre conscience, c'est que si nous voulons combattre ces attaques politiques efficacement, nous avons beaucoup à apprendre en matière de communication et de stratégie politique. Idéalement, dans un esprit scientifique, nous devrions voir la situation actuelle comme un problème à affronter par essais et erreurs: mener des expériences pour déterminer ce qui fonctionne lorsqu'on tente de traduire la science pour le grand public[19].

---

18. Chaire d'étude sur les écosystèmes urbains, «Adaptation et mitigation dans les pays en développement», *Science! On blogue*, 19 décembre 2005: http://blogue.sciencepresse.info/environnement/item/170 Ainsi que «Changements climatiques et vulnérabilité des pays les plus démunis», *Science! On blogue*, 1er décembre 2005: http://blogue.sciencepresse.info/environnement/item/158
19. Chris Mooney, «Learning to speak *science*», *Seed Magazine*, janvier 2006: http://www.seedmagazine.com/news/2006/01/learning_to_speak_science.php?page=2

De: **Normand Mousseau, Université de Montréal**
Date: **28 octobre 2006**
Titre: **Les dangers d'une formation scientifique peu attrayante, dans *Science! On blogue... de physique***

On l'a vu ces dernières semaines. Les fermetures de scieries montrent bien les risques qu'il y a à ne pas investir dans le savoir. Les grandes compagnies forestières canadiennes se sont toujours contentées de faire le minimum, afin d'engranger les profits le plus rapidement possible. Malheureusement, les gouvernements successifs ont accepté de jouer le jeu, encourageant cette approche désastreuse. [...]

Pire, cette situation n'est pas confinée à l'industrie forestière. On retrouve cette absence d'intérêt dans les techniques de pointe chez les papetières, les compagnies minières, mais aussi chez les fleurons de la technologie comme Bombardier, une compagnie qui vend du matériel de transport à travers le monde, mais qui n'a aucun laboratoire de recherche, se contentant d'acheter la technologie dont elle a besoin.

Pour changer cette mentalité de rentier, il est essentiel de former des gens qui deviendront les créateurs de demain, des créateurs éduqués, avec une solide formation scientifique. Si, collectivement, on tourne le dos aux sciences et techniques, alors on s'engage dans une voie risquée.

Il est donc nécessaire de revaloriser les carrières scientifiques dans la société afin d'attirer plus d'étudiants dans ces domaines. [...] Revaloriser les carrières scientifiques, c'est donc aussi rejeter les solutions de facilité proposées dans les médias. Je ne sais pas si on va réussir; la tendance lourde dans les pays développés est d'éviter les défis et les difficultés, et on voit partout le nombre d'étudiants en science péricliter[20].

Le cas extrême du scientifique-blogueur «engagé» est cet étudiant au doctorat en biochimie de l'Université Oxford qui s'est lui-même baptisé «le scientifique activiste». Depuis janvier 2006, Nick Anthis a parlé de sa recherche (les protéines de surface des cellules) mais aussi de la légalisation de la marijuana, de l'industrie pharmaceutique, des droits des animaux ou de l'ingérence politique dans la recherche sur les cellules souches.

---

20. Normand Mousseau, «Les dangers d'une formation scientifique peu attrayante», *Science! On blogue*, 28 octobre 2006: http://blogue.sciencepresse.info/physique/item/307

De: **Nick Anthis, Université Oxford**
Date: **25 janvier 2006**
Titre: **Le drame des cellules souches,**
dans *The Scientific Activist*

Cette politique doit changer, mais l'administration actuelle [le gouvernement Bush] fait la sourde oreille au public américain, dont la majorité appuie un financement pour la recherche sur les cellules souches d'embryons. Cet entêtement affaiblira les États-Unis, une nation qui est devenue complaisante en raison de sa position de tête dans la science internationale et qui a déjà commencé à perdre son avance. Plus important encore, la science en souffrira et le potentiel médical de la recherche sur les cellules souches d'embryons ne sera pas pleinement réalisé ou du moins pas aussi vite qu'il aurait dû l'être[21].

Ceci dit, il y a des sujets qui sont plus controversés que d'autres. Si le blogue *Pharyngula*, rédigé par un prof de biologie du Minnesota, s'est hissé parmi les blogues les plus populaires du monde – toutes catégories confondues – ce n'est pas seulement parce que son auteur, «PZ Myers», a une bonne plume, ou parce que la biologie est à la mode: c'est parce que Myers a choisi comme adversaire… le créationnisme. Controverses garanties!

Bloguer pour se faire plaisir

Peut-être aussi, en bout de ligne, qu'il ne faut pas négliger l'importance du blogue qu'on écrit pour soi-même. Pour se rendre service. Pour se faire plaisir. Car le blogue peut fort bien n'être rien de plus qu'un outil pour qui sait l'utiliser: tantôt une nouvelle méthode pour mettre ses idées en ordre, tantôt un moyen inédit d'archivage de ses connaissances, tantôt un lieu pour «pratiquer» sa plume de vulgarisateur…

De: **Roger Pielke J[r], Université du Colorado**
Date: **30 mars 2006**
Titre: **Entrevue publiée dans** *Nature*

Le blogue a commencé comme une expérience pour notre [Centre des politiques scientifiques] et à présent, il sert différents usages. C'est comme un disque dur externe pour mon cerveau.

---

21. Nick Anthis, «Stem Cell Drama», *The Scientific Activist*, 25 janvier 2006: http://scientificactivist.blogspot.com/2006/01/stem-cell-drama.html

En décembre 2005, en mettant un terme au blogue *Quantum Diaries*, créé dans le contexte de l'Année internationale de la physique, ses promoteurs demandaient aux différents blogueurs d'y aller d'un mot résumant ce qu'ils avaient appris. Les réponses étaient à 1000 lieues de l'analyse rigoureuse qu'on attribue aux scientifiques et pourtant, n'en étaient pas moins révélatrices du pas en avant que pourraient représenter les blogues utilisés à bon escient[22].

De: David Weller, Observatoire des neutrinos de Sudbury, Ontario
Date: Décembre 2005
Titre: Réactions à la fin de *Quantum Diaries*

Écrire ces blogues a été un réel plaisir parce que j'adore raconter aux gens ce que je fais.

De: Debbie Harris, Fermilab
Date: Décembre 2005
Titre: Réactions à la fin de *Quantum Diaries*

Je suis reconnaissante de cette opportunité d'avoir pu utiliser *Quantum Diaries* parfois comme une tribune et parfois comme une thérapie. Et je suis tout spécialement reconnaissante à votre égard, vous tous, qui êtes intéressés à en apprendre davantage sur la physique et les vies des physiciens.

De: Caolionn O'Connell, SLAC
Date: Décembre 2005
Titre: Réactions à la fin de *Quantum Diaries*

De cette auto-analyse, j'ai appris une chose... En fin de compte, il s'avère que je ne suis pas si spéciale. En fait, je dirais que ma vie est tout à fait ordinaire. Entre ma peur des animaux sauvages et mes problèmes avec ma thèse, il y avait toujours un lecteur... qui avait été exactement dans la même situation. Et bien que je réalise que ce soit pénible à avouer... c'était bon, de savoir que je n'étais pas seule.

Plus récemment, d'autres ont continué de jongler avec l'introspection.

---

22. http://www.interactions.org/quantumdiaries/blog/

De : **Tara C. Smith, épidémiologiste**
Date : **7 avril 2007**
Titre : **Pourquoi je blogue, dans *Aetiology***

Alors pourquoi je le fais? Comme la plupart des gens ici, je me considère comme une *nerd* de cœur. Il y a tellement de choses intéressantes en biologie, microbiologie, maladies infectieuses, santé publique, etc., et plusieurs sont des choses à propos desquelles je n'aurai pas nécessairement le temps d'écrire ou de donner une conférence. Par conséquent, le blogue me donne une tribune pour en discuter avec des gens qui sont vraiment intéressés (par opposition à ma pauvre famille, qui en a plus entendu sur les maladies infectieuses qu'elle n'aurait JAMAIS voulu en savoir).

Donc, avant toute chose, c'est un *hobby*... Mais en deuxième lieu, c'est une façon de relaxer qui possède le potentiel (de générer) une discussion et, je l'espère, d'agir comme service public. Troisièmement, je ne pense pas qu'aucun blogueur ne puisse dire honnêtement qu'il n'y ait pas un fragment d'ego impliqué. Bien sûr que j'écris pour moi-même, couvrant des sujets qui m'intéressent. Mais j'aime la discussion, et pour qu'il y ait discussion, les gens doivent d'abord lire ce que vous écrivez[23]...

En fin de compte, c'est un autre physicien qui a résumé tout à la fois les craintes, l'introspection et la satisfaction personnelle, dans un long billet intitulé *Pourquoi j'ai cessé de m'inquiéter et commencé à bloguer*.

De : **Clifford Johnson**
Date : **17 juillet 2005**
Titre : **Pourquoi j'ai cessé de m'inquiéter et commencé à bloguer, dans *Cosmic Variance***

Plusieurs personnes me suggéraient de lancer un blogue [...] mais je déclinais systématiquement l'invitation. Mes raisons étaient simples : le temps, l'attitude et le contenu.

Le temps : il me semblait que les blogueurs ayant du succès étaient des gens intelligents et spirituels, qui passent un temps incroyable à se tenir à jour en lisant plusieurs autres blogues, au moins 10 journaux par jour et tous les magazines populaires dans leur domaine... *L'attitude :* ces blogueurs brillants et bien informés me semblent avoir une opinion très arrêtée sur à peu près tous les sujets et ils veulent la partager avec les six autres milliards d'êtres humains. *Le contenu :* ils réussissent encore à trouver du temps pour généreusement distribuer cette

---

23. Tara C. Smith, « Why Do I Blog », *Aetiology,* 6 avril 2007 : http://scienceblogs. com/aetiology/2007/04/why_do_i_blog.php

information, (ainsi qu'un) honorable échantillon de leur esprit et de leur charme pour produire plusieurs colonnes d'opinions argumentées et d'observations...

Certes, je suis un physicien, et ma carte de membre dit que je suis formé pour faire toutes ces choses. Sérieusement, l'aptitude fondamentale d'un physicien est d'évaluer un système, souvent très complexe et incompréhensible aux yeux du profane, de le faire bouillir pour en faire ressortir l'essentiel, parfois au prix d'incroyables simplifications, et d'être capable, à la fin du processus, de dire quelque chose d'extrêmement utile sur ce système.

Ce qui requiert une énorme quantité de confiance en soi. Comment pouvez-vous savoir que vous pouvez réellement mettre de côté tout le reste, et ne vous concentrer que sur les quelques variables vraiment essentielles à l'analyse de ce système? C'est [pourtant] ce que nous faisons. Malheureusement, cette confiance en soi, cette attitude [...], font d'un très grand nombre de physiciens des gens très emmerdants... [Ils] appliquent ce mode de fonctionnement à tous les domaines, scientifiques et sociaux. On les entend donc se prononcer avec autorité sur tous les sujets, utilisant des mots comme «trivial» et commençant toutes leurs phrases par «sûrement» ou «de toute évidence». Ils traitent des problèmes sociaux complexes comme s'il s'agissait d'un ballon roulant sur une surface sans friction, ou d'un pendule se balançant gentiment. Vous voyez le genre.

Alors quand des physiciens ont commencé à bloguer, j'ai eu peur... Je ne voulais pas contribuer au cri de ralliement «Je suis un physicien, écoutez-moi rugir!» Pas parce que je me pense nécessairement «meilleur» que «ces autres», mais justement parce que je sais combien il est facile de faire ces choses emmerdantes!

Alors qu'est-ce qui m'a fait changer d'avis? Eh bien pour commencer, il y a la question du temps. Non, je n'ai pas un nouvel emploi qui me laisserait plus de temps libre... C'est simplement que nous sommes cinq sur ce blogue [...] ce qui signifie que je dois seulement y consacrer un cinquième du temps que doit y consacrer un blogueur solo. De plus, les quatre autres sont d'excellents contre-exemples du cliché présenté ci-haut. Enfin, voyez combien le blogue *Quantum Diaries* a réussi à présenter une variété d'excellentes activités réalisées par des physiciens...

Quant à l'attitude: serai-je aussi doux qu'un agneau? Aussi équilibré dans mes jugements que Salomon? Je peux simplement promettre de me la fermer quand je ne saurai pas de quoi je suis en train de parler. Je peux aussi promettre [...] de faire en sorte qu'il y ait un degré élevé de simple plaisir, et de m'efforcer de ne pas trop me prendre au sérieux.

Évidemment, aucune de ces raisons n'est suffisante pour que j'aie changé d'idée aussi radicalement... Ce dont j'ai pris conscience, en fin de compte, c'est que la meilleure façon de remplir deux des missions qui sont les plus importantes pour moi – améliorer la compréhension qu'a le public de la science, et accroître l'accès à l'éducation scientifique pour tous – c'est de montrer qu'il existe une grande variété de scientifiques ici-bas, et que ce sont de vraies personnes, comme n'importe qui d'autre[24].

L'expérience des communicateurs

Bien d'autres blogueurs se sont posé les mêmes questions au fil des années. En tapant les mots «Pourquoi bloguer» dans Google, on peut trouver toutes sortes de réponses, mais on serait surpris de constater à quel point elles sont semblables aux réponses des scientifiques.

Les plus superficielles, au tout début, semblaient se résumer à un seul mot: l'ego.

De: John C. Dvorak, journaliste
Date: 5 février 2002
Titre: «The Blog Phenomenon», dans *PC Mag*

Certaines personnes ont besoin d'être au centre de l'attention. Cela les fait se sentir bien à propos d'eux-mêmes, s'ils peuvent dire au monde entier ce qu'ils font ou ce à quoi ils pensent[25].

Mais l'explication est rapidement devenue simpliste (même aux yeux de ce John C. Dvorak), à mesure que se multipliaient les blogueurs déversant de l'information en quantité astronomique: les uns par altruisme (l'expert dans un domaine, que ce soit la philatélie ou l'ornithologie), les autres pour diffuser une idéologie: le blogue militant, alternatif, écologique, féministe...

À la base, quiconque ouvre la bouche le fait parce qu'il sent avoir quelque chose d'important à dire – que ce soit une blague, une déclaration d'amour ou une opinion sur la rencontre sportive de la veille. Chacun aime savoir qu'il est écouté. C'est humain.

Or, chez une grande partie de la population, il y a un besoin non satisfait de s'exprimer. *«Un grand appétit pour se joindre à la conversation»*, pour reprendre la jolie expression du journaliste

---

24. Clifford Johnson, «How I Learned to Stop Worrying and Love the Blog», *Cosmic Variance,* 17 juillet 2005: http://cosmicvariance.com/2005/07/17/how-i-learned-to-stop-worrying-and-love-the-blog

25. John C. Dvorak, «The Blog Phenomenon», *PC Mag*, 5 février 2002: http://www.pcmag.com/article2/0,1759,81500,00.asp

Dan Gillmor, dans son ouvrage au titre évocateur : *We, the Media* (Nous, les médias)[26].

De : Madflo
Date : 17 juillet 2004
Titre : Pourquoi bloguez-vous ?, dans *Pointblog.com*

Partager les découvertes, les savoirs, via un livre, une annonce à la radio ou via un weblog, revient toujours un peu à la même chose : communiquer ses idées à d'autres personnes. Comme je n'ai pas envie d'écrire un livre, que j'aime bien partager «tout de suite» et que je ne travaille pas dans une radio, je blogue, et voilà[27]!

De : Sam Ruby
Date : 13 mars 2002
Titre : «Manufactured Serendipity», dans *Intertwingly*

Pourquoi je blogue? Cela m'aide à raffiner et diriger mes pensées et aussi, à être plus productif. Par-dessus tout, cela crée la possibilité d'interagir avec davantage de gens intéressants[28].

De : Obni
Date : 16 juillet 2004
Titre : Pourquoi bloguez-vous ?, dans *Pointblog.com*

Ce que ça peut être : un exutoire (c'est-à-dire un truc qui remplace le confessionnal d'antan, ou le confident, l'ami que l'on a perdu de vue, le frère qui n'existe pas, la sœur dont les problèmes sont sur une autre planète), une bouée virtuelle que l'on laisse dériver pour que quelqu'un s'en serve, un miroir à double foyer : mon regard, le regard des autres, mon expérience, ton cauchemar [...]

Ce que c'est à coup sûr : un passe-temps, un simulacre d'outil pour exister dans un monde qui engloutit tout, un îlot de liberté (vous faites encore comme vous voulez, surtout si vous optez pour des solutions libres)... mais pour combien de temps encore, un lieu d'échanges et parfois de complicité, un bidule, un endroit pour ne pas laisser s'empoussiérer les mots, une sorte de trouble qui provoque des yeux rouges et des insomnies.

---

26. Dan Gillmor, *We, the Media. Grassroots Journalism by the People, for the People*. Cambridge, O'Reilly, 2004, 299 p.
27. Ce commentaire est extrait de «Pourquoi bloguez-vous», une question lancée à l'été 2004 aux visiteurs du site français *Pointblog.com*. On peut lire les autres à : http://www.pointblog.com/past/000464.htm
28. Sam Ruby, «Manufactured Serendipity», *Intertwingly*, 13 mars 2002 : http://intertwingly.net/stories/2002/03/13/manufacturedSerendipity.html

De: **Jean-Marc Hardy**
Date: **Janvier 2006**
Titre: **Les blogs: effet de mode stérile**
        ou succès justifié?, dans ***Redaction.be***

D'où vient donc cet engouement? Après tout, les blogues n'ont rien d'extrêmement compliqué. Et la réponse est là, à mon humble avis: le succès des blogues
réside précisément dans leur simplicité. En un tour de main, les blogues vous
donnent accès à des fonctions de publication, d'archivage et d'interaction avec
les lecteurs. Le génie du blogue, c'est d'avoir rassemblé quelques fonction-
nalités-clés dans un environnement très simple, standardisé, économique et
n'exigeant aucune connaissance technique[29].

Plus ceux dont le métier est l'écriture prennent leur place dans la
blogosphère, et plus les réponses à «Pourquoi bloguer» deviennent
«professionnelles»... ou lyriques.

Je blogue, donc je suis

Et finalement, le blog devient un outil complémentaire de dialogue avec
soi-même autant qu'avec les autres. Il constitue en cela une étape nouvelle
dans notre rapport aux outils d'information et de communication.
L'ordinateur personnel a engendré un dialogue privé avec son propriétaire,
qui pouvait y stocker ses données personnelles, consultables par lui seul.
Puis, l'avènement du Web a conduit les individus – au travers de leur
ordinateur personnel devenu simple passerelle d'accès – à «partir à la
découverte du monde» tout en restant chez eux.

Mais cette navigation au sein de la connaissance universelle accessible
d'un clic était toujours à sens unique. Le blog mène à un troisième
niveau d'utilisation [...] Le blogueur, de simple observateur-netsurfer
devient un participant actif du Web, dont il constitue désormais une
source d'information. Mieux, tout en permettant aux autres internautes de participer et de réagir à ce qu'il leur propose, le blogueur
devient lui-même un acteur du Web, de ce Web qui lui a donné
naissance en tant que blogueur et qui l'a même légitimé.

La raison d'être de mon blog n'est pas ce qu'il contient, mais ce qu'il
représente: un moyen de donner corps à ma personne dans cet espace
virtuel qui se surimpose au réel.

(Cyril Fiévet, *Blog Story.* Paris, Éditions Eyrolles, 2005)

---

29. Jean-Marc Hardy, «Les blogs: effet de mode stérile ou succès justifié?», *Redaction.
be,* janvier 2006: http://www.redaction.be/exemples/blogs_jan_06.htm

De: **Meg Hourihan**[30]
Date: **13 juin 2002**
Titre: **«What We're Doing When We Blog»,** *O'Reilly Network*

Lorsque nous parlons de blogues, nous parlons d'une façon d'organiser l'information, indépendamment du sujet. Ce n'est pas ce que nous écrivons qui nous définit comme blogueur, c'est la façon dont nous l'écrivons.

Les blogues fournissent simplement le cadre, tout comme le haïku impose un ordre aux mots. La structure des documents que nous créons nous permet de construire nos réseaux sociaux par-dessus – c'est-à-dire ces *conversations distribuées*, les listes de blogues à parcourir et les amitiés qui commencent en ligne et se solidifient par des «dîners de blogues» dans le vrai monde[31].

---

10 raisons pour bloguer

1. Se manifester

2. Se sentir écouté (et parfois même, compris)

Les gens qui visitent mon blogue et qui y laissent leur trace en le commentant, sont l'une de mes plus belles récompenses, en tant qu'auteur.

3. Sème, tu récolteras

Les échanges sont à la base du *blogging*. Plus l'auteur y met du sien, s'investit, émet ses opinions et étale ses idées, plus son carnet s'enrichit et prend vie.

4. Rencontre du 3e type

Rencontrer des gens qui ont des affinités et des intérêts similaires aux nôtres. Le blogue peut être un puissant outil de rassemblement.

5. Se connaître un peu plus (et voir nos vies avec une autre perspective)

Il est dit que c'est à travers nos réactions aux événements et à ce qui nous entoure que l'on parvient à faire connaissance avec soi-même.

6. Approfondir notre connaissance de l'être humain

Cette observation en silence nous amène à remarquer à quel point nos vies sont entremêlées et similaires.

---

30. L'Américaine Meg Hourihan était en 2002 consultante Web et rédactrice pigiste mais aussi la coauteure d'un livre (déjà!) sur les blogues: *We Blog: Publishing Online with Weblogs*, Wiley, 2002, 350 p.

31. Meg Hourihan, «What We're Doing When We Blog», O'Reilly Network, 13 juin 2002: http://www.oreillynet.com/pub/a/javascript/2002/06/13/megnut.html

7. Si seulement vous saviez tout ce que vous pourrez y trouver

Dans les derniers mois, j'ai pu lire sur des sujets qui m'étaient jusqu'ici inconnus (musique, auteurs, endroits à visiter, expert urbain, etc.)

8. L'accès à l'information

9. Échanger et archiver l'information

10. Et si les blogues faisaient de nous de meilleures personnes?

Bloguer, c'est partager ses idées et son quotidien en rédigeant de manière régulière sur un espace Web rendu accessible aux autres internautes. Écrire à propos des choses qui ont de l'importance à vos yeux vous force en quelque sorte à vous questionner, remettre les choses en question et vous exprimer clairement de manière à être bien compris par vos lecteurs. À mon avis, cette pratique ne peut avoir d'autre résultat que de faire de nous de meilleurs communicateurs, et avec espoir, bloguer fera de nous de meilleures personnes.

Marie-Chantal Turgeon, juin 2005. «Les 10 raisons pour bloguer», dans *Meïdia*
www.meidia.ca/archives/2005/06

L'expérience ne fait que commencer. Car c'est bien de cela qu'il s'agit: une expérience. *Science! On blogue,* c'est un laboratoire de ce qui sera une portion «incontournable» de l'univers médiatique de demain. Un laboratoire qui pourrait s'avérer utile autant aux scientifiques désireux de jeter un pont vers le grand public qu'aux professeurs désireux de jeter un pont vers leurs élèves – qui, eux, maîtrisent d'ores et déjà ce nouvel univers!

Pour ceux qui voudraient plonger dans ce théâtre expérimental, il vaut mieux à présent revenir au commencement: c'est quoi, un blogue? Quel était l'univers qui existait avant les blogues, et qui a prédéterminé leur Big Bang? Ces questions seront au cœur des deux prochains chapitres.

Exercice

Si vous n'avez jamais fréquenté un blogue, visitez l'un de ceux mentionnés dans ce chapitre. Si vous n'avez jamais écrit dans un blogue, profitez-en pour commenter un des textes. Pour commenter, appuyez sur... *commentez*! Ne paniquez pas: l'ordinateur n'explosera pas.

Science! On blogue... d'astronomie: http://blogue.sciencepresse. info/astronomie

Science! On blogue... d'environnement: http://blogue. sciencepresse.info/environnement

Science! On blogue... de physique: http://blogue.sciencepresse. info/physique

RealClimate: http://www.realclimate.org

Bioethics.net: http://blog.bioethics.net/

Scientific Activist: http://scienceblogs.com/scientificactivist/

Pharyngula: http://scienceblogs.com/pharyngula/

Quantum Diaries (a pris fin en décembre 2005): http://www.interactions.org/quantumdiaries/

Cosmic Variance: http://cosmicvariance.com/

Ce chapitre a été rédigé par Delphine Naum et Pascal Lapointe.

CHAPITRE 2
Le blogue pour les nuls

Le vrai danger, ce n'est pas quand les ordinateurs penseront comme les hommes, c'est quand les hommes penseront comme les ordinateurs.

Sydney J. Harris, journaliste (1917-1986)

Qu'est-ce qu'un blogue? Eh bien, c'est tout bonnement... une page Web!

Mais une page Web dotée d'un objectif précis: diffuser de l'information remise à jour régulièrement. Chaque semaine... ou chaque heure si ça vous chante!

Weblog, blog ou blogue?

Rien de neuf là-dedans, diront ceux qui se rappellent de certains de leurs amis tellement passionnés par leurs sites Web qu'ils y passaient tout leur temps libre, au point d'y faire des mises à jour... plusieurs fois par jour! De fait, c'est l'arrivée de nouveaux logiciels de «mises à jour», après 1999, qui a conduit à l'apparition d'un nouveau mot pour désigner ce qui existait déjà.

Ces nouveaux outils permettaient la création et l'enrichissement de pages Web, d'une façon encore plus facile que ce qu'on pouvait faire jusque-là, au point d'attirer une nouvelle génération de créateurs, et de sentir le besoin de se distinguer du Web «d'avant».

Comme ce qui était créé s'apparentait désormais à un journal de bord (en anglais, *log*), on a d'abord proposé le néologisme anglais **weblog**. Dès 1999, le raccourci **blog** était adopté par les Américains, puis francisé en **blogue**.

Plusieurs auteurs français continuent toutefois d'employer le terme anglais *blog*, et certains utilisent également (mais de moins en moins) les mots **joueb** (journal Web) ou **carnet Web**.

De blogue à **blogosphère**, il n'y avait qu'un pas: on désigne par blogosphère l'ensemble de tous les blogues. Mais on peut aussi désigner un sous-ensemble: la *blogosphère francophone*, la *blogosphère politique...* et pourquoi pas, la *blogosphère scientifique!*

> *Un blogue est un site Web ayant la forme d'un journal personnel, daté, au contenu antéchronologique et régulièrement mis à jour, où l'internaute auteur peut communiquer ses idées et ses impressions sur une multitude de sujets, en y publiant à sa guise, des textes, informatifs ou intimistes, généralement courts, parfois enrichis d'hyperliens, qui appellent les commentaires du lecteur.*
>
> (source: *Le Grand dictionnaire terminologique*)

> *Un blog ou blogue est un site Web constitué par la réunion d'un ensemble de billets triés par ordre chronologique. Chaque billet (appelé aussi note ou article) est, à l'image d'un journal de bord ou d'un journal intime, un ajout au blog [...] souvent enrichi d'hyperliens et d'éléments multimédias sur lequel chaque lecteur peut généralement apporter des commentaires.*
>
> (source: *Wikipédia*, 27 avril 2007)

> *Un blog est un site Web personnel composé essentiellement d'actualités (ou billets), publiées au fil de l'eau et apparaissant selon un ordre ante-chronologique (les plus récentes en haut de page), susceptibles d'être commentées par les lecteurs et le plus souvent enrichies de liens externes.*
>
> (source: *Pointblog*, 11 avril 2005)

Des millions de blogues, trois caractéristiques

Aux blogues rédigés par une seule personne se sont ajoutés des «blogues collaboratifs», donc auxquels collaborent plusieurs personnes (comme *Science! On blogue*). Aux blogues textuels se sont ajoutés des blogues de dessins (y compris des B.D.), de photos puis de vidéos (mais le texte conserve encore la cote). Aux blogues critiquant les médias (la cible favorite, au début) se sont ajoutés des blogues créés par les médias eux-mêmes, puis les compagnies, puis les politiciens...

Dans cette multiplicité que constitue la blogosphère, émergent toutefois trois caractéristiques fondamentales.

1) **Le blogue reflète les opinions de son auteur**. Rejetant l'objectivité prônée par les médias, le blogueur s'affiche. Au pire, c'est un simple étalage de ses humeurs, au mieux, c'est un heureux mélange d'opinions argumentées et de faits appelant au débat.

2) **Le blogue s'inscrit dans la culture d'hyperliens**. Hyperliens vers les articles originaux s'il s'agit d'une revue de presse, vers des lectures qui ont inspiré l'auteur, vers des références pour compléter son texte du jour... ou hyperliens vers d'autres blogues : ceux-ci constituent peu à peu la colonne vertébrale de la blogosphère, créant ainsi une véritable communauté virtuelle.

3) **Le blogue encourage la participation**. La technologie qui a facilité la mise en ligne de textes des blogueurs a également facilité l'affichage des commentaires des visiteurs. Au point où *le succès du blogue se mesure non plus par son achalandage mais par la qualité et la quantité des échanges suscités entre le blogueur et ses lecteurs*, voire entre un blogueur et les autres blogues.

La qualité avant tout!

Insistons sur ce dernier point. Le *succès du blogue se mesure non plus par un achalandage le plus élevé possible mais par la qualité et la quantité des échanges suscités entre le blogueur et ses lecteurs*.

Ce n'est pas une vaine phrase. Depuis plus d'une décennie, les sites Web brandissent des statistiques d'achalandage parfois mirobolantes : un million de visiteurs par mois, deux millions, trois millions... Mais un blogue peut être davantage qu'un journal dont on se contente de tourner les pages : il peut être davantage qu'une encyclopédie dont les auteurs se réjouiraient de ce que la page 3000 ait été visitée plus souvent que la page 2000. Le blogue encourage la participation de son auteur, de ses visiteurs et des autres blogueurs.

Résultat : le blogueur peut mesurer son succès par la qualité des discussions avec ses visiteurs, ainsi que par la qualité des blogues qui ont pointé vers un oui plusieurs de ses messages.

Plus que jamais auparavant dans l'histoire d'Internet, l'hyperlien est devenu un étalon de qualité et de popularité.

De: **Technorati**
Date: **2004**
Titre: **Blogging Basics**

Un lien d'un blogue à un autre contribue à fournir du contexte autour d'un argument, et est essentiellement «un vote d'attention» de la part d'un blogueur pour un autre blogueur. La pratique des hyperliens contribue aussi à créer une conversation à l'échelle du Web, une masse critique de pensées interconnectées qui n'est pas envisageable dans un texte statique[32].

Un blogueur ne tracera en effet pas un hyperlien vers un blogue qu'il trouve soporifique! Le blogueur qui se contente de parler de sa vie, de ses aventures au lit et de son chat, attirera quelques amis, mais probablement peu d'hyperliens: mais qui sait, peut-être en sera-t-il parfaitement heureux, s'il ne vise justement qu'à faire sourire ses amis! Parallèlement, un spécialiste de la génomique de l'abeille attirera tout aussi peu de lecteurs et d'hyperliens, mais ceux-ci seront d'un niveau hautement spécialisé, et ils engendreront une micro-blogosphère utile à ses usagers.

Comme l'a très tôt compris l'auteur et philosophe américain Dave Weinberger: «Sur le Web, tout le monde sera célèbre pour 15 personnes»[33].

De: *The Economist*
Date: **20 avril 2006**
Titre: **It's the links, stupid**

Pour ces blogues, le nombre moyen de lecteurs est de sept... Des audiences aussi petites sont courantes dans les médias participatifs. En fait, ils se conforment à la norme biologique, pour laquelle les audiences des médias de masse constituent une aberration[34].

Nous parlions, dans l'introduction, des nouveaux «réseaux sociaux»? Eh bien, c'est ça, la blogosphère: un réseau social. Ou plus exactement, si on la regarde au microscope, une multiplicité

---

32. Technorati, «Blogging Basics», *Technorati*, v. 2004: http://www.technorati.com/help/blogging101.html
33. Dave Weinberger, *Small Pieces Loosely Joined: A Unified Theory of the Web.* Perseus Books, 2002, 256 p.
34. *The Economist*, «It's the links, stupid», *The Economist*, 20 avril 2006: http://www.economist.com/surveys/displaystory.cfm?story_id=6794172

de réseaux sociaux qui, mis côte à côte, forment un nouvel espace dont l'expansion ne cesse d'étonner ses observateurs.

De: **Cameron A. Marlow, MIT Media Laboratory**
Date: **2006**
Titre: ***Investment and attention in the weblog community***

Ce qui distingue les blogues des cyber-médias précédents, c'est leur prolongement *social*. Le média *blogue* a commencé à vivre le jour où ses auteurs se sont reconnus eux-mêmes comme une communauté.

Chaque système social informel a son propre ordre, représenté par l'attribution d'amitié, de confiance et d'admiration entre ses membres. Ces formes variées d'association sociale donnent naissance à une organisation hiérarchisée, où les individus acquièrent des rôles informels... Parmi les blogues, le gros de cet ordre social est observable à travers les liens hypertextes que les auteurs font vers les sites des autres. Ces liens sont de deux formes: *liens statiques*, généralement faits vers l'entrée d'un site, comme un signe d'habitude de lecture, d'appui, d'intérêt ou comme un marqueur d'une relation sociale; et *liens dynamiques*, lorsqu'un auteur fait un lien vers un contenu précis d'un autre blogue, démonstration d'une conversation ou reconnaissance d'un intérêt[35].

Le fil RSS... pour ne pas perdre le fil!

L'expansion phénoménale des blogues signifie une masse phénoménale de messages. Suivre un blogue, c'est facile, en suivre 10, c'est risquer la désorganisation si on se fie à sa seule mémoire (*celui-ci n'est remis à jour que le lundi, celui-là, y suis-je allé hier? Et ce troisième, comment s'appelle déjà le plus récent des blogueurs, celui que j'aime bien?*).

Le RSS est l'outil informatique arrivé à point nommé pour solutionner ce problème. En simplifiant, on pourrait le décrire comme *un outil automatique de revue de presse*. Dès qu'une page de nouvelles – que ce soit un blogue personnel ou la page de CNN – est dotée d'un «fil RSS», il vous suffit de cliquer à l'endroit approprié (généralement, sur un logo marqué «RSS») pour vous y abonner. Résultat, les nouveaux titres seront affichés au fur et à mesure sur une page Web distincte qui n'appartient qu'à vous.

---

35. Cameron A. Marlow, *Investment and attention in the weblog community*, MIT Media Laboratory, 2006, 8 pages: http://alumni.media.mit.edu/~cameron/cv/pubs/2006-investment-and-attention-in-the-weblog-community.pdf

Autrement dit, vous n'avez pas besoin de faire la tournée de votre dizaine de sites préférés pour savoir ce qu'ils ont publié de neuf. Tout se retrouve rassemblé au même endroit. Mieux encore, dans les versions récentes des logiciels de navigation, le fil RSS est intégré parmi vos signets.

Une telle chose existait depuis longtemps par courriel : on l'appelle parfois *alerte média*. Mais pour nombre d'internautes, ces alertes servent surtout à les déranger 50 fois par jour de nouvelles d'un intérêt mineur. Tandis que votre page RSS, elle, vous ne la consultez que quand vous le voulez. Du coup, Internet fonctionne comme ses pionniers l'imaginaient : plutôt que ce soit vous qui deviez aller chercher chaque bribe d'information une à une, c'est «Internet» qui vient vers vous, à vos conditions.

Cette page RSS peut aussi bien intégrer des nouvelles du *New York Times* que des billets de votre voisin blogueur et même des commentaires envoyés sur ce blogue – en autant que ce blogueur ait installé un fil RSS sur la page appropriée.

Le blogueur type peut faire mieux encore : il peut afficher le fil RSS d'un autre blogueur sur sa propre page : celui-ci apparaît alors, dans un encadré distinct, sous la forme d'une série de titres (généralement les 5 titres des plus récents messages). Ainsi, le visiteur a sous les yeux non seulement les billets de son blogueur préféré, mais les titres d'un autre blogue traitant manifestement d'un sujet connexe. Ainsi, le premier blogueur joint sa voix à la plus vaste conversation.

Pour en savoir plus :

«Qu'est-ce que le RSS», dans *Fotolia Blog*, mai 2005 : http://blog.fotolia. com/france/innovation/rss_simple.html

Jérôme Morlon, «Rss : qu'est-ce que c'est, comment en profiter», *Journal du Net*, octobre 2004 : http://solutions.journaldunet.com/0410/041029_ faq_rss.shtml (cet article est déjà d'un niveau plus élevé)

De: **Joël de Rosnay, biologiste**
Date: **2006**
Titre: **La Révolte du pronétariat**

L'association blogs/RSS contribue à créer un réseau d'intelligence collective... L'internaute n'a plus à aller à la pêche à l'information: le logiciel RSS «veille» pour lui. Il s'agit là d'un progrès considérable dont on ne mesure pas encore suffisamment l'importance[36].

Mais le RSS demeure encore obscur pour la majorité des internautes. L'administrateur de systèmes Internet Martin Lessard résumait ainsi, dès 2004, les trois obstacles qui empêchaient le RSS de se développer.

De: **Martin Lessard, informaticien, *Zéro seconde***
Date: **7 avril 2004**
Titre: **À quand le RSS grand public?**

Pour que ma mère utilise le RSS, le RSS doit remplir ces *3 conditions* (une sémantique et deux techniques):

a) Que le mot RSS/XML disparaisse au profit d'un terme plus vaste (tout comme l'acronyme HTML est caché dans le mot Web);

b) Que 'l'abonnement' à un fil RSS se fasse en 1 clic (afin de ne pas modifier l'expérience usager);

c) Que le fureteur Web intègre la fonction d'agrégation (intégré à IE, ou comme plug-in ou comme barre d'outil), (à moins que la culture mainstream change au point d'accepter de naviguer dans le même univers – le Web – avec deux outils différents selon le type d'info recherché)[37].

En 2007, les conditions 2 et 3 étaient en voie d'être remplies: les versions récentes des fureteurs (Explorer, Firefox, Safari, etc.) affichent l'acronyme RSS lorsqu'ils repèrent une page dotée d'un tel fil RSS; il suffit dès lors d'un seul clic pour s'abonner au fil RSS en question.

Mais il reste à créer l'habitude parmi les internautes, et c'est loin d'être fait. En 2006, seulement 5% des Américains utilisaient le RSS... et 88% n'avaient aucune idée de ce que c'est[38]!

---

36. Joël de Rosnay, *La Révolte du pronétariat. Des mass média aux médias des masses*. Paris, Fayard, 2006, p. 44.
37. Martin Lessard, «À quand le RSS grand public», *Zéro seconde*, 7 avril 2004: http://zeroseconde.blogspot.com/2006/04/quand-le-rss-grand-public.html
38. Abbey Klaassen, «Marketing Reality Check: Blogs, Pods, RSS», *Ad Age*, 20 août 2006.

Autre terme mystérieux: le *trackback* ou rétrolien

Voilà un terme encore plus étrange que RSS, qui fait encore plus lentement son chemin, mais qui s'inscrit pourtant parfaitement dans la culture d'hyperlien qui donne sa force au blogue.

Le *trackback*, que l'on propose de traduire en français par rétrolien, c'est un système qui permet aux blogueurs de se référencer entre eux. Ce n'est pas simplement le blogueur Adam qui, dans son texte, inscrit un hyperlien vers la blogueuse Ève, c'est la blogueuse Ève qui, prévenue de l'hyperlien en question, l'ajoute au bas de son texte.

De cette façon, le lecteur d'Ève apprend qu'Adam l'a citée, ce qui peut lui donner envie d'aller lire Adam, puisque celui-ci parle manifestement du même sujet – et qu'il en a parlé plus tard, ajoutant peut-être des arguments nouveaux.

L'une des beautés de la chose, c'est que tout cela est en partie automatisé. En effet, Ève n'a pas vraiment à ajouter au bas de son article la mention comme quoi elle a été citée: si le système de rétroliens est convenablement installé chez Adam et Ève (une responsabilité qui incombe au programmeur), il suffit qu'Adam appuie sur la commande «trackback» pour que le logiciel fasse le reste.

Cela ressemble à un de ces joujoux à propos desquels seuls les informaticiens peuvent se passionner et pourtant, RSS et rétroliens représentent le genre d'outil appelé à se répandre (et à se simplifier), si on veut que se réalise cette mythique conversation planétaire. Plus les blogues se multiplieront, et plus il sera nécessaire de confier de telles tâches à des robots, bien plus efficaces pour relier entre elles les innombrables branches de la blogosphère.

Pour en savoir plus:

Définition du rétrolien dans *Wikipédia*
http://fr.wikipedia.org/wiki/Trackback

Stéphanie Booth, «Trackback? Qu'est-ce que c'est?», *Climb to the Stars*, mars 2004: http://climbtothestars.org/archives/2004/03/15/trackback-quest-ce-que-cest/

Pour ceux qui veulent creuser davantage:
«Les trackbacks», dans *A Silent Strength*, 2005: http://silent-strength.com/?articles/php/trackbacks

Par où entrer dans la blogosphère?

Il existe des répertoires de blogues. Technorati (www.technorati.com) est un extraordinaire carrefour de la blogosphère anglophone (il propose, entre autres choses, un outil permettant de suivre en continu les sujets les plus populaires de l'heure sur les blogues). Les trois suivants recensent plus particulièrement les blogues francophones:

http://blogolist.com
http://blogonaute.com
http://weblogues.com

Toutefois, un conseil aux novices: ne commencez *jamais* votre exploration de la blogosphère par une promenade au hasard dans ces répertoires. La quantité de blogues inintéressants – de votre point de vue – peut donner le vertige. La solution est d'utiliser ces répertoires comme des moteurs de recherche, pour trouver un blogue correspondant à votre thématique préférée, et encore faut-il que celle-ci soit très bien définie («science» fera ressortir autant les blogues de physique que ceux d'astrologie!).

L'idéal est de s'être déjà fait recommander quelques blogues précis, qu'on retrouvera aisément *via* Google, et qui deviendront votre porte d'entrée dans la blogosphère.

La blogosphère en chiffres

Il est périlleux de chiffrer la taille de la blogosphère tant sa croissance semble anarchique. Les blogues n'étaient «que» trois millions en juillet 2004, ils seraient passés à 17 millions en septembre 2005, à 30 millions six mois plus tard... et à 50 millions six autres mois plus tard!

Toutefois, des dizaines de millions de blogues, cela ne signifie pas des dizaines de millions de blogueurs. *Technorati* classe la moitié de ces blogues dans la catégorie des «inactifs»: plusieurs n'avaient qu'une durée de vie limitée (un blogue de voyage par exemple), et plusieurs autres, bien sûr, sont à l'abandon depuis que leur auteur n'a plus le temps ou l'énergie.

Alors combien y a-t-il de blogueurs? Selon une étude du *Projet Pew Internet & American Life*, ils étaient 12 millions d'Américains adultes à bloguer en 2006, soit 8% des internautes. La croissance

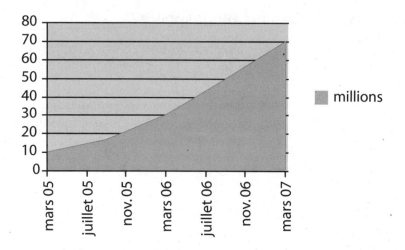

est régulière depuis 2002, quoique moins impressionnante que ce que laisse croire le graphique ci-dessus[39].

Combien de messages cela représente-t-il? Là encore, les estimations varient, mais la plus conservatrice évalue... **un million** de messages par mois! Cela signifie... 23 messages à la minute!

Et de quoi parlent ces messages? Dans l'enquête du *Projet Pew Internet* menée entre novembre 2005 et avril 2006, 37% des blogueurs ont désigné comme sujet principal «leur vie et leur expérience», soit des journaux personnels, contre 11% qui ont nommé la politique (*politics and government*); ce n'est donc pas un hasard si c'est la politique qui a fait entrer les blogues dans l'univers médiatique en 2003-2004.

La technologie apparaît sur les écrans radar de cette enquête (4% l'ont désignée comme étant leur «sujet principal»), de même que la religion (2% pour *religion, spirituality and faith*). Mais pas la science.

À l'inverse, les sujets les plus populaires de **ceux qui écrivent** ne sont pas nécessairement **les plus lus:** en se fiant au nombre

---

39. Amanda Lenhart et Susannah Fox, *Bloggers: A Portrait of the Internet's New Storytellers*, Pew Internet & American Life Project, 19 juillet 2006: http://www. pewinternet.org/PPF/r/186/report_display.asp

d'hyperliens, la firme de relations publiques Edelman concluait en 2006 que sur les 100 blogues les plus populaires aux États-Unis:

– 34% sont consacrés à la technologie; et trois des plus populaires ont plus spécifiquement une vocation «gadgets» (*Engadget*, *Boing Boing* et *Gizmodo*);

– 26% sont consacrés à la culture, toutes catégories confondues (recensions de films, de livres ou d'émissions de télé, considérations urbaines, etc.);

– 25% à la politique (le plus connu: *The Daily Kos*, un blogue collaboratif);

– seulement 3% entrent dans la catégorie des «journaux personnels»[40].

Portrait du blogueur

Au début de 2006, le blogueur américain moyen:

– avait moins de 30 ans (54% d'entre eux);

– était divisé moitié-moitié entre hommes et femmes;

– était ethniquement plus diversifié que l'internaute moyen: 60% des blogueurs s'identifiaient comme Blancs, contre 74% des internautes; 19% étaient Hispaniques et 11% Afro-Américains, contre 11 et 9% pour les internautes en général;

– était équipé d'une ligne à haute vitesse à la maison (79%) plus souvent que l'ensemble des internautes (62%);

– avait consacré une à deux heures par semaine à son blogue (60%);

– était divisé moitié-moitié entre ceux qui postent moins d'un billet par semaine (47%) et les autres, plus actifs voire hyperactifs;

– et avait échangé images, photos ou vidéos beaucoup plus souvent (77%) que l'internaute moyen (26%)[41].

---

40. La même étude menée dans trois pays européens suggère toutefois des écarts sensibles d'un pays à l'autre. Brian Morrissey, «Tech, Politics Dominate Blogosphere», Adweek, 11 octobre 2006: http://www.adweek.com/aw/iq_interactive/article_display.jsp?vnu_content_id=1003224023

41. Amanda Lenhart et Susannah Fox, *op. cit.*

Type de contenu privilégié: court!

Diverses enquêtes ont révélé une dernière chose, importante à savoir dans le contexte de *Science! On blogue.* C'est qu'une bonne partie du contenu des blogues ne fait que reprendre ou signaler du contenu trouvé ailleurs: le blogueur se contente souvent d'écrire un paragraphe signalant un article, une photo ou un vidéo... C'est le cas par exemple de la plupart des billets affichés sur *Pharyngula*, déjà mentionné, et sur *Aetiology* (http://scienceblogs.com/aetiology) un blogue assez populaire, rédigé par une épidémiologiste.

Or, ce contenu trouvé ailleurs, il provient d'abord des grands médias. En effet, en dépit du dédain affiché par beaucoup de blogueurs à l'endroit des médias «traditionnels», ce sont ces médias qui leur fournissent une bonne partie de leur information. Les blogueurs citent fréquemment les autres blogueurs, mais ils citent encore plus fréquemment les «vieux» médias.

Le facteur économique y est pour beaucoup: plus de 90% des blogueurs ne reçoivent pas un sou de leur travail, ce qui limite singulièrement le temps qu'ils peuvent consacrer à la recherche d'informations inédites. Parmi ceux qui commencent à dégager des revenus publicitaires, il s'agit de revenus encore marginaux (quoique 51% des «journalistes citoyens» interrogés en 2006 ont dit qu'ils n'avaient pas besoin de revenus pour continuer à écrire)[42]. Il y a certes croissance régulière des revenus publicitaires dans *l'ensemble* d'Internet, mais les plus gros sites Web d'information, généralement liés aux grands groupes de presse, seront pour longtemps encore les principaux bénéficiaires[43].

Résultat, dans la blogosphère, une partie imposante des billets consiste à signaler l'existence ou commenter, en quelques lignes, un article ou une photo. La production originale des blogueurs, c'est-à-dire les textes rédigés spécifiquement pour les blogues, constitue une minorité.

42. Institute for Interactive Journalism, *Citizen Media: Fad or the Future of News. The rise and prospects of hyperlocal journalism*, IIJ, 5 février 2007: http://www.kcnn.org/research/citizen_media_report/

43. Les sites de journaux ont récolté 41% des revenus publicitaires d'Internet en 2006, suivis des firmes Internet (25%) et des pages jaunes (16%), selon *The State of the News Media 2007*, par le Project for Excellence in Journalism, 2007: http://www.stateofthemedia.org/2007/

Et *Science! On blogue* se retrouve dans cette minorité! Non seulement ses textes font-ils rarement un seul paragraphe, mais il s'agit dans la plupart des cas de textes produits par les blogueurs de A à Z. Les plus longs sont de véritables essais littéraires.

Pratiquement chacun de mes billets, explique l'astronome Robert Lamontagne, «est écrit dans une perspective pédagogique»; c'est-à-dire avec l'intention de faire apprendre quelque chose au lecteur. C'est une véritable richesse qui se déploie ainsi sous les yeux des internautes.

De: Robert Lamontagne, Université de Montréal
Date: 22 mars 2006
Titre: L'histoire de l'univers... enfin, presque toute!,
**   dans *Science! On blogue... d'astronomie***

Au cours des trois dernières décennies, le perfectionnement des télescopes et des détecteurs a mené à des observations plus poussées des confins de l'Univers. Entre autres, les nouveaux sondages profonds ont permis des mesures plus précises de la distance des galaxies, la construction de cartes détaillées de leur répartition dans l'espace, et une meilleure connaissance des propriétés géométriques et physiques de l'Univers. [...]

Une des solutions proposées pour réconcilier ces nouvelles données avec le modèle du Big Bang est d'y ajouter un ingrédient supplémentaire. Au début des années 1980, le cosmologiste Alan Guth a suggéré que le taux d'expansion de l'Univers a connu une courte période «inflationnaire» peu de temps après le Big Bang. Cette phase d'inflation aurait augmenté la taille de l'Univers par un facteur d'au moins 10 quadrilliards (1 suivi de 28 zéros) pendant le premier trillionième de seconde...! Ensuite, le taux d'expansion de l'Univers serait redevenu plus faible, proche de ce que nous mesurons actuellement.

Pendant plusieurs années, cette version inflationnaire du Big Bang est demeurée spéculative puisqu'il est très difficile d'obtenir des données d'observations des phases initiales de l'évolution de l'Univers.

Les choses ont commencé à changer récemment avec les données recueillies par le satellite WMAP (*Wilkinson Microwave Anisotropy Probe*), un télescope sensible au rayonnement fossile micro-onde de l'Univers. Les premières observations, publiées il a près de trois ans, ont montré une image correspondant à l'état de l'Univers tel qu'il était environ 400 000 ans après sa naissance... Grâce à cette image, les chercheurs ont pu établir le contenu [...] de l'Univers[44].

---

44. Robert Lamontagne, «L'histoire de l'univers... enfin, presque toute!», *Science! On blogue*, 22 mars 2006: http://blogue.sciencepresse.info/astronomie/item/222

De: **David Carter, biologiste**
Date: **25 septembre 2006**
Titre: **Les animaux génétiquement modifiés,**
   dans *Science! On blogue... de génétique*

Mis à part les poissons rouges fluorescents, les exemples mentionnés plus haut sont à divers stades de développement. Leur commercialisation, ou non, dépendra de leur coût économique et de l'évaluation de leurs risques environnementaux et sanitaires (pour l'animal et l'humain). De plus, les agences gouvernementales concernées devront s'assurer que leur réglementation actuelle sera ajustée afin de pouvoir encadrer adéquatement d'éventuelles mises en marché d'animaux transgéniques.

Au-delà de ces considérations pratiques, les développeurs de tels animaux doivent être conscients que la transgénèse est perçue par certains comme un changement radical face aux pratiques traditionnelles d'amélioration animale. L'acceptation par la population de cette innovation technologique peut prendre encore quelques années...

CHAPITRE 3
Prendre la parole

La parole reflète l'âme de celui qui parle.
Sénèque (vers 4-65 ap. J.C.), *De Moribus*

Le pouvoir est là tapi dans tout discours que l'on tient,
fût-ce à partir d'un lieu hors-pouvoir.
Roland Barthes, écrivain (1915-1980), *Leçon*

En 2005, c'est grâce à des journalistes que le scandale du faux clonage de cellules souches, en Corée du Sud, est tout d'abord, très fugitivement, apparu sur la place publique. Mais alors que ce sujet était en train de mourir dans l'œuf, ce sont des blogueurs qui l'ont remis à l'ordre du jour.

Le Watergate du clonage

Tout commence le 1er juin 2005. Ce jour-là, un courriel est envoyé à l'émission *PD Notebook*, émission de journalisme d'enquête diffusée sur le réseau sud-coréen MBC (Munhwsa Broadcasting Corporation). L'auteur de ce courriel écrit que «sa conscience le trouble» à propos du Dr Hwang Woo Suk.

Le moment est important: deux semaines plus tôt, l'équipe dirigée par ce prestigieux chercheur de l'Université nationale de Séoul a publié dans la revue américaine *Science* un article qui a causé toute une commotion: l'équipe y affirme avoir réussi un clonage de 11 lignées de cellules souches. C'est une percée phénoménale: car cela signifie qu'on vient enfin, après des années d'espoirs, d'ouvrir la porte à un clonage de cellules souches «sur demande».

Et c'est le deuxième article majeur du Dr Hwang en 15 mois: le premier, en février 2004, décrivait un premier clonage de cellules souches réussi. Alors que les États-Unis sont empêtrés dans les interdits imposés par le président Bush au financement public des cellules souches, tous les yeux sont désormais tournés vers la Corée du Sud.

L'auteur du courriel incriminant accepte de donner une entrevue à la télévision, mais à condition que son visage demeure caché. Il dit avoir fait partie de l'équipe qui a conduit au premier article. Il affirme que, contrairement à ce qu'a affirmé le Dr Hwang, celui-ci a obtenu, pour «lancer» ses lignées de cellules souches, des ovules d'étudiantes participant aux recherches. Si cela doit se vérifier, c'est une entorse grave à l'éthique, compte tenu des pressions qu'ont pu subir ces étudiantes. Plus inquiétant encore, le chercheur qui veut rester anonyme émet des doutes sur l'authenticité du clonage des 11 lignées de cellules souches de mai 2005.

L'équipe de *PD Notebook* recrute trois scientifiques extérieurs aux recherches de Hwang, qui commencent à identifier des problèmes possibles. Les journalistes obtiennent également des entrevues à visage découvert avec des cosignataires, qui finissent par reconnaître n'avoir jamais vu les cellules souches clonées. De l'hôpital MizMedi de Séoul, ils obtiennent des données d'ADN qui démontrent que dans au moins un des onze cas, l'équipe du Dr Hwang n'a pas cloné de cellules souches à partir de patients adultes.

Mais c'est jugé encore trop faible pour centrer le *scoop* là-dessus, de sorte que le 22 novembre 2005, lorsque le reportage est diffusé, l'accent est plutôt mis sur les ovules liés à l'article de 2004: là, au moins, on est en terrain solide, des étudiantes ont effectivement subi des pressions; donc, Hwang a menti. Deux jours plus tard, il admet son erreur en conférence de presse.

Et pourtant, c'est l'équipe de *PD Notebook* qui est blâmée! Il faut dire que le Dr Hwang est alors au sommet de sa gloire. Quelque 20000 courriels de protestation sont envoyés à la télévision MBC. Les journalistes reçoivent des menaces de mort. Tant et si bien que le 4 décembre, la préparation du deuxième reportage est mise sur la glace.

L'histoire aurait pu mourir à ce moment. Mais Internet – et la démarche scientifique – prennent le relais. Le 5 décembre, un courriel anonyme est envoyé à un service d'information destiné aux jeunes chercheurs sud-coréens, genre de blogue collaboratif hyper spécialisé appelé BRIC (*Biological Research Information Center*). Intitulé, en anglais, *The Show Must Go On*, le courriel invite les lecteurs à chercher des photos dupliquées dans l'article de mai 2005, et son auteur ajoute: «J'en ai trouvé deux!»

Plus de 200 messages suivent en moins de 48 heures, plusieurs identifiant effectivement des photos de cellules souches qui ne sont que des copies les unes des autres. Le 7 décembre, Hwang reconnaît avoir, «par inadvertance», dupliqué les photos. Mais déjà, du côté du BRIC, un autre message pointe des données d'ADN des soi-disant cellules clonées, qui tendent à démontrer qu'elles ne seraient que des copies d'ADN d'embryons déjà connus: autrement dit, Hwang n'aurait pas obtenu 11 nouvelles lignées de cellules souches mais utilisé des lignées déjà existantes.

Ces dénonciations, toutes spécialisées qu'elles soient, émergent dans les médias, puis font le tour du monde. Le 12 décembre, l'Université nationale de Séoul annonce la tenue d'une enquête. Le 15 décembre, MBC diffuse finalement le deuxième reportage de *PD Notebook*. La revue *Science* annonce qu'elle retire de ses archives électroniques l'article sur le clonage. Le 23 décembre, le Dr Hwang démissionne dans l'infamie[45].

Si les blogueurs et autres internautes n'étaient pas intervenus, l'histoire serait-elle sortie? Oui, bien sûr: la science fonctionne de telle façon que certains de ces utilisateurs du site BRIC auraient d'eux-mêmes fini par critiquer les travaux du Dr Hwang; mais leurs critiques auraient mis des mois, voire un an, à faire leur chemin, compte tenu des délais de publication des revues scientifiques.

En apparaissant aussi vite, elles mettaient en lumière, au sein de la communauté scientifique, des lacunes du processus de révision

---

45. On trouvera une version plus complète de cette histoire sous la signature de l'Agence Science-Presse, «Le Watergate du clonage», 9 janvier 2006: http://www.sciencepresse.qc.ca/archives/2006/cap0901063.html. On trouvera aussi une chronologie des événements à: http://www.sciencepresse.qc.ca/archives/2005/man191205.html

par les pairs[46]. Mais aux yeux du public, elles remettaient plutôt en lumière les lacunes des grands médias... et ainsi, profitaient aux blogues!

Médias en crise, blogues en feu!

Les médias d'information se portent mal. Or, les difficultés rencontrées par les médias sont en partie responsables de la multiplication des blogues.

Et l'avenir des médias – qui s'annonce difficile – est de plus en plus étroitement lié à l'avenir des blogues.

Plusieurs études sur les médias montrent par exemple que les lecteurs de journaux sont en train de vieillir... ou de mourir! Les journaux qui parviennent à l'occasion à augmenter leur bassin de jeunes lecteurs sont ceux qui ont adopté des approches plus dynamiques, voire interactives, mais la «recette» reste évanescente.

POURCENTAGE D'AMÉRICAINS QUI LISENT UN JOURNAL

1970	77,8%
1975	71,4%
1980	64,8%
1985	61,6%
1990	60,5%
1995	56%
2003	55%

Source: Newspaper Association of America

Le problème est de toute façon bien davantage qu'un fossé de générations. À travers le monde occidental, on assiste à une insatisfaction généralisée – et croissante! – face aux médias dits «traditionnels». Le journaliste, de héros du cinéma qu'il était des années 1930 jusqu'aux années 1970, est devenu l'un des professionnels les plus discrédités, au même rang que le politicien!

---

46. Pascal Lapointe, «Comment la fraude a pu passer entre les mailles du filet», *Agence Science-Presse*, 9 janvier 2006: http://www.sciencepresse.qc.ca/archives/2006/man090106.html. À lire aussi: Agence Science-Presse, «Comment détecter des photos truquées», *Agence Science-Presse*, 27 janvier 2006: http://www.sciencepresse.qc.ca/archives/2006/cap2301066.html. Et aussi: Agence Science-Presse, «Clonage: le tribunal entre en scène», *Agence Science-Presse*, 17 février 2006: http://www.sciencepresse.qc.ca/archives/2006/cap1302066.html

Selon le groupe de recherche Pew, cité au chapitre précédent, 53% des Américains ne font «généralement» pas confiance à ce que disent les médias; et selon le magazine *American Journalism Review*, 64% affirment que les médias sont biaisés.

Enfin, Internet introduit de nouvelles pratiques de lecture: on prend l'habitude de s'abreuver non plus à un seul journal, mais à des sources multiples... et gratuites! Ce qui fait craindre que de moins en moins de gens ne trouvent de motivations à payer pour un journal ou un magazine. Les magazines de science pourraient même être les premiers menacés, eux dont la clientèle – plus scolarisée et plus riche que la moyenne – a figuré parmi les premiers utilisateurs d'Internet.

POURCENTAGE DE CEUX QUI LISENT DES MAGAZINES DE SCIENCE ET TECHNOLOGIE

	1989	1994	1999
Hommes	17%	15,6%	7,7%
Femmes	4,6%	4%	4%
H – études primaires	2,1%	1,4%	–
H – études secondaires	2,8%	6,3%	4%
H – universitaires	21,2%	19,4%	10,2%
H – au travail	16,7%	11,6%	7,6%
H – sans travail	2,2%	5,5%	5,1%

Source: *Les pratiques de lecture des Québécoises et des Québécois, de 1989 à 1999.* Ministère de la Culture et des Communications, mars 2004.

Ajoutez à cela que le citoyen peut non seulement lire de plus en plus de sources, mais en plus, devenir lui-même une source, prendre la parole: cinq minutes lui suffisent pour créer un blogue.

Un auditoire déçu des journalistes

Nombre de gens ressentent une frustration face au travail des journalistes: ceux-ci sont régulièrement accusés d'être déconnectés de leur public, trop associés à «l'élite» politique et économique.

On aurait tort de croire que les journalistes sont insensibles à cette frustration. L'un des plus brillants penseurs de cette communauté aux États-Unis, James Fallows, à l'époque rédacteur en chef du prestigieux magazine *Atlantic Monthly*, a publié en 1996 un ouvrage intitulé *Why America Hates the Press* (*Pourquoi les États-Unis détestent la presse*), dont la lecture devrait être obligatoire dans les écoles de journalisme.

Pour illustrer combien les journalistes des grands médias, même les jeunes loups, sont souvent déconnectés de leur public, pas de meilleur exemple, dit Fallows, que ceux qui couvrent la politique. Il commence par rappeler le post-mortem de la campagne présidentielle de 1992 : jamais auparavant, selon lui, les candidats n'avaient-ils passé autant de temps à répondre à des questions de «citoyens ordinaires»; ce qui avait permis de constater à quel point les questions des citoyens étaient différentes des questions des journalistes.

En gros, les citoyens posaient une abondance de questions sur le *comment*. Qu'allez-vous faire pour le système de santé? Que pouvez-vous faire pour réduire le poids de l'aide sociale? Les journalistes, eux, posaient des questions sur *la joute politique*: que répondez-vous à ceux qui vous reprochent de ne pas avoir pris position? Comment allez-vous réagir à l'entrée en scène de votre adversaire?

De: James Fallows
Date: 1996
Titre: Why America Hates the Press

Lorsque des gens ordinaires ont la chance de poser des questions aux chefs politiques, ils s'intéressent rarement au jeu politique. Ils veulent savoir comment la réalité politique va les affecter à travers les impôts, les programmes, les investissements dans l'éducation, les guerres. Les journalistes justifient leurs questionnements et leurs excès en proclamant qu'ils sont les représentants du public, posant les questions que leurs concitoyens poseraient s'ils avaient le privilège de rencontrer le président et les sénateurs. Mais en fait, ils posent des questions dont personne ne se soucie, à part eux et leurs collègues[47].

Une telle façon d'aborder les faits, conclut Fallows, est aussi simpliste «que si la discussion sur chaque nouvelle percée en médecine était réduite à des spéculations sur les chances que cela donne à Untel de gagner le Prix Nobel cette année».

---

47. James Fallows, *Why America Hates the Press*, Random House, 1996. Le chapitre 1 peut être lu à: http://www.pbs.org/wgbh/pages/frontline/shows/press/vanities/fallows.html

Cette insatisfaction et cette frustration ne sont donc pas nées avec les blogues, ni n'ont attendu Internet pour percoler. Mais Internet a fourni au citoyen les moyens de canaliser insatisfaction et frustration[48].

Une date-clé : janvier 1993. Des étudiants de l'Université du Minessota créent un logiciel, appelé Mosaïc, qui permet, pour la toute première fois, de naviguer sur Internet « avec des images ». Soudain, avec Mosaïc puis son successeur Netscape, même la grand-maman technophobe peut comprendre. C'est le début de l'explosion démographique d'Internet. Et c'est le moment où quelques journalistes, les uns employés de médias « traditionnels » les autres pigistes, créent des sites Web d'information. L'Américain Brock Meeks et son *Cyberwire Dispatch* (1993-1996), le Québécois Jean-Pierre Cloutier et ses *Chroniques de Cybérie* (1994-2000), tous deux délibérément subjectifs, mais journalistiquement rigoureux : un modèle qui, une décennie et demie plus tard, fait encore des petits, chez les blogueurs[49].

Puis, tous les sujets y passent : sport, politique, éducation (*Chroniques de l'Infobourg*), etc. Et ce ne sont plus seulement des journalistes, mais des gens de tous les horizons. Là où, quelques années plus tôt, ils n'auraient eu pour toute possibilité que de lancer un « zine » photocopié et envoyé par la poste à quelques dizaines d'amis, ils se retrouvent soudain devant un auditoire se mesurant en centaines, puis en milliers d'inconnus – et débordant au-delà des frontières.

Ce fut la chance de l'Agence Science-Presse. Notre petite agence de presse à but non lucratif était jusque-là inconnue du grand public : depuis 1978, elle alimentait des médias en nouvelles scientifiques, mais seuls les responsables de ces médias connaissaient le nom

---

48. Howard Rheingold, un des pionniers de l'époque pré-Internet, a écrit un ouvrage devenu la « Bible » des activistes du réseau informatique : *La Communauté virtuelle*. Boston, MIT Press, 1993, 290 pages. En ligne à : http://www.well.com/user/hlr/texts/VCFRIntro.html

49. Brock Meeks : http://www.cyberwerks.com/cyberwire. Le site est interrompu depuis 1996, mais les archives sont toujours en ligne. Jean-Pierre Cloutier, lui, a interrompu les *Chroniques de Cybérie* mais poursuit la rédaction d'un blogue : http://www.cyberie.qc.ca

Agence Science-Presse. À partir de 1996, grâce à son site Web, elle put rejoindre directement un auditoire d'amateurs de science se mesurant en milliers, puis en centaines de milliers.

Et elle a survécu, pendant que la plupart des cybermédias passaient l'arme à gauche pour être remplacés par d'autres tout aussi éphémères – parce que leurs auteurs se trouvaient un «vrai travail», ou qu'ils arrivaient au bout de leur subvention de démarrage[50].

Parallèlement, les militants ont découvert eux aussi l'usage extraordinaire qu'ils pouvaient faire d'Internet. Les étudiants continuaient de descendre dans les rues pour dénoncer les régimes dictatoriaux, mais cette fois, ils avaient un outil pour se mobiliser plus efficacement; les activistes continuaient de dénoncer Nike, Shell, Gap, Exxon ou McDonald's, mais avec un impact multiplié par 1000.

- C'est par Internet que, en 1994, les Zapatistes, depuis leur province éloignée du Mexique, se sont fait connaître à la face du monde.

- C'est grâce au courrier électronique que, en 1998, des dizaines de milliers de protestataires indonésiens sont descendus dans les rues, entraînant la fin de 32 ans de dictature du président Suharto.

- C'est grâce aux sites Web que des oppositions éparses aux OGM, aux compagnies de tabac ou, plus récemment, aux émetteurs de gaz à effet de serre, se sont concertées et, dans les cas de poursuites judiciaires, ont épaissi leurs dossiers[51].

- C'est grâce aux sites Web si le courant altermondialisation a atteint l'âge adulte, à la toute fin des années 1990.

---

50. Aux États-Unis, quelques cybermédias sont parvenus à récolter de timides revenus publicitaires. Une infime poignée s'est carrément professionnalisée: c'est le cas de *Salon Magazine*. Créé en 1995 par un seul individu, le journaliste californien David Talbot, c'est aujourd'hui une PME avec plan d'affaires, mises en marché et autres concepts propres à la «vieille» économie; mais c'est aussi une des plus belles créations d'Internet aux États-Unis: des articles de fond, des reportages d'enquête et des *scoops* enviés par les plus grands quotidiens. Salon: http://www.salonmagazine.com

51. Un professeur de l'Université de Californie, à San Francisco, a lancé au milieu des années 1990 le Tobacco Control Archives, devenu avec le temps un centre d'information sur les méfaits du tabagisme mais surtout sur les stratégies des compagnies de tabac, au fur et à mesure que celles-ci, engagées dans des procès en Amérique et en Europe, étaient obligées de rendre publiques des montagnes de documents produits depuis un quart de siècle. http://www.library.ucsf.edu/tobacco/

Un mot sur ces altermondialistes, parce qu'ils nous ramènent aux blogues. Depuis plus d'une décennie, des petits noyaux de gens, dans la plupart des pays occidentaux, dénonçaient les salaires de misère des pays du Sud ou critiquaient la volonté des gouvernements d'ouvrir les frontières au nom du libre-échange. Ces petits noyaux d'opposants appelaient au boycott de certaines multinationales, écrivaient des lettres dans les journaux, dénonçaient le GATT, l'OMC... Mais ils avaient peu d'échos.

Jusqu'à ce que tout se cristallise en novembre 1999, à Seattle. En marge de la rencontre de l'Organisation mondiale du commerce (OMC), ils furent des milliers dans les rues, venus protester contre cette forme de mondialisation. Ils furent si bien organisés que la rencontre en fut avortée. Et s'ils furent si bien organisés, c'est parce qu'aux quatre coins du cyberespace, ils avaient passé des mois à planifier, à diffuser de l'information et à profiter des dernières innovations (caméras numériques, téléphones portables reliés en direct à un site Web, etc.) pour obtenir le maximum d'impact.

Parmi les sites Web qu'ils créèrent, il en fut un appelé Indymedia (contraction de *independant media*). Une sorte de journal collaboratif, où n'importe qui pouvait écrire ce qu'il voulait (ou envoyer des photos), sans censure ni rédacteur en chef. C'était, au plan technologique, un blogue.

Le Indymedia de Seattle, en novembre 1999, fut le premier d'une série qui en compte aujourd'hui près de 200 dans autant de villes d'Amérique et d'Europe. Le développement de ce réseau Indymedia a permis de créer un «réseau social», où chaque Indymedia local est hyperlié aux autres, où chaque texte peut être signalé par les autres sites: une première blogosphère en miniature[52].

«Ces mouvements, écrivait Naomi Klein dans son best-seller *No Logo* en 2000, ne font que commencer à prendre conscience de leur propre envergure et de leur propre pouvoir[53].»

---

52. Le phénomène est à présent assez vieux pour commencer à attirer des chercheurs: Jeffrey S. Juris, «The New Digital Media and Activist Networking within Anti-Corporate Globalization Movements», *Annals of the American Academy of Political and Social Sciences*, no 597 (2005). Voir aussi Gal Beckerman, «Edging Away from Anarchy», *Columbia Journalism Review*, septembre 2003, p. 28.
53. Naomi Klein, *No Logo*, Leméac, 2000, p. 460-464.

Hélas, ces mouvements ne sont pas les seuls à prendre conscience de leur pouvoir. Les astrologues, les devins, les charlatans promoteurs des traitements les plus douteux ou les plus dangereux – dont plusieurs découvrent combien il est facile d'attraper assez de naïfs pourvu qu'on expédie des millions de *spams* – de même que les relationnistes des compagnies pétrolières qui nient le réchauffement planétaire, l'ont découvert bien vite. Plus grave, les mouvements terroristes ont eux aussi profité d'Internet pour recruter et échanger de l'information, ouvertement ou clandestinement[54].

«L'Internet, écrit le journaliste Thomas Friedman, est un outil incroyablement puissant pour la dissémination de propagandes et de théories du complot... (Il) est plus susceptible de transmettre l'irrationnel que le rationnel[55].»

Autant dire qu'on a là la meilleure raison du monde pour inciter les scientifiques à investir Internet dont ils sont dangereusement absents.

Journalistes citoyens

À ceux qui se gaussent du caractère utopique de cette vision, les optimistes répliquent par les bons coups des blogueurs, en particulier ces blogueurs qui se sont autoproclamés journalistes – ou «journalistes citoyens»:

- Dans un discours prononcé en décembre 2002, le sénateur républicain Trent Lott rendit hommage au sénateur Storm Thurmond; si celui-ci avait été élu président en 1948, disait Lott, la nation s'en serait beaucoup mieux portée; or, Thurmond avait alors mené une campagne ouvertement raciste! Le lendemain, seuls deux médias y firent allusion. Mais l'indignation des blogueurs et des cyberjournalistes fit boule de neige: l'histoire réémergea

---

54. Sur les liens entre Internet et l'attentat de Madrid de mars 2004, une fascinante enquête: Lawrence Wright, «The Terror Web», *The New Yorker*, 2 août 2004, p. 40-53. Plus superficiel, mais plus récent, un survol des noirs côtés d'Internet: Steve Maich, «Pornography, Gambling, Lies, Theft and Terrorism: The Internet Sucks», *Maclean's*, 30 octobre 2006, p. 44-49.

55. Thomas L. Friedman, *The World is Flat. A Brief History of the 21st Century*. New York, Farrar, Straus and Giroux, 2005, p. 432.

dans les médias, obligeant le sénateur Lott à démissionner de son siège de chef de la majorité[56].

- Le cas le plus célèbre est celui qui a entraîné indirectement la chute du journaliste-vedette Dan Rather; à l'été 2004, à quelques mois de l'élection présidentielle, celui-ci diffusa un reportage affirmant, documents à l'appui, que dans sa jeunesse, George W. Bush avait menti pour échapper au service militaire; quelques heures plus tard, des blogueurs – dont certains, il faut le dire, payés en sous-main par le Parti républicain – commencèrent à dénoncer ce reportage; quelques jours plus tard, ils avaient accumulé suffisamment de preuves pour amener Rather à reconnaître que son reportage était basé sur une source erronée; quelques semaines plus tard, Dan Rather annonçait sa retraite du réseau CBS, un fait qui n'a jamais été officiellement associé à cette bourde, mais qui y restera indissolublement lié aux yeux de nombreux téléspectateurs (et à la grande satisfaction des partisans républicains!).

- En 2006, les candidats à la présidence Hillary Clinton et Barack Obama ont annoncé leur intention de se porter candidats non pas au moyen d'une conférence de presse, mais sur Internet – une première; cette année-là se sont également multipliés les portraits de politiciens américains sur les réseaux sociaux *MySpace* et *Facebook*[57].

- En 2006 également, c'est depuis *YouTube* qu'a soufflé un vent de changement: quantité de blogueurs y ont affiché des vidéos amateurs ou professionnels, des extraits d'émissions célèbres ou inconnues; et les plus efficaces politiquement furent les vidéos qui parlaient par eux-mêmes; ainsi, un extrait de l'émission de

---

56. Jay Rosen, «The Legend of Trent Lott and the Weblogs», *Press Think,* 15 mars 2004: http://journalism.nyu.edu/pubzone/weblogs/pressthink/2004/03/15/lott_case.html

57. Peut-être inspirés par une firme de consultants qui organise chaque année depuis 1994 (!) un congrès sur «la politique en ligne». Politics Online Conference: http://polc.ipdi.org/. Ils ont financé en 2006 un mémoire recommandant aux politiciens américains une présence accrue sur le Web ainsi que dans la blogosphère. T. Neil Sroka, *Understanding the Political Influence of Blogs. A Study of the Growing Importance of the Blogosphère in the U.S. Congress.* Washington, IPDI, avril 2006: http://www.ipdi.org/UploadedFiles/PoliticalInfluenceofBlogs.pdf

l'animateur d'extrême-droite Rush Limbaugh, au cours duquel il se moquait des tremblements incontrôlés de l'acteur Michael J. Fox (atteint de la maladie de Parkinson) a été vu par 2 millions de personnes et a fait plus pour la défense de la recherche sur les cellules souches, que des tonnes d'articles de vulgarisation[58].

- En science, outre le scandale du Dr Hwang cité au début du chapitre, on peut signaler un cas, anecdotique mais révélateur; le 29 janvier 2006, le *New York Times* révélait que le Dr James Hansen, un expert de 20 ans du réchauffement climatique, s'était vu refuser par les relations publiques de la NASA le droit de donner une entrevue à un journaliste; on apprendrait dans les jours suivants que plusieurs autres scientifiques avaient été ainsi bâillonnés, chaque fois, comme par hasard, lorsque leurs conclusions allaient à l'encontre de l'idéologie de la Maison-Blanche[59]; or, derrière l'interdit imposé au Dr Hansen, il y avait un jeune relationniste de la NASA, George Deutsch, lequel était, comme par hasard un ancien employé de l'équipe politique du président Bush; le 6 février, c'est du blogue *The Scientific Activist* que vint le coup de grâce qui allait valoir à Deutsch d'être mis à pied: dans son CV, il s'était attribué un faux diplôme de journalisme[60]!

Même les compagnies veulent embarquer dans cette vague de «journalisme citoyen». L'occasion est belle de mettre un visage humain sur l'entreprise, grâce à une écriture personnalisée, plus proche du lecteur que les superlatifs du dépliant publicitaire ou le jargon du document administratif[61].

Microsoft, Sun et Hewlett-Packard, entre autres, ont ainsi lancé des blogues offerts à tous leurs employés, tablant sur le fait que plusieurs d'entre eux possèdent une expertise unique au monde (sur

58. L'extrait a d'abord été présenté par l'émission d'affaires publiques *Countdown*. On peut le trouver sur YouTube à: http://www.youtube.com/watch?v=0o6yrdInw6s (lien vérifié le 10 septembre 2007)

59. Pascal Lapointe, «Qui contrôle l'information scientifique?», Agence Science-Presse, 6 février 2006: http://www.sciencepresse.qc.ca/archives/2006/man060206.html

60. Nick Anthis, «George Deutsch Did Not Graduate from Texas A&M University», *The Scientific Activist*, 6 février 2006: http://scientificactivist.blogspot.com/2006/02/breaking-news-george-deutsch-did-not.html

61. François Nonnenmacher, *Blogueur d'entreprise*, Éditions Eyrolles, Belgique, décembre 2005. Il entretient aussi un blogue: http://padawan.info/be/

un logiciel, un *plug-in*, un code, le traitement d'image, etc.) et que les avantages d'un tel «service à la communauté» l'emportent sur le risque de voir ces employés glisser des commentaires déplaisants sur l'employeur.

Même Wal-Mart s'y est mis! Face au lot de critiques, la multinationale a recruté des blogueurs favorables à sa cause, «leur servant de l'information exclusive, leur suggérant des sujets et les invitant à visiter le siège social». Cela «devrait faire partie de tout programme de communication intelligent», s'est justifié le président de la firme de relations publiques Edelman, à l'emploi de Wal-Mart[62].

Plus près de la science: Bernard Rentier, recteur de l'Université de Liège, en Belgique – et biologiste de formation – a lancé son blogue en 2005. Il y parle des budgets des bibliothèques, de coopération interuniversitaire et de libre accès à la recherche, entre autres[63].

Quatre conseils aux entreprises – ou aux universités – qui abritent des blogues en leur sein

1. **Dites la vérité.** C'est trop facile pour les internautes de vérifier et de vous «planter» si vous avez menti.

2. **Postez rapidement** les nouvelles, bonnes ou mauvaises. Quelqu'un parle en bien de vous: faites un hyperlien vers lui. Quelqu'un parle en mal: faites un hyperlien... et répliquez! Vous fidélisez une nouvelle clientèle, et vous ne vous aliénez sûrement pas l'ancienne qui continue d'utiliser votre site pour ses informations pratiques.

3. **Lisez!** Ne vous contentez pas de recenser ce qui est dit dans les grands médias: les bulletins et les blogues, s'ils sont dans votre spécialité, sont peut-être aussi importants que *La Presse*, parce qu'ils rejoignent un public plus ciblé.

4. **N'ayez pas la couenne trop sensible.** Vous allez être critiqué. Ce n'est pas la fin du monde.

---

62. François Desjardins, «Wal-Mart fait passer son message dans la blogosphère», *Le Devoir*, 3 juin 2006, p. C-1.

63. Bernard Rentier, recteur: http://recteur.blogs.ulg.ac.be/ En France, le pionnier en matière de blogues corporatifs est un... PDG! Avantage non négligeable: il sait écrire, à 1000 lieues de la langue de bois habituelle des gens d'affaires. Michel-Edouard Leclerc, *De quoi j'me MEL:* http://www.michel-edouard-leclerc.com/content/xml/fr_alaune.xml

Optimiste, le journaliste californien Dan Gillmor, qui «couvre» Internet depuis plus d'une décennie, voit dans cette évolution la meilleure chose qui puisse arriver à notre société: «des informations et des commentaires en provenance d'une variété de réseaux, de citoyens moyens qui veulent prendre part à la conversation, de blogueurs et d'activistes... Les journalistes professionnels restent en bonne partie dans l'action, et je m'attends à ce qu'ils continuent de l'être, mais un plus large constituant commence à émerger[64].»

«Je prends pour acquis que mes lecteurs en savent plus que je n'en sais – et c'est une réalité libératrice, et non menaçante, de la vie journalistique.»

C'est de cette conviction que provient la popularisation de l'expression *journaliste citoyen:* tout le monde peut devenir journaliste... voire média!

Trois cas de journalisme citoyen

Ces dernières années, quelques blogues ont poussé la logique plus loin, en créant un espace, qui se veut l'équivalent d'un journal, dont tous les concitoyens peuvent devenir les collaborateurs. En voici trois exemples.

• OhMyNews, Corée du Sud (**http://english.ohmynews.com**)

Vétéran – il est né en février 2000 – il affiche comme slogan que «chaque citoyen est un journaliste». À ce titre, il rassemble des dizaines de milliers de collaborateurs – quiconque le souhaite peut s'inscrire – bien qu'un nombre indéterminé n'ait en réalité produit qu'un seul texte. Il s'agit d'une formule hybride, mi-blogue, mi-journal, puisque le cinquième des articles proviennent de journalistes professionnels (payés grâce aux revenus publicitaires), qui valident également les autres articles (le taux de rejet serait d'environ 25%).

• AgoraVox, France (**http://www.agoravox.fr**)

Lancé en juin 2005 par une firme de recherche et de revue de presse, à la tête de laquelle se trouve le biologiste Joël de Rosnay, *AgoraVox* cite *OhMyNews* en modèle. Il existe là aussi un comité de rédaction qui peut corriger ou rejeter un texte.

---

64. Dan Gillmor, *We, the Media, op. cit.*, p. 68.

- CentPapiers, Québec (**www.centpapiers.com**)

Créé en mai 2006 en citant *AgoraVox* en modèle. Les articles sont classés sous des rubriques similaires à celles des journaux (international, économie, sports, etc.).

Ces médias sont-ils destinés à accoucher d'une forme de journalisme différente? La preuve reste à faire. Toutefois, pour l'instant, il est une chose à propos de laquelle ils ne se distinguent pas des «vieux» médias: la science y est aussi peu importante.

Journalisme citoyen, science citoyenne?

L'expression *science citoyenne* a vu le jour en 1995 (*citizen science*) et elle en est venue à être utilisée à toutes les sauces.

Elle ne doit pas être confondue avec l'expression «journalisme citoyen». Ce dernier suppose l'existence de citoyens qui, bien que n'étant pas journalistes, se transformeraient en journalistes. Alors que *la science citoyenne* ne suppose pas des citoyens qui veulent se transformer en scientifiques: ils veulent dialoguer avec les scientifiques, parfois les questionner, voire prendre part au processus décisionnel.

Dans les deux cas toutefois, il y a un point commun: rapprocher l'information du public.

Depuis 20 ans, plus encore dans certains cas, on cherche la formule qui permettrait au mythique «citoyen moyen» de s'approprier l'information scientifique: cela a pris, et prend encore, la forme de «conférences du consensus»[65] de «bars de science»[66], de «boutiques de science» (un concept qui remonte aux années 1970)[67]... et à présent, des blogues!

---

65. Pascal Lapointe, «Les faire descendre de leur tour d'ivoire», Agence Science-Presse, 18 février 2002: http://www.sciencepresse.qc.ca/archives/2002/cap1802025.html
66. Le site québécois (plus ancien): http://bardessciences.qc.ca; le site français: http://bardessciences.net/
67. RDT Info, «Une science de proximité», *RDT Info* n⁰ 43, novembre 2004: http://europa.eu.int/comm/research/rtdinfo/43/print_article_1655_fr.html

De: **Fondation Sciences citoyennes**
Date: **Septembre 2002**
Titre: **Quelques réflexions autour de la «science citoyenne»**

L'idée d'une «démocratisation de la science» est aujourd'hui de plus en plus reprise. Elle vise à donner plus de pouvoir aux citoyens pour participer aux orientations scientifiques, c'est-à-dire à des décisions qui influenceront directement leur vie et leur société. Différentes voix s'élèvent pour regretter que le public et la société civile soient exclus de la participation aux choix des orientations techno-scientifiques, et pour invoquer une science plus proche et plus à l'écoute des citoyens[68].

De: **Ecorev**
Date: **2004**
Titre: **Manifeste pour une science citoyenne**

Les jeunes scientifiques, en particulier, devraient être à l'écoute des problèmes sociaux... Les étudiants en science devraient se livrer, à l'extérieur de leur environnement scolaire et pendant une période minimale déterminée, à une activité présentant un intérêt ou une utilité pour la société[69].

Pour les «vrais» journalistes, cette évolution est dure à avaler. Si n'importe qui peut s'instituer journaliste, qui garantira la crédibilité de l'information, et qui aura les ressources nécessaires pour aller chercher l'information dérangeante?

Et attention, il ne faut pas voir dans cette inquiétude des journalistes un banal réflexe corporatif. Une société complexe comme la nôtre a effectivement besoin de journalistes professionnels, c'est-à-dire des gens payés pour observer, analyser et critiquer et qui soient indépendants des pouvoirs publics.

Or, l'évolution des médias transforme de plus en plus les journalistes en une profession composée de travailleurs précaires (pigistes et contractuels). La précarité, cela signifie que moins de gens ont le temps, l'énergie ou les reins assez solides pour fouiller

---

68. Claudia Neubauer, *Quelques réflexions autour de la «science citoyenne»*, Fondation Sciences citoyennes, septembre 2002: http://sciencescitoyennes. net/fiche-bipinterne-11.html

69. Pierre Calame, «Manifeste pour une science citoyenne, responsable et solidaire», *Ecorev. Revue critique d'écologie politique*: http://ecorev.org/article.php3?id_ article=302

des dossiers et suivre l'évolution d'un secteur à long terme. Ce sera encore plus vrai avec l'évolution du «journalisme citoyen»: des gens qui n'écrivent que quand ils ont le temps.

Il y a donc matière à inquiétude. Sans journalistes professionnels, sans des médias assez solides pour les soutenir et les payer, l'information scientifique serait composée presque exclusivement de textes produits par les compagnies et les relations publiques.

Le côté sombre de la Force: la cacophonie

Qui plus est, il ne faut pas se le cacher, avec des dizaines de millions de blogueurs, avec un million de messages par jour, il y a inévitablement du radotage et des dérapages. Aux intervenants d'origine d'un blogue, s'ajoutent des visiteurs peu au fait des us et coutumes, qui font dériver la discussion dans des directions sans rapport avec le sujet initial, ou se transforment en des adolescents en manque de vedettariat.

Et il y a inévitablement des intervenants qui provoquent pour le simple plaisir de provoquer. Il y a même un nom pour les désigner: les *trolls*.

Leur tactique: envoyer des messages volontairement provocateurs. Résultat: les discussions partent à la dérive. Comparables à un virus impossible, les *trolls* réapparaissent épisodiquement depuis le début des années 1990 – ils ont même contribué à faire mourir les forums de discussion d'alors, appelés *newsgroups*, noyés sous les messages sans intérêt et des discussions vides de sens.

Les médias «traditionnels», qu'on imagine comme des temples de la rigueur, sont paradoxalement ceux qui contribuent le plus à cette cacophonie: les blogues à qui ils accordent le plus de visibilité deviennent du coup très visités. Qui dit blogues visités dit plus grand nombre de *trolls* et plus grand nombre d'adolescents attardés.

De: **Martine Pagé, rédactrice**
Date: **19 mars 2006**
Titre: **«Deux mondes», dans *MartinePage.com***

À force de se parler entre initiés, nous en oublions parfois que la majeure partie de la population fréquente le Web à très petites doses et n'a aucune idée des réseaux dans lesquels nous évoluons au quotidien.

Cette dichotomie est encore plus apparente chez les journalistes et chroniqueurs des médias traditionnels qui font le saut vers les blogues. Prenez Patrick Lagacé ou Josée Blanchette, par exemple. Leur lectorat Web semble principalement constitué de gens peu familiers avec le Web et qui y sont attirés pour la première fois par leur chroniqueur préféré (ou détesté!).

C'est l'opposé qui se passe chez la plupart des blogueurs qui ne sont pas des «célébrités». Mes lecteurs, par exemple, sont pour la plupart des blogueurs ou du moins des gens très familiers avec le Web. Ils ont intégré un certain sens de la nétiquette et des conversations intéressantes et remplies d'informations supplémentaires se développent souvent en parallèle aux billets.

C'est rarement le cas sur les blogues des journalistes connus où les lecteurs s'engueulent dans des conversations d'un niveau tellement primaire qu'on se croirait de retour dans la cour d'école. Cette ambiance chasse les blogueurs et autres internautes plus aguerris qui vont se réfugier dans leurs cercles d'initiés, là où il fait bon parler entre nous. Les blogues des journalistes de la télé et des grands quotidiens ne sont pas fréquentés par ceux qui pourraient y générer une valeur ajoutée, basée sur une véritable interactivité. Conséquence: les journalistes se lassent vite et/ou finissent par condamner le phénomène[70].

L'autre côté sombre: qui dit vrai?

Dans un univers où n'importe qui peut écrire n'importe quoi, sans filet, sans personne pour le relire ni le réprimander, à qui se fier? N'y a-t-il pas un risque que celui qui possède la meilleure plume soit celui qui réussisse à convaincre, peu importe la justesse de ce qu'il écrit?

Eh bien oui, hélas. De là même façon que des animateurs de radio jonglant avec la démagogie ont su réunir des légions d'admirateurs, il y a un avenir pour les blogueurs démagogues. Ce n'est pas pour rien que des enseignants, des philosophes et des auteurs de toutes sortes réclament depuis longtemps que l'élévation du sens critique devienne un objectif de premier plan de l'enseignement.

---

70. Martine Pagé, «Deux mondes», dans *MartinePage.com*: http://www.martinepage.com/blog/2006/03/deux-mondes.html

Le danger est d'autant plus grand qu'un texte écrit – par opposition à un texte oral – semble traîner avec lui une aura de crédibilité. Des citoyens avertis, y compris des journalistes, sont ainsi tombés dans le panneau[71].

En avril 2006, deux chercheurs britanniques ont effectué un petit tour d'horizon de 30 blogues environnementaux. Une seule variable les intéressait: le taux d'extinction des espèces animales et végétales. Les scientifiques s'entendent pour prédire dans l'avenir un maximum de 74 à 150 espèces disparues par jour. Or, sur les 30 blogues parcourus, 12 affirmaient plutôt que les prévisions faisaient état d'un taux d'extinction de plus de 200 par jour, dont 3 blogues qui parlaient de plus de 1000 espèces disparues par jour!

Les scientifiques ne sont pas habitués à intervenir dans les blogues, déploraient ces deux chercheurs, et pourtant, il y aurait intérêt. «Les directeurs de recherche devraient encourager leurs étudiants à bloguer… Nous avons la responsabilité de contribuer à des opinions informées sur les débats environnementaux et de développer une présence collective dans la blogosphère, augmentant ainsi sa crédibilité[72].»

De: **Reporters sans frontières**
Date: **Septembre 2005**
Titre: *Handbook for Bloggers and Cyber-dissidents*

Le blogue est un puissant outil de liberté d'expression qui a déjà enrôlé des millions de gens ordinaires… Les blogueurs sont souvent les seuls vrais journalistes dans des pays où les médias grand public sont censurés ou sous pression… [Mais] un blogue donne à quiconque, peu importe le niveau de scolarité ou les compétences techniques, la possibilité de publier du contenu. Cela signifie que des blogues ennuyeux ou dégoûtants vont essaimer aussi vite que les excellents et les intéressants[73].

---

71. En 1996, le journaliste à la retraite Pierre Salinger, un vétéran de la télé, annonçait avoir mis la main sur un *scoop*. «Une personne liée au gouvernement» lui aurait remis un document *top-secret* révélant que le vol TWA 800, qui avait sombré quatre mois plus tôt au large de Long Island, avait été abattu par un missile américain. Il allait suffire d'une demi-journée à des centaines d'internautes pour pointer du doigt le site Web d'un amateur de théories du complot, où ce canular était affiché depuis des mois. On allait dès lors parler du «syndrome Salinger», caractérisé par l'étrange propension à croire à tout ce qu'on lit!
72. Alison Ashlie et Richard J. Ladle, «Environmental Science Adrift in the Blogosphere», *Science*, 14 avril 2006, p. 201.
73. Reporters sans frontières, *Handbook for Bloggers and Cyber-dissidents*, septembre 2005, 46 pages: http://www.rsf.org/IMG/pdf/handbook_bloggers_cyberdissidents-GB.pdf

On peut critiquer, avec raison, les médias «traditionnels». Mais les codes d'éthique, les filets de sûreté, les relecteurs, les rédacteurs en chef ont ceci de bon qu'ils limitent les abus et sanctionnent les fautifs. Les blogues intégreront-ils cette réalité des médias «traditionnels» à leur fonctionnement[74]?

Blogues et médias: intégration ou affrontement?

Les médias sont conscients de la perte de confiance de leur auditoire; ils s'en inquiètent; ils s'interrogent. Mais le virage est d'autant plus difficile à prendre que personne ne sait comment le prendre!

Pour le professeur de journalisme Jay Rosen, de l'Université de New York, ce n'est qu'à la fin de 2004 que les directions des journaux ont commencé à prendre conscience que les outils permettant de diffuser de la nouvelle avaient été distribués «à des gens qu'ils appelaient jadis leur audience». Et pendant que ces journaux se demandent comment s'adapter à cette nouvelle réalité, leur part des revenus publicitaires continue de décroître (29% en 2006), tandis que celle d'Internet continue de croître (5% en 2006)[75].

Version optimiste: le chercheur Jason Gallo, de l'Université Northwestern, y voit une simple question de temps avant que les blogues ne se professionnalisent: «Les blogues seront progressivement soumis aux mêmes politiques et contrôles institutionnels (que) les journalistes traditionnels[76]».

---

74. On peut lire une excellente synthèse du problème qui se pose aux médias ainsi qu'aux blogues, avec le pour et le contre, sous Barb Palser, «Journalism's Backseat Drivers», *American Journalism Review*, août 2005: http://www.ajr.org/article_printable.asp?id=3931; dès 2002, la même revue, destinée aux journalistes, publiait un constat des changements irrémédiables auxquels fait face leur métier sous Marc Fisher, «The Metamorphosis», *American Journalism Review*, novembre 2002: http://www.ajr.org/article_printable.asp?id=2683. Enfin, on trouvera une analyse plus académique de la lenteur des médias à prendre le virage (en 2004) sous Brian Carroll, «Culture Clash: Journalism and the Communal Ethos of the Blogosphere», *Into the Blogosphere,* 2004: http://blog.lib.umn.edu/blogosphere/culture_clash_journalism_and_the_communal_ethos_of_the_blogosphere.html

75. Robert Kuttner, «The Race», *Columbia Journalism Review*, mars 2007, p. 24-32: http://www.cjr.org/issues/2007/2/Kuttner.asp. Voir aussi un mémoire français commandé par le gouvernement: Marc Tessier, *La presse au défi du numérique. Rapport au ministre de la Culture et de la Communication.* Paris, février 2007: http://www.culture.gouv.fr/culture/actualites/rapports/tessier/rapport-fev2007.pdf

76. Jason Gallo, «Weblog Journalism: Between Infiltration and Integration», *Into the Blogosphere*, 2004: http://blog.lib.umn.edu/blogosphere/weblog_journalism.html

Dan Gillmor, autre optimiste: «Le talent de plusieurs à faire la nouvelle donnera une nouvelle voix à ceux qui se sentaient sans voix. Cela nous enseigne à nous tous – citoyens, journalistes, faiseurs de nouvelles – de nouvelles façons de parler et d'apprendre.»

De fait, si *Indymedia* n'avait pas de rédacteur en chef – et sa crédibilité en a souffert – *AgoraVox* et *OhMyNews*, eux, se sont dotés d'une forme ou l'autre de filtrage. Entre ces deux extrêmes se profile peut-être une «professionnalisation» des blogues.

Le cas *Wikipédia*, sur lequel nous revenons au chapitre suivant, est lui aussi révélateur: cette encyclopédie «libre» – ce qui signifie que n'importe qui peut y intervenir – évolue de plus en plus vers une publication à deux niveaux, où n'importe qui peut écrire, mais où un petit groupe d'intervenants dispose d'un pouvoir de «surveillance».

L'évolution peut aussi se faire par simple sélection naturelle. Au fur et à mesure que des blogueurs fatigués ou trop pressés démissionnent, l'enseignant Clément Laberge voit l'émergence d'une génération «post-blogueurs», c'est-à-dire des gens qui ont choisi de passer à autre chose, laissant le terrain aux discussions peut-être moins médiatiques, mais plus utiles.

De: Clément Laberge
Date: 26 août 2006
Titre: Première génération de post-blogueurs,
**   dans *Remolino***

Un blogue, ce n'est pas un espace pour déposer des textes auxquels les gens pourront sagement associer des commentaires. C'est un incubateur de dialogues. Des dialogues qui pourront être plus ou moins vifs selon la portée polémique des sujets qu'on choisit d'aborder. Et de la même façon qu'on est toujours responsable de ce qu'on écrit, sur un blogue on est aussi responsable des dialogues qui peuvent prendre forme à la suite de nos textes.

[...] Pour assurer la santé et la vitalité d'un blogue, il faut obligatoirement s'impliquer dans les commentaires, prendre part aux dialogues suscités par nos textes... Lorsqu'ils prennent forme sur le blogue lui-même, mais également lorsqu'ils s'évadent vers d'autres espaces, d'autres blogues, d'autres types de publications. Ce n'est évidemment pas facile, c'est très exigeant intellectuellement (et parfois émotivement) et cela demande quelques fois beaucoup de temps. Sans compter qu'on ne choisit pas toujours le moment où surviennent les pires dérapages. Mais si on n'est pas prêt à jouer le jeu, vaut mieux abandonner le blogue et revenir à une forme plus classique: je publie, vous m'écrivez.

[...] Et avec un peu de chance, on cessera peut-être bientôt d'analyser la blogosphère en termes essentiellement quantitatifs. Parce qu'à tout prendre, il vaut sans doute mieux constater la croissance du nombre de «post-blogueurs» que de voir sans cesse apparaître des gens qui n'utilisent les blogues que pour nous manipuler, sans véritable intention d'entreprendre un dialogue[77].

Le meilleur exemple d'une «intégration» des blogues à «l'ancien monde» est la parution, au début de 2007, d'un livre recensant certains des meilleurs textes de science parus dans la blogosphère anglophone: *The Open Laboratory. The Best Writing in Science Blogs 2006.* Cinquante textes en tout, choisis en partie par les blogueurs eux-mêmes («envoyez-moi votre meilleur texte»), en partie par un comité de 12 visiteurs du blogue du coordonnateur du livre[78].

Le livre que vous tenez entre vos mains s'inscrit lui aussi dans cette évolution: la troisième et dernière partie est entièrement constituée de textes parus sur *Science! On blogue:* des textes accessibles à tous, variés et qui n'ont pas pris une ride, des mois après leur parution.

L'éditeur québécois Septentrion a lui aussi publié, en mars 2007, trois petits livres rassemblant les meilleurs textes de trois des plus populaires blogueurs québécois. Bien qu'une de ces blogueuses ait entre-temps interrompu sa production – le domaine est bien fragile! – aux yeux du directeur de Septentrion, les blogues sont un «club-école qui permet de vérifier le souffle littéraire d'un auteur»[79].

Tout de même, quelle distance franchie depuis le moment où le blogue n'était perçu que comme du radotage ou de l'étalage d'ego!

77. Clément Laberge, «Première génération de post-blogueurs», *Remolino*, 26 août 2006: http://carnets.opossum.ca/remolino/archives/2006/08/premiere_genera.html
78. Bora Zivkovic, dir., *The Open Laboratory: The Best Writing in Science Blogs 2006.* Cortunix éditeur, 2007, 336 pages. Le coordonnateur de ce livre raconte l'expérience sous «The Science Blogging Anthology: The Great Unveiling!», *A Blog Around the Clock*, 16 janvier 2007: http://scienceblogs.com/clock/2007/01/the_science_blogging_anthology.php
79. Paul Cauchon, «Des blogueurs sur papier», *Le Devoir*, 27 mars 2007, p. B-10.

CHAPITRE 4
Prendre le contrôle

Je suis juste une sorte de dingue de la lecture rapide.

Harriet Klausner, 54 ans, une des «personnalités
de l'année 2006» du *Time*, auteure de près
de 13 000 recensions de livres sur *Amazon.com*.

Si les blogues n'ont pas surgi du néant, ils n'ont pas non plus surgi
tout seuls, comme l'a constaté le *Time* en «vous» décernant son
prix de «personnalité de l'année 2006». Accompagnant les blogues
et – de plus en plus souvent – les complétant, il y a une autre innovation majeure: la baladodiffusion. Et derrière elle, traînant dans
son sillage encore plus d'innovations, il y a quelque chose de très
profond: le désir du public de ne pas seulement prendre la parole,
mais de prendre le contrôle de la «programmation».

La science en baladodiffusion

Une fin de semaine du printemps 2007. Vous préparez la liste des
émissions que vous emporterez cette semaine dans votre iPod ou
votre lecteur MP3, afin de meubler vos trajets matinaux d'autobus
ou d'auto (ça se branche dans l'allume-cigarette!).

C'est que vous en avez assez des radios commerciales qui offrent
toutes la même musique et le même contenu – météo, circulation,
culture, météo, circulation, culture, météo... Un peu de science,
pourquoi pas?

Vous n'êtes pas maniaque au point de n'écouter que des émissions consacrées à la science, matin, midi et soir! Mais si vous le
voulez – et si vous comprenez l'anglais – il y en a effectivement plus
que vous ne pourriez en écouter. Et ça ne fait que commencer!

Cette profusion, c'est le résultat d'une explosion phénoménale qui, en 2004-2005, a réussi à faire encore plus parler d'elle que les blogues : le *Podcast* ou, en français, *baladodiffusion*.

On en a tellement parlé qu'en décembre 2005, le *New Oxford American Dictionary* annonçait que le « podcasting » était en lice pour le titre de « mot de l'année », sur un pied d'égalité avec « grippe aviaire » et « gras trans » !

Lancée par le petit appareil iPod (d'où le mot *pod*cast, contraction de iPod et de *broadcast*) de la compagnie Apple, cette technologie ultra-simple permet de se confectionner une discothèque dans le creux d'une main : vous pouvez ainsi prendre vos vieux CD et ne transférer sur votre iPod que les pièces musicales qui vous intéressent. Ou les télécharger d'Internet et les écouter sur votre ordinateur : flairant la bonne affaire, la compagnie Apple a rapidement lancé le « magasin de musique » iTunes, gigantesque répertoire de musiques téléchargeables[80].

Or, si on peut télécharger un fichier musical, on peut tout aussi facilement télécharger un fichier sonore : cela peut être votre petit neveu qui s'est enregistré lui-même, ou bien une émission de radio professionnelle. Là aussi, à partir de 2005, le choix s'est mis à grossir de manière exponentielle.

Dès les années 1990, grâce à des logiciels comme Real Audio, il avait été possible d'écouter en direct des émissions de radio sur Internet. Mais avec la baladodiffusion, un pas fondamental est franchi : vous pouvez télécharger pour écouter n'importe quand, n'importe où. Vous n'êtes plus soumis aux décisions d'un directeur de la programmation.

Vous vous intéressez à la science ? Vous trouvez qu'il n'y en a pas assez à la radio ? Voici un échantillon de ce que vous auriez trouvé sur Internet pendant une semaine typique du printemps 2007, et ce, sans même avoir à chercher : à peu près tout ce que nous énumérons ici était rassemblé dans le magasin de musique (*music store*) du site *iTunes* – et gratuitement !

---

80. Il existe (déjà !) un livre relatant l'histoire du iPod : Steven Levy, *The Perfect Thing : How the iPod Shuffles Commerce, Culture and Coolness*, New York, Simon and Schuster, 2006, 284 p.

Des émissions de vulgarisation réalisées par des journalistes «pros»: valeurs sûres, elles offrent entrevues, reportages, nouvelles de la semaine; le tout est réalisé avec rigueur et offre une plus grande variété de contenu que dans les autres baladodiffusions: normal, il s'agit d'émissions réalisées avec davantage de sous.

– *Les Années-lumière,* émission hebdomadaire de 2 heures sur la science, produite par Radio-Canada; en septembre 2005, elle a fait partie des toutes premières émissions de la chaîne française offertes en baladodiffusion.

– *Continent Sciences,* émission hebdomadaire d'une heure, davantage centrée sur le travail du scientifique. Produite par Radio-France (n'est pas disponible sur iTunes mais sur le site: www.radiofrance.fr/). Radio-France propose également plusieurs chroniques reliées de près ou de loin à la science (*Portraits d'inventeurs, Chroniques du ciel,* etc.): cliquez sur «podcast» puis «chroniques».

– *La Semaine verte,* autre émission de Radio-Canada, consacrée à l'agriculture et à l'environnement et qui a la particularité d'avoir une édition télé, radio... et Web!

– *Connaissance,* émission d'Europe 1.

   Dans le paysage francophone malheureusement, les émissions qui précèdent constituent des raretés: la grande majorité de ce qu'on trouve sur Internet en général, et sur iTunes en particulier, est en anglais.

– *Quirks and Quarks,* l'équivalent hebdomadaire des *Années-lumière* à la radio anglaise de Radio-Canada (CBC).

– *Science Channel Features,* des reportages de fond (25 minutes) produits par la chaîne américaine Discovery.

– *Australian Broadcasting Corporation Science Podcasts:* radio et télé. Des chroniques et des émissions, allant de la courte série documentaire au magazine: www.abc.net.au/science/programs/podcast.htm

Des émissions de vulgarisation réalisées par des «amateurs»... y compris des scientifiques! L'amateurisme a pour désavantage que le «contenant» laisse parfois à désirer (le montage est moins serré, il y a moins de musique, les reportages à l'extérieur du studio sont plus rares); en revanche, le contenu peut être tout aussi intéressant, voire plus approprié, si vous appartenez à une clientèle ciblée... et si vous ne vous laissez pas piéger par les émissions de «pseudo-science»!

– Des étudiants s'identifieront par exemple à la co-animatrice de *This Week in Science* parce qu'elle est étudiante au doctorat; cette émission hebdomadaire d'une heure, diffusée par la radio de l'Université de Californie, adopte un ton résolument badin, avec un co-animateur présenté comme un «vendeur de machines à laver».

– Ou bien, s'ils sont amateurs d'étoiles, ils s'identifieront aux *Astronomes du Jodcast*, qui proposent des nouvelles de leur discipline, en français.

– D'autres préféreront le Dr Steven Novella, président de la New England Skeptic Society, qui produit depuis mai 2005 un bulletin de 10 minutes appelé modestement *The Skeptic's Guide to the Universe*. Dans la même veine «sceptique», on recensait au printemps 2007 au moins deux autres émissions: *The Skeptic Toolbox* et *Skeptoid: Critical Analysis of Pop Phenomenon*.

– Des enseignants ou des parents s'attacheront aux aventures de *Dick Greenhouse*, (lancées en avril 2007) parce qu'il présente en quelques minutes des trucs pour protéger l'environnement d'une manière simple qui plaira aux enfants.

– Ou ils lui préféreront *Mr Wizards Fun Science*, pour ses leçons de science de moins de 10 minutes: l'hibernation humaine est-elle possible, comment fonctionnent les aimants, qu'est-ce qui fait briller les lucioles, etc.

– Rien qu'en environnement, le choix est vaste avec des bulletins de longueurs variées et des thématiques oscillant entre la forêt et l'économie comme *TreeHugger Radio, The Green Majority, Inside Renewable Energy...*

– Enfin, à mi-chemin entre l'amateur et le pro, le bulletin audio *Bad Astronomy*, réalisé par l'astronome qui réalise le site Web du même nom depuis... 1996! Voilà un «amateur» qu'on pourrait qualifier de «pro»!

Des émissions liées à un «vrai» média : les plus simples n'ont pour seul but que de faire la promotion du dernier numéro du magazine.

Les plus ambitieuses ont toutes les caractéristiques d'une véritable émission de science, avec des entrevues et des nouvelles.

– Le *Science Times*, où le journaliste revient, en 15 à 20 minutes, sur les dossiers scientifiques traités cette semaine dans le cahier Science du *New York Times*.

– La chronique «Balado» de l'Agence Science-Presse.

– Le *Ciel et Espace Radio*, produit par le magazine du même nom.

– Le *Podcast Audio Futura-sciences*, qui reprend chaque semaine les nouvelles publiées sur le site du même nom; parmi les sites d'actualité scientifique, *Futura-Sciences* est un des rares survivants, avec l'Agence Science-Presse, des sites francophones apparus dès les années 1990.

– *Grist: Environmental News.* Bulletin hebdomadaire de moins de 10 minutes produit depuis octobre 2006 par ce magazine de gauche.

– Le *Science Talk* du *Scientific American*. De facture plus sobre que plusieurs des autres émissions – à l'image du magazine – il se détache de son parrain, avec deux entrevues originales et des nouvelles, sous la forme d'un concours: trois sont vraies, une est fausse; laquelle?

– Le *60 Seconds Science*, également du *Scientific American*. Pour les auditeurs pressés!

– *Arte Sciences*: rejeton de la chaîne franco-allemande Arte, ces produits exclusifs à Internet oscillent entre le court bulletin expliquant un fait d'actualité, et l'entrevue de fond avec un scientifique (*Paroles de chercheurs*). En français: www.arte.tv/fr/connaissance-decouverte/Science/104012.html

– *SciPod:* l'un de nos préférés, c'est le bulletin hebdomadaire de 25 à 30 minutes de l'excellent magazine britannique *The New Scientist*. Deux animateurs qui insufflent un peu de dynamisme aux nouvelles, un à Londres et l'autre à Boston, et un résultat final au moins aussi agréable à l'oreille que les «vraies» émissions de radio, avec entrevues et chroniques.

– *The Naked Scientist.* Sous-titrée «déshabiller la science», cette émission britannique est peut-être la meilleure de toutes celles mentionnées ici, en anglais. «The Naked Scientist» est d'abord le nom d'un groupe de médecins et chercheurs de l'Université Cambridge qui utilisent tous les médias à leur disposition pour vulgariser la science, et l'émission de radio en est l'incarnation la plus populaire : diffusée sur la BBC, elle ne se contente pas de résumer des nouvelles récentes, elle les explique. Les 50 minutes hebdomadaires, depuis mars 2005, offrent aussi une chronique «Kitchen science» (des expériences à faire à la maison), des entrevues et reportages en dehors du studio et des réponses aux questions des auditeurs.

Vous n'en avez pas encore assez ? Difficile à croire ! Peut-être préférez-vous les revues spécialisées, destinées uniquement aux chercheurs ? Elles proposent des bulletins radio centrés, en tout ou en partie, sur leur dernière édition :

– le *New England Journal of Medicine This Week*, le *Listen to The Lancet*, le *JAMA This Week Audio Commentary*, etc. ;

– il y a aussi le *Science Update Podcast*, de la revue *Science*, davantage préoccupé de vulgarisation que les autres ;

– et le plus ancien de tous (il est là depuis l'automne 2005), le *Nature Podcast* ; bien que lié à cette revue scientifique, il a tous les attributs d'une émission de vulgarisation. À noter : le *Nature Podcast* est le seul de tous ceux mentionnés ici que vous ne trouverez pas sur le répertoire iTunes ; il faut se rendre sur le site de *Nature...* où vous trouverez encore plus de baladodiffusions, liées à plusieurs revues spécialisées du groupe Nature.

Pour trouver des produits en français sur iTunes – amateurs ou professionnels –, toutes catégories confondues : cliquez sur «Recherche avancée», puis sur l'onglet «Podcast», choisissez les sous-menus «Science et médecine» et «français» et c'est parti !

Différences entre blogues et baladodiffusion

Au terme de cette énumération, trois constats.

1. Dans l'univers de la baladodiffusion, à la différence de la blogosphère, on retrouve très peu (pour l'instant) de productions d'humeurs. Leurs animateurs et producteurs rapportent la nouvelle, sous différentes formes certes, sous des formes même légères ici et là, mais ça reste de la nouvelle. En complément, ils offrent

à l'auditeur une ou deux entrevues par épisode, et parfois des chroniques. Leur modèle à tous, c'est soit l'émission de radio classique (nouvelles, entrevues, chroniques), le documentaire (*Science Channel Features*) ou les capsules pour jeunes (*Mr Wizard*). Si ce n'était de la barrière linguistique, beaucoup de ces productions américaines ou britanniques pourraient être utilisées telles quelles en classe.

2. Certaines productions sont plus irrévérencieuses que d'autres, mais il n'y a aucune comparaison possible avec le contenu souvent personnalisé et très subjectif des blogues : dans la baladodiffusion scientifique, on retrouve très peu d'écriture personnalisée, et beaucoup plus d'efforts que dans les blogues habituels (à part le nôtre!) pour *expliquer* (expliquer un fait, un phénomène, un événement, une découverte).

3. Il y a une dernière différence avec les blogues, et de taille : l'absence d'hyperliens. Ceux-ci forment le squelette de la blogosphère, mais dans l'univers de la baladodiffusion, chaque production est un univers fermé sur lui-même.

Comment ça marche?

Pour ceux et celles qui n'ont jamais utilisé un iPod ou un lecteur MP3, pas de panique : c'est encore plus simple que le radio-cassette ou le baladeur de votre enfance. Vous le branchez dans votre ordinateur (dans le cas du iPod, vous allez reconnaître tout de suite la prise dite USB, sinon... demandez à l'enfant le plus proche!). Une icône apparaît à l'écran, comme si vous aviez inséré une disquette ou un CD. Vous n'avez plus qu'à y copier les fichiers musicaux ou les émissions qui se trouvent dans votre ordinateur.

Et si vous n'avez jamais rien eu de tel sur votre ordinateur? Commencez par y insérer un de vos CD préférés, et copiez une des chansons du CD sur votre ordinateur : si le CD n'est pas trop ancien, vous découvrirez que vous pouvez ensuite transférer ce fichier sur votre iPod.

Dans un deuxième temps, le site iTunes devrait être le point de départ obligé, d'autant que vous y trouverez presque toutes les émissions mentionnées ci-haut.

À partir de là, même les technophobes seront en terrain rassu-rant: vous choisissez la catégorie qui vous intéresse (*Podcast,* par exemple, pour les émissions de radio). Vous cliquez sur l'émission qui vous intéresse: on vous y offre une liste d'épisodes, vous pouvez en télécharger un tout de suite. Vous remarquez, à tous les coups, la présence d'un bouton «abonnement»: si vous cliquez dessus, au cours des semaines et des mois suivants, votre ordinateur ira chercher lui-même le dernier épisode de cette émission, sans que vous n'ayez à vous en préoccuper.

Et c'est tout! Vous avez commencé à vous constituer soit une discothèque, soit votre propre horaire de radio.

Une note sur la longueur des téléchargements: si vous utilisez pour Internet une ligne téléphonique «normale» à la maison, une émission de 50 minutes, ça pose un réel problème. Il vous faudra plusieurs heures de patience, alors qu'avec une ligne à haute vitesse ou une liaison sans fil, une minute suffira. Un léger investissement s'impose ici, si ce n'est déjà fait...

L'audio, du *New York Times* à *Nature*

C'est cette extrême simplicité qui explique le succès populaire fulgurant qu'a connu la baladodiffusion. Popularité chez ceux qui téléchargent et popularité chez ceux qui se sont découvert une vocation de producteurs!

Dès la saison 2005-2006, la radio publique américaine NPR n'offrait pas moins de 200 émissions en baladodiffusion, allant du court bulletin jusqu'à l'émission complète; les trois grands réseaux commerciaux, CBS, ABC et NBC, offraient des nouvelles et des extraits de leurs plus populaires émissions d'information (*Nightline, Meet the Press*, etc.). Au Québec, après le débarquement des *Années-lumière* à l'automne 2005, les émissions culturelles et d'information ont pris leur place. La France a suivi en 2006.

Même la presse écrite s'y est mise: dès 2005, des gros canons comme le *Washington Post* et le *New York Times* ont sauté dans le bateau, offrant de véritables compléments sonores et vidéo de quelques-uns de leurs reportages du jour.

Nature s'est aussi approprié cette innovation à la vitesse de l'éclair: en septembre 2005, elle lançait son «bulletin Podcast» hebdomadaire... et se classait aussitôt dans le *Top 50* des documents les plus téléchargés du catalogue iTunes[81]! En septembre 2006, sa publicité dans la revue française *La Recherche* présentait un personnage tout de blanc vêtu: la main gauche effleurait la vénérable revue, la main droite manipulait une souris – le service de nouvelles *news@nature.com*, nous indiquait la légende – et il portait des écouteurs sur la tête – pour *Nature Podcast*. Côte à côte, une revue plus que centenaire et son bulletin audio téléchargeable!

De: **Deborah Potter,** *American Journalism Review*
Date: Février 2006
Titre: iPod, You Pod, We All Pod

Qui écoute vraiment tout ce contenu? Les producteurs ne sont pas vraiment sûrs, mais ils observent une croissance régulière des téléchargements quotidiens. «C'est une façon de rejoindre les auditeurs que nous n'aurions de toute façon pas rejoints», comme ceux qui sont dans leur bureau ou dans le métro, déclare l'éditeur de wtopnews.com, Steve Dolge. «Il nous faut aller là où sont les gens, plutôt que d'essayer de les forcer à venir où nous sommes[82].»

La baladodiffusion sur les campus

Chez les jeunes, le succès est désarmant: dans le cadre de son étude annuelle, la firme américaine Student Monitor annonçait en juin 2006 que parmi les passe-temps préférés sur les campus, le iPod, avec 73%, venait d'atteindre la première place... surclassant les beuveries!

Certains profs se sont transformés en producteurs: les étudiants américains peuvent télécharger de plus en plus de cours. Depuis décembre 2005, ceux de l'École de médecine de Harvard, rien de moins, sont disponibles en baladodiffusion. La très huppée Université Stanford a même créé un site «Stanford on iTunes» (http://itunes.stanford.edu/).

---

81. Agence Science-Presse, *La science sur votre iPod*, 7 novembre 2005: http://www.sciencepresse.qc.ca/archives/2005/cap0711051.html
    Nature Podcast est à: http://www.nature.com/nature/podcast/index.html
82. Deborah Potter, «IPod, You Pod, We All Pod», *American Journalism Review*, février 2006: http://www.ajr.org/Article.asp?id=4053

À l'Université de Lyon 2, en 2006, une vingtaine de professeurs en droit, grammaire narrative, psychologie et histoire, ont été dotés de l'équipement nécessaire pour enregistrer et mettre en ligne leurs cours. L'expérience devait être étendue aux autres universités de la région en 2008. Le but n'est pas de permettre à l'étudiant de s'absenter du cours, mais «de se concentrer sur ce que présente l'enseignant plutôt qu'uniquement sur la prise de notes», expliquent les responsables. «Cela leur permet d'être plus réactifs, de poser des questions pendant le cours, mais aussi d'être certains de pouvoir réviser librement et à leur rythme[83].» Est-ce que ça fonctionne, ou si c'est un incitatif supplémentaire à l'école buissonnière? Affaire à suivre!

Une autre université française et non la moindre, la Sorbonne, a été une des premières de la francophonie à mettre en ligne ses «podcasts», entremêlant revues de presse et grandes conférences: un excellent réflexe de marketing (www.sorbonne-podcast.com).

L'École normale supérieure de Paris fait désormais de même (www.diffusion.ens.fr/lemonde/index.php?res=conf&idconf=626).

Côté conférences justement, un consortium de 70 établissements américains, le Research Channel, rassemble en un seul endroit des milliers d'enregistrements de conférences et de colloques sur tous les sujets possibles (www.researchchannel.org/).

La télévision publique américaine offre également des enregistrements de conférences en science (forum.wgbh.org/wgbh/forum.php?category=Science).

Et en français, la Cité des sciences de Paris offre en ligne l'ensemble de ses conférences: des centaines, allant de l'histoire des sciences à la climatologie en passant par la sociologie, depuis 2001 (www.cite-sciences.fr/francais/ala_cite/college/v2/index.htm).

---

83. Université Lumière Lyon 2, «Le Podcast par Weblog», Portail de l'Université Lyon 2, 24 juillet 2006: www.univ-lyon2.fr/1153732546386/0/fiche__article/ Nathalie Bloch-Sitbon, «Blogs et podcasts sur les bancs de l'université», *01.net*, 15 juin 2006: www.01net.com/editorial/319521/enseignement/blogs-et-podcasts-sur-les-bancs-de-l-universite/

> ## La baladodiffusion en classe : références
>
> *Les flux podcast au service de la pédagogie*, par e-Profs Doc, CDRP Aix-Marseille, 2006-2007. http://eprofsdocs.crdp-aix-marseille.fr/-Les-flux-poscast-au-service-de-la-.html
>
> *Diffusion pour baladeur dans l'enseignement*, par EducNet, mars 2007. www.educnet.education.fr/dossier/baladodiffusion/default.htm
>
> The Education Podcast Network, par David Warlick : www.epnweb.org/

Prendre le contrôle de la programmation

Évidemment, personne ne serait assez fou pour n'écouter chaque semaine que de la science. Nous n'avons présenté cette énumération que pour illustrer combien la baladodiffusion pourrait changer fondamentalement la façon dont nous écoutons la radio. Désormais, nous ne sommes plus obligés de nous soumettre à l'horaire imposé par les réseaux radiophoniques. Nous pouvons choisir uniquement les émissions que nous voulons écouter, à l'heure que nous voulons les écouter, voire n'en écouter que les portions qui nous intéressent.

De :   Jeff Jarvis
Date : 8 novembre 2004
Titre : Entrevue pour *The Future of Digital Media*

La première *loi Jarvis* des médias : donnez aux gens le contrôle de votre média, et ils l'utiliseront. Ne leur donnez pas, et ils vous quitteront[84].

Il y eut jadis le magnétoscope, qui permettait de se libérer de l'horaire imposé par la télé. Puis vint la multiplication des chaînes, offrant plus de choix que nul ne pouvait en absorber. Puis le téléchargement plus ou moins légal de musique. Technologie par-dessus laquelle arrivèrent les lecteurs MP3 et surtout le iPod, qui permit de transporter une discothèque dans sa poche, à quoi on greffa des émissions de radio téléchargeables, produites par autant d'amateurs que de professionnels…

Prendre le contrôle de la programmation, prendre le contrôle de l'information disponible, voire prendre le contrôle d'un segment de l'économie : avant 2010, la vidéo sur demande aura rejoint des

---

84. Cité dans « The Future of Digital Media », *Corante*, 8 novembre 2004 : http://www.corante.com/vision/digitalmedia/jeff_jarvis.php

dizaines de millions d'Occidentaux, les enregistreuses numériques permettront d'emmagasiner des milliers d'heures de télé (et de sauter les publicités!) et un appareil peut-être aussi simple que le iPod permettra de transférer ces émissions de votre ordinateur à votre télé, votre téléphone, ou l'éventuel agenda électronique de 42ᵉ génération.

Pas étonnant que l'industrie du disque et du cinéma s'en arrache les cheveux!

Et l'évolution ne s'arrête pas là, parce qu'aux émissions de radio qu'on peut télécharger, commencent à s'ajouter des émissions de télé. Sans chercher, rien que dans iTunes, on peut trouver en science:

– *Wild Chronicles*, une production de 6 à 8 minutes du National Geographic sur la nature ou l'environnement.

– *La Revanche des Nerdz*, émission québécoise sur les nouvelles technologies diffusée au canal Z.

En dehors d'iTunes, une visite des sites Web de vos médias préférés révèle d'agréables surprises:

– Le réseau public américain PBS offre le téléchargement gratuit d'extraits ou d'épisodes complets de l'excellente série scientifique *Nova* (http://www.pbs.org/wgbh/nova).

– *Eureka*, une série de 12 émissions produites en 2007 par l'Agence Science-Presse et le canal Vox, est offerte gratuitement en ligne (www.sciencepresse.qc.ca/eureka/archives).

Vous êtes le directeur des médias

Les critiques limitent généralement le phénomène des téléchargements vidéo à YouTube et l'associent à la superficialité (et à une frénésie toute adolescente: au début de 2007, quelque 70% des utilisateurs de YouTube avaient moins de 20 ans!). Ces critiques se sont notamment fait entendre après l'étrange décision du magazine *Time* de faire de sa «personnalité de l'année» nul autre que «vous» – oui, vous – parce que «vous» avez pris le contrôle des médias, de l'information et de l'économie.

De: **Frank Rich**
Date: **24 décembre 2006**
Titre: **Oui, vous êtes la personne de l'année!,**
dans le *New York Times*

Alors que notre pays s'enfonce de plus en plus dans le bourbier, nous le peuple, et ceci vous inclut, vous, oui vous, allons saisir n'importe quelle sortie de secours. Et dans cette époque irakienne les sorties de secours disponibles ne sont pas les drogues comme à l'époque du Vietnam, mais les tout aussi gratifiants et narcissiques passe-temps de l'Internet. Pourquoi ne pas passer [...] une après-midi à surfer d'un vidéo à l'autre sur YouTube, où les occasions de déficits d'attention sont infinies? C'est beaucoup plus amusant que les nouvelles du soir... Ce vendredi, par exemple, «Britney Spears nue sur la plage» avait été vue 1 041 776 fois par les visiteurs de YouTube. Le total pour les vidéos étiquetés «Iraq» était de 22 783.

Ce n'est pas qu'il y ait quoi que ce soit de mal. Mais le blogue compulsif et la petite porno ne sont pas, comme le *Time* voudrait vous le faire croire, des indications du degré dont vous et moi [...] contrôlons l'âge de l'information. Ce sont des indications de la force avec laquelle nous voulons nous échapper du vrai monde qui nous déprime et nous indigne[85].

Ces critiques n'ont pas tort. Sauf que la prise de contrôle de la télé – bon, soyons honnête: une *certaine* prise de contrôle – elle se manifeste aussi à travers les *Wild Chronicles* du National Geographic, qu'on ne peut tout de même pas accuser de superficialité. Elle se manifeste à travers les reportages diffusés à Current TV: une chaîne fondée par l'ex-vice-président américain Al Gore, où les auditeurs envoient des reportages et des mini-documentaires très élaborés, et où les visiteurs votent en ligne pour décider de ce qui sera diffusé. Elle se manifestera tôt ou tard à travers YouTube et ses émules: devant l'inéluctabilité des téléchargements illégaux, de plus en plus de producteurs télé préparent des partenariats.

La prise de contrôle de la télé se manifeste enfin à travers les expériences d'interactivité, de discussion et de réflexions intellectuelles – oui oui, *intellectuelles* – autour de certaines émissions de télé, et que la télésérie *Lost* (*Perdus*) a mené à de nouveaux sommets.

85. Frank Rich, «Yes, You Are the Person of the Year!», *The New York Times*, 24 décembre 2006: http://mparent7777.blogspot.com/2006/12/yes-you-are-person-of-year-frank-rich.html (vérifié le 10 septembre 2007).

Avec son histoire outrageusement complexe, *Lost* (depuis 2004) a engendré une série de sites Web... dont une encyclopédie! À une époque où le téléspectateur, prétend-on, est passif et incapable de supporter des clips de plus de six secondes, en voici des millions qui mettent le temps qu'il faut pour démêler les fils d'une intrigue et le galimatias d'indices disséminés par les scénaristes. Et ils le font «en communauté». C'est un mélange d'Agatha Christie et de chasse au trésor à la sauce du 21e siècle.

«Le public devient directeur des programmes», résumait Sylvain Langlois, directeur de la compagnie Astral Media Radio Interactif, lors de la rencontre annuelle de l'industrie québécoise du disque et du spectacle, en avril 2006. En réalité, l'industrie n'ose pas dire qu'elle est complètement dépassée par ces jeunes qu'elle ne comprend pas et qui apprivoisent les innovations technologiques plus vite que leur ombre[86].

Ils téléchargent, mais écoutent-ils?

Relativisons. Aussi simple que soit le iPod et aussi facile qu'il soit de s'enregistrer soi-même un bulletin audio – on a vu apparaître en 2006 un livre *La baladodiffusion pour les nuls* – il faut tout de même davantage de compétences techniques que pour un blogue.

Cette petite difficulté technique suffit à en rebuter plusieurs: si seulement 6% des internautes avaient un blogue en 2006, on peut en déduire que le nombre de «baladodiffuseurs» était encore moins élevé. À preuve, ce «média» n'était pas encore, au début de 2007, sur les écrans radars du rapport américain *State of the News Media*, alors que les blogues, eux, l'étaient.

En France, seulement 2,8% des 18 ans et plus avaient déjà utilisé le «podcasting» à l'été 2006, selon l'enquête *Equipement Radio 2006* de Médiamétrie. Mais si ce chiffre réfère à ceux qui ont été

---

86. Là-dessus, voir ce reportage sur la rencontre annuelle de l'industrie mondiale de la télévision: Scott Feschuk, «Banff to the Future», *Maclean's*, 26 juin 2006, p. 67-68. Par ailleurs, depuis 2005, la chaîne de musique MTV produit des *clips* spécialement retravaillés pour pouvoir être diffusés sur des téléphones. Voir à ce sujet Randy Kennedy, «The Shorter, Faster, Cruder, Tinier TV Show», *The New York Times Magazine*, 28 mai 2006, p. 45-49.

capables de transférer musique ou radio dans leur iPod ou leur MP3, en revanche, ceux qui ont écouté la radio sur leur ordinateur sont beaucoup plus nombreux: selon l'Observatoire de la convergence média, en mai 2007, 65% des 15 ans et plus avaient «consommé un contenu radio» au moins une fois au cours des trois mois précédents. Presque un tiers (30%) l'avaient fait en différé. Le «podcast», entendu ici comme étant le transfert sur un iPod ou un MP3, atteignait déjà les 13%[87].

Ceci dit, si vous voulez raffiner ces statistiques, et savoir combien de gens ont vraiment écouté votre émission, vous avez un problème. Dans l'univers des blogues, on peut croire que celui qui a affiché une page a lu une partie du texte; mais rien n'est moins sûr pour celui qui a téléchargé un bulletin audio sur son iPod. Il l'a peut-être emmagasiné, se promettant de l'écouter plus tard, mais l'a-t-il fait? Combien d'entre vous avez déjà enregistré sur votre magnétoscope une émission que vous n'avez ensuite jamais pris le temps de regarder?

De: Barb Palser, *American Journalism Review*
Date: Février 2006
Titre: Hype or the Real Deal?

Pratiquement personne ne peut compter le nombre de fois qu'un *podcast* est écouté ou regardé. Le fait qu'une personne «s'abonne» à un *podcast*, qui est automatiquement téléchargé par son ordinateur dès qu'un nouvel épisode est disponible, ne permet en rien de savoir quels épisodes seront en fait écoutés – et lesquels se contenteront de s'empiler contre la porte virtuelle[88].

Les optimistes rétorqueront que toute technologie nécessite un certain nombre d'années avant d'être apprivoisée. Cette technologie-ci est encore émergente: donnons-lui du temps. Impossible de dire jusqu'où tout cela nous conduira, mais une chose est sûre, il s'agira d'un monde où le lecteur, l'auditeur et le téléspectateur auront une liberté accrue. Et cette liberté, une fois qu'ils y auront goûté, ils ne voudront plus l'abandonner.

---

87. IPSOS, «L'internaute passe les contenus médias au mixeur», Canal Ipsos, 31 mai 2007: http://www.ipsos.fr/CanalIpsos/articles/2231.asp?rubId=23
88. Barb Palser, «Hype or the Real Deal», *American Journalism Review*, février 2006: http://www.ajr.org/article.asp?id=4060

Prendre le contrôle de l'économie: le logiciel libre

Cette technologie-ci est encore émergente, certes, mais elle s'inscrit dans une évolution commencée bien avant le iPod. De même que la volonté de prendre la parole n'avait pas attendu l'explosion des blogues, la volonté de prendre le contrôle du contenu n'a pas attendu l'explosion de la baladodiffusion.

Or, si la science a joué un rôle mineur dans le mouvement de prise de parole par les sites Web puis les blogues, elle a d'ores et déjà été à l'avant-garde du mouvement de prise de contrôle du contenu et de l'économie.

«Prise de contrôle de l'économie.» L'expression n'est-elle pas exagérée? Pas quand on considère ce que représente le mouvement du logiciel libre.

N'avez-vous jamais été frustré par ces logiciels qui grossissent d'année en année au rythme des ajouts dont 95% vous sont inutiles? N'en avez-vous jamais eu assez de payer très cher pour une «suite» de quatre logiciels quand vous n'avez besoin que d'un traitement de texte – que vous ne pouvez pas, de plus, prêter à votre frère puisque l'utilisation est restreinte?

C'est ce désir de beaucoup d'usagers de prendre le contrôle sur ce que les géants de l'informatique leur enfoncent dans la gorge qui s'est concrétisé en cette percée inattendue que fut le logiciel libre.

Logiciel libre ou, en anglais, *open-source:* on appelle ainsi un logiciel que son créateur offre non seulement gratuitement, mais à propos duquel il invite tous les autres programmeurs à venir jouer dans le code pour faire des ajouts et des améliorations, à condition que ces ajouts et améliorations soient également offerts gratuitement.

Résultat, le logiciel s'améliore de mois en mois, grâce aux contributions, elles-mêmes motivées par les demandes de la clientèle.

Internet a évidemment contribué à la prolifération des logiciels libres, dont le plus connu est Linux, un système d'exploitation que d'aucuns aimeraient bien voir concurrencer l'omniprésent Windows.

On est rendu loin des blogues et de la baladodiffusion? Pas du tout. Car entre le mouvement du logiciel libre et celui des blogues, on assiste au même combat: celui de créer un contre-pouvoir. Contre-pouvoir de la parole dans le cas des blogues, contre-pouvoir économique dans le cas du logiciel libre. Si chaque personne qui en possède le talent ajoute sa petite pierre à l'édifice, le futur univers du numérique ne pourra plus être le monopole des Microsoft, Sun et autres Intel.

En somme, le logiciel libre est une forme de science avec comité de révision par les pairs[89]: chaque bogue ou trou dans la sécurité est perpétuellement révisé, de jour en jour et d'année en année.

Le biologiste français Joël de Rosnay a choisi d'inventer un mot pour désigner ces gens qui acquièrent soudain un contrôle sur la politique et l'économie: *pronétaire*. Comme dans *prolétaire*, mais avec le *Net* au cœur.

De: Joël de Rosnay
Date: 2006
Titre: La révolte du pronétariat

[...] une nouvelle classe d'usagers des réseaux numériques capables de produire, diffuser, vendre des contenus numériques non propriétaires... Capables de créer des flux importants de visiteurs sur des sites, de permettre des accès gratuits... Professionnels amateurs, ils utilisent pour cela des outils analogues à ceux des professionnels et facilement accessibles sur Internet[90].

Bien sûr qu'il y a une forte dose d'utopie là-dedans. N'empêche que les grandes compagnies ont dû s'ajuster: en 1998, IBM a annoncé qu'il incorporait un logiciel libre appelé Apache dans son offre de services pour les serveurs Web. Depuis, des noms comme MySQL pour les bases de données et Firefox ou Safari, pour la navigation sur le Web, se sont imposés à côté des produits de Microsoft.

Prendre le contrôle de l'économie: la recherche scientifique

Et que dire du Web lui-même, exemple par excellence de travail «collaboratif» en accès libre? En créant l'hypertexte et le langage HTML au tournant des années 1990, Tim Berners-Lee et ses collègues

---

89. L'expression est empruntée à Thomas L. Friedman, *The World Is Flat. A Brief History of the 21st Century*. New York, Farrar, Straus and Giroux, 2005, p. 83-84.

90. Joël de Rosnay, *op. cit.*, p. 12.

chercheurs mettaient en place une infrastructure informatique conçue de telle façon que n'importe quelle page de texte, peu importe son pays d'origine ou l'ordinateur sur lequel elle était «entreposée», pourrait être liée au reste de la planète Internet. Ils créaient aussi un outil qui permettrait éventuellement à des novices de créer eux-mêmes des pages Web.

Or, ce modèle de «production communautaire» en accès libre progresse en science. Assez spectaculairement, en génétique: inquiets de l'appropriation par des compagnies privées de données sur les gènes, des groupes de chercheurs créent des bases de données publiques. «Je pense qu'il est important que toutes les grandes ressources en génomique, comme la carte des gènes et les polymorphismes, soient rendues publiques sans frais», disait en 2002 l'expert mondial de la génomique Thomas Hudson[91]. En 2003, une équipe de l'Agence du cancer de Colombie-Britannique qui venait de publier une séquence génétique du SRAS (syndrome respiratoire aigu sévère) déposait aux États-Unis une demande de brevet: non pas dans le but de s'en assurer l'exclusivité, mais afin de les laisser au contraire dans le domaine public, afin d'éviter que quelqu'un d'autre ne brevète ces gènes[92]!

La recherche sur le SRAS, justement, a été décrite comme un modèle de travail collaboratif international, sans équivalent jusque-là. «Ce qui est encore plus impressionnant que la vitesse des découvertes scientifiques, c'est l'échange d'information quasi instantané qui a soutenu chaque étape de ce processus», vantait en éditorial le *New England Journal of Medicine*[93].

Plus récemment, les chercheurs de l'Institut de biotechnologie d'Australie, en réaction au brevetage de gènes par des géants tels que Monsanto, ont choisi de rendre leurs données accessibles en vertu

---

91. Philippe Gauthier, «La bourse ou la vie? La science dans les bras du commerce», Agence Science-Presse, 15 mai 2002: http://www.sciencepresse.qc.ca/acfas/acfas0208.html

92. Agence Science-Presse, «Breveter le SRAS», Agence Science-Presse, 16 mai 2003: http://www.sciencepresse.qc.ca/archives/2003/cap1205039.html

93. Julie Louise Gerberding, «Faster... But Fast Enough?», *New England Journal of Medicine*, 2 avril 2003: http://content.nejm.org/cgi/content/abstract/NEJMe030067v1. Voir aussi Agence Science-Presse, «Pneumonie atypique: un échange d'information digne du XXIe siècle», Agence Science-Presse, 9 avril 2003: http://www.sciencepresse.qc.ca/archives/2003/cap0704037.html

d'une nouvelle forme de «brevet public», ouvert à tous (*Biological Open Source Licenses*).

Dans un ouvrage intitulé *Wikinomics* (traduction libre: *Wikino-mique*), deux économistes américains tracent un parallèle entre ces nouveaux modes de production basés sur le travail collaboratif et la «collaboration de masses» qui est à l'origine du succès de l'encyclopédie Wikipédia. À leurs yeux, il n'y aurait qu'une diffé-rence d'intensité entre les nombreux projets qui ont nécessité l'apport d'une «communauté»: Wikipédia, MySpace, Second Life, YouTube... et le Projet génome humain! «Ces regroupements mobilisent une collaboration de masse afin de créer un objet qui ait une valeur réelle pour ses participants. Et le résultat, c'est qu'ils ont obtenu un succès phénoménal[94].»

L'économie capitaliste n'est vraiment pas censée fonctionner comme ça.

De: Tapscott et Williams
Date: Décembre 2006
Titre: Wikinomics

MySpace, YouTube, Linux et Wikipédia – aujourd'hui les sommets de la collabora-tion de masse – ne sont que le commencement, quelques personnages familiers dans les pages d'introduction du premier chapitre d'une saga à long terme qui changera toute la façon dont fonctionne l'économie[95].

Le cas Wikipédia

Dans Wikipédia, il y a les mots *wiki* et *encyclopedia*. *Wiki* est un mot qu'on a moins souvent entendu que *blogue* mais qui naît de la même logique: faire participer tout le monde.

Wiki était à l'origine le nom d'un logiciel libre (encore un!). Mais comme peu d'entre vous aurez l'occasion de jouer dans le code informatique, contentons-nous de dire que désormais, aux yeux de l'usager normal, un wiki prend la forme d'un simple site Web. Un site Web avec, toutefois, une particularité: n'importe qui peut modifier un texte, le corriger, le réduire ou y ajouter des chapitres.

---

94. Don Tapscott et Anthony D. Williams, *Wikinomics. How Mass Collaboration Changes Everything*, Portfolio Hardcover, 2006, p. 2.
95. *Ibid.*, p. 11.

Les participants dotés du mot de passe peuvent ainsi écrire un livre en commun, plus facilement que s'ils devaient s'échanger par courriel les dernières versions (*c'est toi ou c'est moi qui ai la dernière version?*). L'encyclopédie de la télésérie *Lost,* mentionnée plus haut, est en format wiki: chaque épisode, chaque personnage, chaque élément de l'intrigue, peut devenir une nouvelle page de l'encyclopédie, et chaque page peut être automatiquement hyperliée aux autres pages, sitôt qu'apparaît un mot-clé approprié.

De même qu'il existe des sites gratuits où on peut se créer un blogue en quelques minutes, il existe désormais des sites gratuits où on peut se créer un wiki en quelques minutes, comme Wiki-Dot (en anglais: www.wikidot.com/new-site) ou Wiki-Site (presque entièrement en français: http://fr.wiki-site.com/index.php/Accueil).

L'illustration la plus spectaculaire du wiki est donc l'encyclopédie *Wikipédia.* Quiconque s'inscrit (gratuitement) peut créer une nouvelle définition (ou «article») et enrichir les définitions déjà existantes. Fondée en 2001, elle dépassait six ans plus tard le total des 5 millions de définitions dans plus de 100 langues, dont un demi-million en français. Et son achalandage a dépassé depuis longtemps celui des *New York Times, Wall Street Journal* et *Washington Post* combinés!

À l'origine, ses critiques prétendaient que ce système «communautaire» engendrerait une épouvantable cacophonie: si n'importe qui peut rédiger n'importe quoi, on finira par avoir effectivement n'importe quoi! Or, il n'en fut rien. Wikipédia a révélé une étonnante capacité à s'autodiscipliner: si une définition est fausse, ou simplement trop subjective, elle est rapidement corrigée. Résultat, les différents participants ont intérêt à rechercher un consensus s'ils veulent que quelque chose subsiste de leur pensée.

Certes, il y a eu des dérapages, et il y en aura encore plus dans l'avenir. Il fallait être naïf pour croire que tout serait toujours rose. Sur Wikipédia, comme sur les blogues, ce n'était qu'une question de temps avant que les *trolls* et autres provocateurs ne prennent pied.

L'un des deux fondateurs de Wikipédia, Jimmy Wales, était du genre à voir l'avenir avec des lunettes roses. Il a dû se résigner, à partir de 2005, à instituer de plus en plus de définitions «protégées», c'est-à-dire des pages où toute nouvelle modification doit désormais être approuvée par un arbitre – une sorte de rédacteur en chef, en somme.

La crise a été déclenchée lorsque des usagers ont commencé à se plaindre de la tournure désagréable que prenaient certaines «discussions»:

De: David Mehegan, journaliste
Date: 12 février 2006
Titre: Biais et sabotages hantent le monde libre
de Wikipédia, *Boston Globe*

Kate Clifford Larson, professeur d'histoire au Collège Simmons, qui avait écrit en 2003 une biographie d'Harriet Tubman, avait à peine entendu parler de Wikipédia jusqu'à ce que ses étudiants ne commencent à le citer dans leurs travaux. Curieuse, elle va voir l'article sur Tubman, célèbre tête de file du *Underground Railroad,* ce réseau qui a conduit des esclaves du Sud des États-Unis vers la liberté.

[...]

Puis, elle clique sur le bouton «History», qui permet de voir tous les changements qui ont été faits depuis que l'article a été créé, et elle a un choc. «Quelqu'un avait régulièrement vandalisé le site, insérant des commentaires racistes et odieux, de la désinformation et des propos de type pipi-caca.» Le sabotage n'apparaissait pas dans l'article lui-même, puisque «quelqu'un revenait régulièrement et effaçait les commentaires racistes», mais on pouvait toujours les lire dans l'historique de l'article[96].

L'autre fondateur de Wikipédia, Larry Sanger, avait allégué dès le début qu'une forme de supervision serait indispensable. Son opinion n'a pas prévalu. En décembre 2006, il est allé jusqu'au bout de sa réflexion en créant une nouvelle encyclopédie Wiki, *Citizendium*, où seuls des experts – reconnus par leur profession ou évalués à l'usage – sont autorisés à rédiger les définitions.

N'empêche que le navire tient le coup. Ce qui est encore plus admirable quand on se rappelle que Wikipédia est une entreprise à but non lucratif, qui ne repose que sur la bonne volonté des

---

96. David Mehegan, «Bias, sabotage haunt Wikipedia's free world», *The Boston Globe*, 12 février 2006, p. 1, 30-31: http://www.boston.com/news/nation/articles/2006/02/12/bias_sabotage_haunt_wikipedias_free_world/

participants! La quasi-totalité du budget provient de dons d'entre-prises et de particuliers et Wikipédia n'emploie qu'une poignée de personnes. Même Jimmy Wales, demeuré depuis 2002 le seul patron, ne prend pas de salaire – il est indépendant de fortune depuis qu'il a gagné le gros lot à la Bourse grâce à la bulle Internet.

Évidemment, certains participants sont plus… participatifs! Au printemps 2007, Wikipédia, toutes langues confondues, comptait un million de «rédacteurs» inscrits, mais seulement 75 000 dans la catégorie des «actifs» et moins de 10 000 étaient responsables de plus de la moitié des modifications d'une semaine typique.

Simon Pulsifer, un Ontarien dans la vingtaine, a longtemps été en tête du peloton. Entre 2003 et la fin de 2006, il a rédigé de 2000 à 3000 articles et est intervenu dans plus de 90 000 autres! Qu'est-ce qui a été le déclencheur? L'été 2003: il s'était retrouvé dans un emploi d'été «vraiment ennuyant», raconte-t-il. Wikipédia fut son exutoire.

La science dans Wikipédia

Cinq millions d'articles, dont un demi-million en français – alors que l'*Encyclopædia Britannica*, la crème de la crème des encyclopédies avec ses 150 ans d'histoire, ne compte «que» 65 000 articles.

Ce n'était qu'une question de temps avant que quelqu'un ne compare les deux. À l'automne 2005, *Nature* s'est livrée à l'exercice : elle a demandé à des experts d'évaluer, dans leurs champs respectifs, 42 définitions dans Wikipédia et dans l'*Encyclopædia Britannica*.

Résultat : plusieurs erreurs… mais pas plus dans l'une que dans l'autre[97]!

L'avantage net de Wikipédia : ses erreurs peuvent être corrigées en un rien de temps. Tandis que pour *Britannica* (pourtant électro-nique, désormais), il faut attendre la prochaine réunion du comité de rédaction…

C'est d'ailleurs heureux qu'on puisse corriger rapidement Wikipédia, parce que certaines erreurs font plus de dégâts que

---

97. Jim Giles, «Internet Encyclopaedias Goes Head to Head», *Nature,* 14 décembre 2005 : http://www.nature.com/news/2005/051212/full/438900a.html

d'autres! Le climatologue britannique William Connolley en sait quelque chose. Cofondateur de RealClimate et wikipédien actif, il s'est retrouvé en 2005 au centre d'une «guerre» où il devait régulièrement corriger un wikipédien décidé à démontrer que le réchauffement climatique n'est qu'un mythe. Cet «enviro-sceptique» ajoutait une phrase ou un paragraphe que Connolley effaçait ou corrigeait, corrections que le vis-à-vis corrigeait à nouveau, et ainsi de suite pendant des mois, jusqu'à ce que la dispute doive aller en «arbitrage». Cet incident a fait beaucoup pour pousser à la création de *Citizendium*, où les experts reconnus jouissent d'emblée d'un statut supérieur aux simples citoyens[98].

Il n'est donc pas faux de dire que Wikipédia ne devrait *en aucun cas* servir de source *unique* d'information. Un enseignant de science serait très mal avisé d'utiliser une définition de Wikipédia en classe comme source, à moins qu'il n'ait lui-même contre-vérifié l'information.

Même la porte-parole de Wikipédia le reconnaît: «Wikipédia est le lieu idéal pour commencer votre recherche et obtenir une vision d'ensemble d'un sujet. Toutefois, ce n'est pas une source d'autorité. En fait, nous recommandons que les étudiants vérifient les faits avec d'autres sources[99].»

Dans un trait d'esprit génial, l'humoriste américain Stephen Colbert, qui joue dans son émission de télé (*The Colbert Report*) le rôle d'un journaliste-éditorialiste hyper conservateur, a invité ses téléspectateurs à aller retoucher l'article «éléphant» de Wikipédia, pour y prétendre que leur population a triplé depuis six mois – une façon, a-t-il dit, de clouer le bec à ces damnés écologistes! Il en a profité pour inventer un nouveau mot, «wikialité»: c'est une réalité qui existe lorsque vous la créez et que suffisamment de gens sont d'accord avec vous[100]!

98. Stacy Schiff, «Know It All. Can Wikipedia Conquer Expertise?», *The New Yorker*, 31 juillet 2006: http://www.newyorker.com/archive/2006/07/31/060731fa_fact

99. Scott Jaschik, «A Stand Against Wikipedia», *Inside Higher Education*, 26 janvier 2007: http://www.insidehighered.com/news/2007/01/26/wiki

100. James Montgomery, «Can Wikipedia Handle Stephen Colbert's Truthiness, *MTV News*, 3 août 2006: http://www.mtv.com/news/articles/1537865/20060803/id_0.jhtml

Les administrateurs de Wikipédia ont aussitôt mis l'article «éléphant» en mode «protégé», c'est-à-dire empêchant toute modification qui n'aurait pas été approuvée par un responsable.

Mais on peut voir le problème à l'envers: ce même prof de science pourrait faire participer ses étudiants à l'amélioration d'une définition, les obligeant ainsi à puiser leurs informations à plusieurs sources, et à s'initier au travail collaboratif[101]. C'est dans son caractère évolutif que Wikipédia, et le wiki en général, puisent leur raison d'être, et non comme source figée dans le temps qui viserait à remplacer l'*Encyclopædia Britannica*[102].

Collaborer ou périr

Entre Wikipédia et le Projet génome humain, il y a un gouffre financier (l'un est gratuit, l'autre a coûté des millions de dollars) et moral (l'un est perçu comme un divertissement, l'autre comme un tournant fondamental pour la médecine du 21e siècle). Mais si les auteurs de *Wikinomics* ont raison, il n'y a guère de différence, dans les intentions du moins, entre la prise de contrôle de l'information par les usagers de Wikipédia et par les chercheurs du Projet génome humain. Entre ces deux extrêmes, on pourrait citer d'autres cas de «collaborations de masse» à saveur scientifique:

– *SETI@Home:* lorsque, en 1999, ils ont installé dans leurs ordinateurs le logiciel *SETI@home*, les centaines de milliers d'amateurs de science-fiction ne se doutaient pas qu'ils allaient faire faire un pas de géant à la recherche scientifique; car cette idée d'utiliser le temps mort de centaines de milliers de machines pour contribuer au traitement de quantités phénoménales de données – recueillies par des radiotélescopes à l'écoute de signaux extraterrestres – a été reprise par des consortiums de recherche sur les protéines (*Folding@Home*), sur la modélisation

---

101. De fait, ça existe déjà... et il existe même une page Wikipédia pour recenser les projets émanant des écoles et des universités. En français: http://fr.wikipedia.org/wiki/Wikipedia:Projets_pédagogiques En anglais: http://en.wikipedia.org/wiki/Wikipedia:School_and_university_projects
102. À lire, une recherche universitaire de Laure Endrizzi, *L'édition de référence libre et collaborative: le cas de Wikipédia*, Institut national de recherche pédagogique, Paris, mars 2006: http://www.inrp.fr/vst/Dossiers/Wikipedia/sommaire.htm

du climat (www.climateprediction.net), sur la quête d'ondes gravitationnelles (*Einstein@Home*), sur le sida (*FightAIDS@Home*), etc.; chaque fois, la puissance combinée de ces ordinateurs, même si ce ne sont que des ordinateurs personnels, permet d'obtenir une puissance de calcul qui aurait été impensable, même avec les ordinateurs les plus puissants du monde[103];

– *InnoCentive:* un réseau mis en place par Procter and Gamble, où des milliers de chimistes peuvent tenter de résoudre, contre récompenses, des problèmes complexes que l'équipe de P&G n'arrive plus à résoudre; une forme de sous-traitance en quelque sorte, mais multipliée et transformée par le réseau informatique.

Après «publier ou périr», devra-t-on dire «collaborer ou périr»?

De: Tapscott et Williams
Date: Décembre 2006
Titre: Wikinomics

Un déplacement du pouvoir est en cours, et de nouvelles règles d'affaires émergent: être collaboratif ou périr. Ceux qui échouent se retrouveront encore plus isolés – coupés des réseaux qui partagent, adaptent et mettent à jour les connaissances afin de leur donner de la valeur[104].

Prendre le contrôle de l'évolution

Internet a souvent été comparé à un organisme vivant parce qu'il évolue au rythme des besoins de ses usagers. Et ce, au grand dam des compagnies d'informatique – face au logiciel libre – des administrateurs de journaux – face aux contenus gratuits – et des multinationales du disque et de la télévision – face au téléchargement gratuit.

À chacune de ces étapes, le public-internaute a réussi à obtenir un contrôle de plus en plus grand sur le contenu.

---

103. John Bohannon, «Distributed Computing: Grassroots Supercomputing», *Science*, 6 mai 2005: http://www.sciencemag.org/cgi/content/summary/308/5723/810 Agence Science-Presse, «Ordinateurs partagés: la science de l'avenir», *Agence Science-Presse*, 17 mai 2005: http://www.sciencepresse.qc.ca/archives/2005/cap1605054.html

104. Don Tapscott et Anthony D. Williams, *op. cit.*, p. 12.

De: **Kevin Kelly**
Date: Août 2005
Titre: We Are the Web, dans *Wired*

L'étendue du Web aujourd'hui est difficile à appréhender. Le nombre total de pages, incluant celles qui sont créées sur requête et des dossiers documentaires accessibles à travers des hyperliens, dépasse les 600 milliards. C'est 100 pages par personne vivante.

Comment avons-nous pu en créer autant, si vite et si bien? En moins de 4 000 jours, nous avons encodé un demi-billion de versions de notre mémoire collective et les avons mises à la portée de la main d'un milliard de personnes, soit un sixième de la population mondiale. Cet accomplissement remarquable n'était pas dans le plan quinquennal de qui que ce soit. [...] Il n'y avait pas assez d'argent dans toutes les firmes d'investissement de la planète pour financer une telle corne d'abondance. Un succès du Web à cette échelle était impossible.

Ce que nous avons été incapables de prévoir, c'est la part de ce nouveau monde qui serait fabriquée par les usagers, et non par les intérêts corporatifs. Les acheteurs chez Amazon.com se sont mis, avec vivacité et intelligence, à écrire les recensions qui rendent utilisables les (sélections de livres). Les propriétaires d'Adobe, Apple et de la plupart des grands fabricants de logiciels offrent aide et conseils sur les pages Web des développeurs de programmes... [Et] Google transforme l'achalandage et le réseau des hyperliens générés par 2 milliards de recherches par mois en une intelligence organisationnelle pour la nouvelle économie. Cette prise de contrôle par le bas n'était pas dans la vision de qui que ce soit il y a 10 ans.

Aucun phénomène du Web n'est plus perturbant que le blogue. Tous les spécialistes des audiences-médias répétaient les études de marché selon lesquelles les audiences ne se lèveraient jamais de leur sofa pour commencer à fabriquer leurs propres divertissements. Tout le monde disait que l'écriture et la lecture étaient mortes. La production vidéo était hors de la portée des amateurs. Les blogues et les autres médias participatifs ne lèveraient jamais, ou s'ils apparaissaient n'attireraient pas une audience, ou s'ils attiraient une audience, celle-ci n'aurait aucune importance. Quel choc, alors, d'assister à la naissance presque instantanée de 50 millions de blogues! [...]

Ces canaux créés par les usagers n'ont, économiquement, aucun sens. D'où vient le temps, l'énergie et les ressources? De l'audience[105].

---

105. Kevin Kelly, «We Are the Web», *Wired*, vol. 13, n⁰ 8, août 2005: http://www.wired.com/wired/archive/13.08/tech.html

À la métaphore de l'être vivant que serait Internet, le biologiste Joël de Rosnay préfère la métaphore du cerveau: Internet serait une «intelligence collective», comme celles formées par les abeilles ou les termites, que les scientifiques considèrent «comme un organisme unique et non comme une collection d'individus[106].»

De: Joël de Rosnay
Date: 2006
Titre: La Révolte du pronétariat

Chaque fois qu'une personne met sur le Web une photo, un article, crée un *tag* ou envoie des liens cliquables dans un e-mail, elle contribue à créer une nouvelle «idée» dans le cerveau planétaire. Quand une personne clique sur une page, modifie un blog, rédige un commentaire, elle reprogramme le métaordinateur de l'intérieur. De la même manière, chaque fois qu'une personne crée un lien, enregistre un favori ou ajoute une adresse e-mail dans ses contacts, elle contribue à renforcer des liens physiques, presque «biologiques»... Et cela selon un processus analogue au processus d'apprentissage qui, dans le cerveau, renforce certaines connexions entre des neurones[107].

La métaphore de l'intelligence est saisissante: elle ne nécessite pas de plan conscient. Personne, ni individu ni multinationale, n'est capable d'imposer une direction au futur d'Internet. Mais chacun de nous peut *souhaiter* ce vers quoi il aimerait que cette évolution conduise, et peut de ce fait y contribuer.

Voilà pourquoi il est essentiel que les scientifiques, enseignants et autres amateurs de science s'insèrent dans l'évolution de cette intelligence collective. S'ils ne le font pas, d'autres le feront à leur place. Les astrologues, les créationnistes et les démagogues anti-science occupent déjà le terrain.

---

106. Joël de Rosnay, *La Révolte du pronétariat.* Paris, Fayard, 2006, p. 144.
107. *Ibid.*, p. 206.

CHAPITRE 5

Alors, vous voulez créer un blogue?

Chaque nouvelle technologie crée un milieu, vu en soi comme dégradant, mais qui transforme cependant son prédécesseur en forme d'art.

Marshall McLuhan, *Pour comprendre les médias* (1964)

La partie véritablement difficile de l'édition sur le Web n'est pas le développement technique. Les plus grands coûts ont tout à voir avec la plus onéreuse et la plus rare des marchandises sur cette Terre: l'intelligence humaine, la créativité et la passion.

John December, informaticien et auteur (1997)

Rencontrée au congrès 2006 de l'Association des professeurs de science du Québec: une sympathique enseignante du secondaire. Elle vient de s'arrêter devant le kiosque de l'Agence Science-Presse. Pour lancer la conversation, on lui demande si elle a déjà lu *Science! On blogue.*

Comme si on lui avait mis en main les commandes de la navette spatiale, elle a un mouvement spontané de recul et dit, avec une pointe d'effroi: «Oh non, moi, les ordinateurs, je n'y connais rien».

De: G. Bernard
Date: 20 mai 2004
Titre: Réponse à «TIC? Réformer», dans *Remolino*

Pour la plupart d'entre eux, le retard n'est plus rattrapable et ils savent très bien qu'une réforme véritable en formation ne profiterait qu'aux nouveaux enseignants. Introduire les TIC (technologies de l'information et de la communication) les placerait dans une situation bien inconfortable pour un enseignant, c'est-à-dire la peur d'être eux-mêmes les derniers de classe en cette matière.

Ce n'est pas d'être remplacés par les TIC qu'ils craignent, mais d'être remplacés par d'autres qui les maîtrisent déjà. D'être considérés comme inefficaces. C'est pourquoi ils ne peuvent voir les TIC comme complément, mais comme un possible remplacement de ce qu'ils maîtrisent déjà[108].

De: **Maude Vézina**
Date: **6 novembre 2006**
Titre: **Réponse à «La liste Edu-Ressources est malade»,
dans *Remolino***

Vous savez, dans l'enseignement, la proportion d'enseignants qui lisent leurs courriels régulièrement (j'entends par ici plus d'une fois par semaine!) est plutôt basse. Du moins dans mon école (env. 150 enseignants). Pour ces gens, se brancher et découvrir une trentaine de messages, plus long les uns que les autres, les décourageait, les irritait et les empêchait de découvrir le contenu pertinent à leur enseignement. Je ne pense pas qu'on puisse forcer des gens à lire des choses qui ne les intéressent pas et tant qu'à filtrer, on s'entend que s'ils ne lisent pas leurs courriels à chaque jour, ils savent à peine ce que signifie «filtrer»[109].

Il vous faut 10 minutes!

Comment convaincre ces retardataires apeurés qu'un blogue ne fera pas exploser leur ordinateur et qu'il est même moins compliqué que la programmation d'un magnétoscope (autre technologie bien mystérieuse!).

Au fil des années, bien des promoteurs des sites Web puis des blogues ont baissé les bras, se contentant de donner des formations à ceux et celles qui avaient déjà fait eux-mêmes leur bout de chemin – ou à qui leur directeur avait imposé, que cela leur plaise ou non, de suivre un cours.

Pourtant, on ne vous raconte pas d'histoires: créer un blogue est vraiment simple. Nul besoin d'avoir la moindre compétence en informatique. Un site comme *Blogspot* vous permet d'en créer un en dix minutes.

---

108. G. Bernard, réponse à «TIC? Réforme», dans *Remolino*, 20 mai 2004: http://carnets.opossum.ca/remolino/archives/2004/05/tic_reforme_gau.html
109. Maude Vézina, commentaire à «La liste Edu-Ressources est malade», *Remolino*, 4 novembre 2006. http://carnets.opossum.ca/remolino/archives/2006/11/la_liste_edures.html

Incroyable mais vrai : 10 minutes! Vous entrez sur le site www. blogspot.com, vous vous inscrivez, vous choisissez parmi les paramètres que vous offre le formulaire : quelle couleur de fond d'écran voulez-vous pour votre blogue, désirez-vous qu'il soit sur deux ou trois colonnes... Et c'est tout! Votre blogue est prêt!

Dès lors, lorsque vous avez envie d'écrire, vous retournez sur Blogspot (ou sur *Science! On blogue* si, après avoir lu ce livre, vous avez demandé à en devenir l'un des participants!), et une fois que vous avez donné votre nom et votre mot de passe, vous vous retrouvez devant un formulaire : bien simple formulaire, puisqu'il est essentiellement composé d'une case pour le texte, d'une case pour son titre, et d'un bouton «envoyez», à utiliser lorsque votre texte est prêt!

À l'Agence Science-Presse, avec le projet *Science! On blogue*, nous avons haussé le niveau de difficulté, parce que nous voulions créer des blogues pour les scientifiques, plutôt que d'attendre qu'ils en créent eux-mêmes. Autrement dit, nous avons créé l'outil que *Blogspot* crée à votre place, nous avons décidé de sa mise en page et de ses couleurs, nous avons payé un infographiste et un programmeur, avant de le mettre entre les mains des scientifiques-blogueurs.

Pour cela, nous avons obtenu du ministère québécois du Développement économique, Innovation et Exportation (MDEIE) une subvention de 14 000 $ – une paille, considérant que nous devions aussi, avec cette somme, payer une coordonnatrice à temps partiel pendant un an, et faire un peu de marketing, discipline ô combien ésotérique pour les journalistes que nous sommes! Mais c'était la seule façon d'assurer qu'en français, le blogue prenne enfin vie dans le secteur scientifique.

Première étape : l'idée de *Science! On blogue*

Les scientifiques, ces êtres étranges habitant des tours d'ivoire, ces professeurs Tournesol, ces asociaux qui parlent un langage incompréhensible : ces clichés, on l'a déjà dit, constituent l'armature de l'éternel problème, lorsque des amateurs explorent de nouvelles voies permettant de rapprocher la science du grand public.

105

Ces dernières années par exemple, on a vu se multiplier des Bars des sciences, initiative originale où de simples citoyens peuvent échanger avec des scientifiques dans une ambiance informelle.

Pourquoi pas un blogue, nous sommes-nous donc demandés au printemps 2005. Il irait chercher bien plus de gens qu'un Bar des sciences, il serait techniquement simple à mettre sur pied et l'exceptionnelle expérience Internet de l'Agence Science-Presse pourrait servir de locomotive.

Argumentaire en main, nous avons présenté ce projet au MDEIE et avons évalué sommairement nos besoins financiers. Nous étions si convaincus de l'importance du projet qu'avant même d'avoir obtenu une réponse positive, nous avions déjà commencé le travail!

Deuxième étape: le recrutement

Avec cette subvention, nous avons pu payer, à l'été 2005, un infographiste puis un programmeur – des étapes qui ne vous concernent pas si vous voulez simplement créer un blogue sur *Blogspot* ou vous insérer dans la communauté de *Science! On blogue*. Mais auparavant, Josée Nadia Drouin, maître d'œuvre du projet, avait déjà commencé la partie cruciale du travail: recruter des blogueurs.

Qui diable, en effet, accepterait de venir bloguer? Un texte par semaine, telle était notre exigence – et ce, bénévolement. Une petite charge de travail en théorie, mais difficile à caser dans les horaires déjà bien remplis des professeurs d'université.

Il y avait de plus une condition préalable: nous voulions n'avoir que des scientifiques. Aux États-Unis, en cet été 2005, plusieurs dizaines de blogues consacrés à la science avaient déjà vu le jour, mais beaucoup étaient réalisés par des journalistes ou des particuliers. Or, la raison d'être de *Science! On blogue* était justement de créer un pont vers le monde de la science, de donner un moyen d'expression à ces chercheurs dont on n'entend pas souvent la voix. Il fallait donc que ce soit des chercheurs.

Nous nous attendions à devoir ramer longtemps avant de trouver des volontaires: le phénomène des blogues était en pleine explosion aux États-Unis, mais encore méconnu dans la francophonie.

Comme nous avions déjà déterminé les thématiques de départ – physique, réchauffement climatique, astronomie, génétique – il n'y avait pas d'autre choix que de prendre le téléphone et d'appeler soit des blogueurs potentiels, soit des institutions qui pourraient convaincre certains de leurs scientifiques de se faire blogueurs, le temps d'une expérience.

Et la réponse fut étonnante. C'était comme si notre idée était tombée dans un terreau fertile, qui n'attendait que les premiers rayons du soleil pour faire jaillir une plante. En quelques semaines – et en pleines vacances d'été! – avaient été recrutés une demi-douzaine de blogueurs.

Depuis, nous n'avons jamais pu faire de recrutement intensif. Les ressources de Science-Presse étant souvent limitées à deux employés salariés, ceux-ci passent une partie de leur temps à éteindre des feux, de sorte que le recrutement peut être laissé en plan pendant des mois. Et pourtant, l'engouement a été tel qu'un nombre plus élevé que prévu de scientifiques ont participé au projet – dont trois qui se sont eux-mêmes portés volontaires!

Aux huit scientifiques «embauchés» lorsque les quatre premiers blogues ont démarré en octobre et novembre 2005, se sont ajoutés 11 autres au cours des 18 mois suivants. Soit 19 scientifiques qui ont participé assidûment ou sporadiquement.

Est-ce un effet d'entraînement? En août 2006, lors de sa recherche de blogueurs pour la deuxième année de *Science! On blogue*, Josée Nadia Drouin a eu l'heureuse surprise de confirmer trois nouveaux blogueurs... le même jour!

Au terme de la première année d'opération, en septembre 2006, avisé que sa participation au blogue tirait bientôt à sa fin s'il le souhaitait, un des blogueurs nous confiait qu'il avait cru que son engagement sur *Science! On blogue* se prolongeait à la vie à la mort! Il a poursuivi tout naturellement pour une deuxième année, comme la majorité de ses collègues de la première heure.

La charge de travail demandée – commenter l'actualité scientifique chaque semaine – aurait pu en rebuter plusieurs. Au contraire, il semble qu'elle ait été une motivation supplémentaire: deux scientifiques responsables de laboratoires de recherche (génétique et environnement) ont enrôlé leurs collègues dans le blogue!

Troisième étape: faire connaître

Tout site Web, tout blogue, s'il ne veut pas vivre en vase clos, se doit de faire de l'autopromotion. Mais pas le genre de promotion auquel le marketing classique nous a habitués, c'est-à-dire la publicité à la télé ou dans les dépliants postaux.

Certes, les sites Web les plus populaires sont ceux qui ont bénéficié de telles visibilités, ceux qui ont fait parler d'eux par des journalistes de la télé ou de la presse écrite.

Mais d'autres ont bâti leur renommée bien avant que les journalistes ne les découvrent; au Québec, on a l'exemple humoristique des *Têtes à claques*; en France, celui d'un Loïc Lemeur, gourou autoproclamé de la première heure des blogues.

Plus important, ce n'est pas seulement une question d'achalandage. Comme on l'a vu au chapitre 2, quantité de blogues, et parmi eux des blogues influents dans leurs milieux (communication, enseignement, par exemple) ne rêvent pas du plus grand achalandage, mais d'un achalandage ciblé. Leur popularité se mesure par la qualité et la quantité des billets qu'ils publient, de même que par la qualité et la quantité des recensions que d'autres blogues leur consacrent.

Autrement dit, il faut se faire connaître dans l'univers Internet, et plus particulièrement dans l'univers des blogues. C'est vital. Le blogue de la rédactrice montréalaise Martine Pagé par exemple, jouit d'une notoriété marginale dans le grand public; mais c'est l'un des blogues les plus vantés de la blogosphère québécoise: cette notoriété assure un va-et-vient de commentaires, sur son blogue ainsi que sur d'autres blogues.

À l'inverse, le journaliste Patrick Lagacé jouit d'une énorme notoriété dans le grand public, qui assure un achalandage énorme à son blogue (hébergé en 2005-2006 sur le site du *Journal de Montréal*, puis depuis décembre 2006 sur celui de *La Presse)*. Mais cette notoriété attire aussi quantité de commentaires disgracieux qui donnent parfois aux échanges l'allure de bagarres de cours d'écoles. Les billets du blogueur, eux, sont de qualité, mais l'ambiance générale (dont le blogueur s'est plaint à quelques reprises, au point de fermer temporairement sa zone de commentaires puis de choisir de les modérer) donne aux profanes une image dénaturée de ce que peut être un blogue de qualité.

Science! On blogue est dans une situation à part. La science occupant la place que l'on sait dans la société, notre blogue ne peut rêver d'une notoriété majeure dans le grand public. Et comme les blogueurs tels que Patrick Lagacé ou Loïc Lemeur ne placent pas la science parmi leurs sujets d'intérêt, *Science! On blogue* doit bâtir sa notoriété lentement, très lentement.

La seule solution est de commencer par le «noyau dur», c'est-à-dire les internautes déjà amateurs de science.

Pour cela au moins, nous avions un avantage au départ: l'Agence Science-Presse elle-même. Sur Internet, son site est devenu, depuis son apparition en 1996, le site de science le plus souvent cité dans la francophonie. C'est aussi le seul site de science en français à avoir survécu sans interruption depuis 1996: les autres sont apparus plus tardivement (*Sciences et avenir*), ont dû interrompre leurs opérations à une ou deux reprises (*InfoScience, Québec Science*), ou sont disparus dans le grand trou noir cyberspatial.

Une telle présence entraîne, après plus d'une décennie, des centaines de milliers d'habitués. Il suffit qu'une toute petite proportion soit curieuse de voir ce que sont ces «blogues de l'Agence» pour que l'achalandage ne commence à grimper.

À cela se sont ajoutés des efforts particuliers de promotion avec ce qui restait de la subvention: efforts de réseautage auprès des organismes et des institutions liés à la science, distribution de cartes postales promotionnelles (près de 5 000 distribuées dans la première année) et autopromotion sur le site. Le réseautage a tantôt pris la forme d'un article dans le journal d'une université à laquelle appartient l'un des blogueurs, tantôt d'une publicité gratuite (dans le magazine pour jeunes *Les Débrouillards*, un «bébé» devenu grand, engendré par l'Agence Science-Presse en 1982), tantôt d'une présence physique à un événement.

Cette dernière piste mérite tout particulièrement d'être soulignée : dans le contexte d'une « discussion entre les scientifiques et le public », elle prend toute son importance. Pour inciter au dialogue, n'est-il pas important de s'arrimer à des lieux de dialogues qui existent déjà ? Ceux-ci ne pourraient-ils pas eux aussi profiter d'un dialogue qui se prolongerait sur un blogue ?

Se faire connaître par des conférences

C'est ainsi que nous avons profité de Bars des sciences (au Cégep Saint-Laurent et au Collège Montmorency de Montréal) pour proposer aux étudiants de venir prolonger la discussion sur un des blogues. Nous avons profité de conférences (UQAM et Centre des sciences de Montréal) pour faire de même. Et un *chat* en direct, pendant deux heures, a été tenu en novembre 2005 entre des collégiens du Saguenay et une physicienne, profitant de la semaine annuelle de la physique organisée par une poignée de professeurs du Saguenay.

Un de nos blogueurs en astronomie, Yvan Dutil, présentait également une conférence lors de ce dernier événement, et a invité les jeunes spectateurs à venir poursuivre la discussion sur le blogue Astronomie. Son collègue Robert Lamontagne, chercheur invité lors du Forum *Science et société* 2005, a invité les collégiens présents à venir le questionner et a répété l'invitation lors d'une conférence dans le cadre de la Quinzaine des sciences 2006. En environnement, Laurent Lepage a fait de même lors d'un congrès de l'UQAM sur les changements climatiques, tenu parallèlement à la conférence de l'ONU, qui avait lieu à Montréal en décembre 2005.

Par ailleurs, Josée Nadia Drouin a offert un atelier d'initiation aux blogues, baptisé opportunément « Entrez dans la blogosphère », à une quinzaine de participants au congrès 2005 de l'Association des professeurs de science du Québec. L'année suivante, l'Agence Science-Presse avait un kiosque au salon de ce même congrès – c'est là que nous avons croisé cette enseignante apeurée. Des cartes postales avaient été insérées dans les pochettes des congressistes, comme elles l'ont été dans celles des participants à *Science et société* 2005 et 2006.

Nous avons participé à un kiosque lors du Salon Formation-Carrière de l'Éducation à Montréal puis à Québec, à l'automne 2005, un moyen de rencontrer des étudiants, généralement plus «allumés» aux technologies que leurs aînés. Et nous avons partagé un autre kiosque avec la Société pour la promotion de la science et de la technologie lors du congrès de l'Alliance des professeurs de Montréal, en septembre 2006.

Des arrimages de ce type sont rarement possibles pour un individu. Même pour un organisme à but non lucratif comme le nôtre, ils restent limités en raison du manque de temps et de ressources. Mais il faut les multiplier chaque fois que possible pour élargir la clientèle d'un blogue au-delà du noyau dur des convertis.

Retombées médiatiques: soyez patients!

C'est d'autant plus important qu'il ne faut pas trop compter sur les médias. Malgré cinq communiqués (un par nouveau blogue) envoyés aux journalistes entre l'automne 2005 et le printemps 2006 – et nous avons dans nos fichiers, après toutes ces années, une liste assez impressionnante des journalistes intéressés par la science ou par Internet – malgré le fait que des blogues rédigés par des scientifiques constituaient une première dans la francophonie, malgré le fait que tous les grands médias québécois diffusent, à un moment ou l'autre, au moins une chronique de «nouveautés du Web», *Science! On blogue*, elle, n'a pas eu droit à la plus petite mention dans les grands médias. À une exception près: la radio Europe 1... de Paris!

La journaliste Catherine Nivez a en effet parlé de nous dans sa *Revue des blogues* du 14 octobre 2005, après avoir discuté des différents ateliers présentés lors de la *Fête de la science* en France. «Les scientifiques, en plus de se trouver sur le terrain, sont maintenant accessibles sur le Net. L'initiative la plus intéressante du moment nous provient du Québec où quatre chercheurs de l'Université de Montréal commentent chaque semaine l'actualité scientifique.»

Soyons justes: plusieurs petits médias, spécialisés ou associés à une institution, ainsi que des blogues, ont, eux, parlé de *Science! On blogue*. Eux aussi permettent d'aller chercher des lecteurs au-delà des «mordus».

– «Voulez-vous bloguer avec moi ce soir? Trois chercheurs participent à Science! On blogue», *Forum*, Université de Montréal, 19 septembre 2005.

– «Science! On blogue... en environnement», *Science Express* (bulletin électronique), Université du Québec à Montréal, 7 novembre 2005.

– «Bloguez-vous?», *Journal L'UQAM*, 28 novembre 2005.

– «Blogue pour scientifiques en herbe», *L'Infobourg* (bulletin électronique sur l'éducation), 20 octobre 2005.

– Le journal des étudiants de la polyvalente de Thetford Mines, printemps 2006 (interview avec Josée Nadia Drouin lors de son passage l'automne précédent).

Outre ces articles, on a vu passer de brèves mentions, les unes destinées au grand public: dans *Le Carnet techno* du journaliste Bruno Guglielminetti, dans le *Dico du Net* (France), sur *Site du jour* (11 juillet 2006), dans les blogues *Al Jinane* (au Maroc!) et *MediaTicblog* (France: http://mediatic.blogspot.com/) de même que sur le site international recensant (en anglais) les activités de l'Année internationale de la physique.

D'autres mentions étaient dirigées vers des clientèles spécialisées: la revue *Découvrir* (une brève rédigée par l'Agence Science-Presse), le bulletin électronique *Envîle Express* (Conseil régional de l'environnement de Montréal), la *Toile scientifique*, le site de l'Agence pour la diffusion de l'information technologique (France), le site de l'UQAM *Vers la Conférence de Montréal...*

D'autres encore, étaient destinées à des enseignants et à des parents: Carrefour Education (www.carrefour-education.telequebec. qc.ca), *Le Point e* (Fédération des établissements d'enseignement privé: www.cadre.qc.ca/pointe/), *Profetic* (www.profetic.org), le *Blog-notes de mathématiques du coyote* (France)...

Des mentions, enfin, étaient rédigées pour une clientèle gagnée d'avance (les «mordus», justement!), soit les profs qui utilisent déjà abondamment Internet, et sont continuellement à la recherche d'outils pour mieux l'employer en classe: les sites du RÉCIT MST (réseau

de personnes-ressources en maths, science et technologie: http://
recitmst.qc.ca), et de RECITs régionaux, le site français *Apprendre en
ligne.net* (www.apprendre-en-ligne.net/), *Prof-Inet* (http://prof-inet.
cslaval.qc.ca), le blogue de l'enseignant Pierre Lachance (http://
pierrelachance.net), et celui de l'enseignant Mario Asselin (http://
carnets.opossum.ca/mario/)...

Science! On blogue en chiffres

Ce silence des grands médias est d'autant plus dommage que l'achalandage du blogue a dépassé toutes nos espérances. Bien que nous
n'ayons pas de bases de comparaisons, on peut parier sans risque
que la croissance de *Science! On blogue* est de loin supérieure à la
croissance de la grande majorité des sites Web francophones nés
depuis 2005.

Achalandage de *Science! On blogue*

	Visiteurs uniques
Mars 2006	6 500
Juillet 2006	13 545
Septembre 2006	30 017
Décembre 2006	80 000
Mars 2007	Environ 100 000

«Les deux premiers mois, se souvient l'astronome Robert
Lamontagne, j'avais l'impression d'écrire dans le vide. Et puis»,
disait-il en septembre 2006 à Josée Nadia Drouin, coordonnatrice
du blogue, «tu es arrivée avec les chiffres». Ce fut un choc: tout
à coup, l'astronome réalisait que ce vide était en réalité peuplé de
milliers de paires d'yeux anonymes. Davantage qu'il n'en avait eu
dans tous ses cours réunis!

Pour bien comprendre ce que cela signifie pour un chercheur:
«Chacun de mes textes est lu par beaucoup plus de gens que mes
articles de chercheurs», soulignait Normand Mousseau dans une
conférence donnée devant ses collègues.

Nos modèles

Tout projet a ses sources d'inspiration. Si un blogue était créé aujour-d'hui, il aurait davantage d'exemples à se mettre sous la dent, mais au printemps 2005, dans le paysage scientifique, les blogues étaient encore peu nombreux. Parmi ceux qui venaient d'apparaître, deux exemples américains avaient retenu notre attention:

– *Quantum Diaries.* Leur objectif: «mettre un visage sur la physique». Autrement dit, le scientifique est *lui aussi* un être humain. Oui, oui, même le physicien!

Ce blogue est né en janvier 2005 en même temps que l'Année internationale de la physique – et il a pris fin avec elle, le 31 décembre. À travers le monde, diverses initiatives ont profité de cette Année pour vulgariser cette science obscure entre toutes; une poignée de physiciens décidèrent donc d'ajouter leur pierre à l'édifice en se rassemblant autour d'un blogue.

Pendant 12 mois, à travers leurs biographies, leurs réflexions, leurs comptes-rendus de lectures ou leurs photos, ils parlèrent de leur travail, de leurs recherches, de l'actualité de la physique mais aussi d'eux-mêmes, leurs espoirs, leurs ambitions, leur vie au-delà du travail. De sorte qu'il se dégagea de ce «blogue communautaire» un portrait double: d'une part, un portrait de la recherche moderne en physique; d'autre part, un portrait de ce qu'est vraiment un physicien – ou une physicienne – dans le monde actuel. Deux faces d'une même médaille qui nous semblè-rent parfaitement appropriées pour résumer les ambitions de *Science! On blogue.*

– *RealClimate.* Ce second blogue, lui, est né d'une motivation très différente. Une motivation appelée Michael Crichton.

À la fin de l'année 2004, les médias commençaient à bourdonner de la publication prochaine du nouveau roman de cet auteur à best-seller: *State of Fear*, un roman qui prenait ouvertement position «contre» le réchauffement: celui-ci serait un mythe entretenu par une poignée de scientifiques et d'écoterroristes. Considérant le poids énorme de Michael Crichton dans l'univers culturel, ce qui serait écrit dans un tel livre aurait considérablement plus d'impact que tous les rapports scientifiques de la dernière décennie...[110]

La parution de ce roman survenait de plus dans la foulée d'un film jugé franchement mauvais par les scientifiques, *The Day After Tomorrow*, qui décrivait un bouleversement climatique aux conséquences cataclysmiques, bouleversement appuyé sur de la «vraie» science... à ceci près qu'il se produisait en quelques heures, plutôt qu'en quelques millénaires!

RealClimate est donc né, en décembre 2004, d'une frustration: celle de scientifiques déçus de la piètre qualité de l'information qu'ils voyaient défiler, et déçus de ne pas trouver de canaux appropriés pour prendre la parole.

Mais les neuf scientifiques qui se sont réunis autour du projet – tous des bénévoles, et tous rédigeant ces textes en sus de leur travail – sont allés bien au-delà de leur frustration: ils ont utilisé cette tribune pour écrire des textes à saveur résolument pédagogique. Des textes sur le réchauffement climatique, mais aussi la pollution, les prévisions météo, les photos satellites ou l'ouragan Katrina.

Des textes dont le niveau est souvent de très loin supérieur à ce qu'on trouve sur la majorité des blogues, y compris les blogues scientifiques: des textes fouillés, argumentés, longuement travaillés, riches en tableaux, en hyperliens, en références, et néanmoins – en général – assez bien vulgarisés. C'est ce type de texte que nous avons voulu retrouver sur *Science! On blogue.*

Donc : la double ambition de *Quantum Diaries*, faire connaître la physique et le physicien. Et la profondeur d'analyse de *RealClimate*. Dès le printemps 2005, nous avions nos modèles.

---

110. Agence Science-Presse, «Pour Jurassic Park Crichton, le réchauffement est un mythe», *Agence Science-Presse*, 21 décembre 2004 : http://www.sciencepresse. qc.ca/archives/2004/cap2012045.html

De: L'équipe de *Quantum Diaries*
Date: Janvier 2005
Titre: About Quantum Diaries[111]

Quantum Diaries veut mettre un visage – plusieurs visages, en fait – sur la physique en 2005. Les carnetiers représentent la tranche vibrante des physiciens d'aujourd'hui. Ils parlent neuf langues et proviennent de 15 pays. À l'extérieur du laboratoire, ils sont des musiciens de jazz, des mères et des pères, des astronomes amateurs, des photographes et des athlètes. Au travail, ils sont des chefs de projet, des étudiants diplômés, des expérimentateurs et des théoriciens[112].

De: L'équipe de *RealClimate*
Date: 9 décembre 2004
Titre: Welcome to RealClimate

Plusieurs scientifiques participent à des efforts pour éduquer le public et pour réfuter ou démythifier des affirmations fantaisistes ou des actes clairs de désinformation. Ils le font en écrivant dans des magazines de vulgarisation comme *EOS* ou le *New Scientist*, ou dans la page des journaux réservée aux lecteurs. Toutefois, cela prend du temps avant d'être publié, et une fois que c'est publié, l'attention du public s'est souvent déplacée ailleurs[113].

Le succès de *RealClimate*

RealClimate est rapidement devenu une référence dans l'univers anglophone. Pourquoi lui plutôt qu'un autre? Difficile à dire, sinon qu'il a bénéficié d'une conjonction des planètes:

- À la fin de 2004, les médias commençaient à réaliser qu'en accordant une attention égale aux «pour» et aux «contre» du réchauffement climatique, ils biaisaient la réalité.

- Les défenseurs de l'environnement, les enseignants et les journalistes éprouvaient de la difficulté à trouver des arguments qui soient appuyés sur l'actualité; l'Antarctique et le Groenland, c'est intéressant, mais ça «parle» peu au citoyen ordinaire.

111. *Quantum Diaries*, «About Quantum Diaries», *Quantum Diaries*, janvier 2005: http://www.interactions.org/quantumdiaries/about/index.html
112. *Quantum Diaries* avait été créé pour l'Année de la physique, et ils ont fermé les livres avec la fin de cette année. On peut trouver les «mots d'adieu» des différents blogueurs à: http://www.interactions.org/quantumdiaries/blog/
113. *RealClimate*, «Welcome to RealClimate», *RealClimate*, 9 décembre 2004: http://www.realclimate.org/index.php?p=1

- Enfin, ce blogue, parmi bien d'autres blogues, tranchait soudain par sa qualité, sa profondeur et son intelligence.

Les médias spécialisés l'ont adopté étonnamment vite: les revues scientifiques *Nature* et *Science* lui consacraient un paragraphe dès décembre 2004, suivis de *Physics Today*, de *Grist Magazine* (magazine militant en environnement), du *Scientific American* (mars 2005), de la *Chronicle of Higher Education* (juillet 2005)...

Et cette fois, incroyable mais vrai, les médias grand public ont également été nombreux à en parler: le *Los Angeles Times* et *MSNBC* (janvier 2005), le *Toronto Star* et le *Wall Street Journal* (février 2005), la BBC et le *Washington Times* (mars 2005)... Certains journalistes se contentaient d'en signaler l'existence en un paragraphe, d'autres s'appuyaient sur un des billets (par exemple, la «controverse du *graphique-bâton de hockey*», que les initiés reconnaîtront...) pour bâtir un article à partir de cette «prise de position» d'un expert.

Encore plus étonnant: ce site de science a fait parler de lui en français. Étonnant, dans un univers médiatique qui ne parle pas beaucoup de science et qui, surtout, parle d'abord de ce qui se passe dans sa cour. Dans notre langue, le premier texte sur *RealClimate* est ainsi paru à la fois dans *La Presse* du 24 janvier 2005 et *Le Devoir* du 12 février 2005. Il est vrai qu'il était signé par l'Agence Science-Presse...[114]

Les succès des blogues les plus populaires

Conjonction des planètes, couverture médiatique, textes plus fouillés que la moyenne: en juillet 2006, *RealClimate* figurait dans le «Top 5» des blogues scientifiques les plus populaires, selon une compilation réalisée par la revue *Nature* à partir de la base de données *Technorati*[115].

Ce répertoire recensait alors 46,7 millions de blogues. Parmi eux, cinq blogues scientifiques, écrits par des scientifiques, se glissaient dans le groupe des 0,01% les plus populaires – soit un blogue sur 10000!

---

114. Agence Science-Presse, «Un blogue chaud», *Agence Science-Presse*, 21 janvier 2005: http://www.sciencepresse.qc.ca/archives/2005/cap1701058.html
115. Declan Butler, «Top Five Science Blogs», *Nature*, 6 juillet 2006, p. 9: http://www.nature.com/news/2006/060703/full/442009a.html

- *Pharyngula* (179e place sur 46,7 millions): http://scienceblogs. com/pharyngula
- *The Panda's Thumb* (1 647e): http://www.pandasthumb.org/
- *RealClimate* (1 884e): http://www.realclimate.org
- *Cosmic Variance* (2 174e): http://cosmicvariance.com
- *The Scientific Activist* (3 429e): http://scienceblogs.com/scientifi-cactivist/

Une analyse similaire effectuée en mai 2007 par l'Agence Science-Presse révélait presque le même trio de tête:

- *Pharyngula* en 311e place (sur 70 millions!)
- *RealClimate* en 782e
- *Cosmic Variance* en 2 404e

Suivis d'à peu près les mêmes qui se trouvaient dix mois plus tôt dans le classement de *Nature*, mais dans le désordre:

- *Bad Astronomy* (2 414e) http://www.badastronomy.com
- *Cognitive Daily* (2 590e): http://scienceblogs.com/cognitivedaily
- *Respectful Insolence* (3 382e): http://scienceblogs.com/insolence
- *The Panda's Thumb* (3 522e)
- *Deltoid* (10 901e): http://scienceblogs.com/deltoid
- *Adventures in Ethics and Science* (11 069e): http://scienceblogs. com/ethicsandscience
- *Uncertain Principles* (12 462e): http://scienceblogs.com/principles/
- *Savage Minds* (13 428e): http://savageminds.org/
- *Effect Measure* (13 689e): http://scienceblogs.com/effectmeasure
- *John Hawks Anthropology Weblog* (14 818e): http://johnhawks. net/weblog
- *Aetiology* (14 921e): http://scienceblogs.com/aetiology
- *Thoughts from Kansas* (15 778e): http://scienceblogs.com/tfk/

Qu'est-ce qui distingue ces blogues à succès? Une première caractéristique saute aux yeux: le texte d'humeur. Deux des meneurs (*Pharyngula* et *The Panda's Thumb*) ont même en commun la lutte contre les créationnistes. Le «scientifique activiste» (5ᵉ en juillet 2006), couvre un spectre plus large de sujets, mais il a lui aussi pour caractéristique de ne pas mâcher ses mots.

Plusieurs autres blogues, en plus d'être délibérément subjectifs, n'ont même pas de thématique précise: *Respectful Insolence* et *Deltoid* critiquent régulièrement les médecines dites «alternatives», mais traitent de bien d'autres choses; *Uncertain Principles* est écrit par un étudiant en physique, mais traite davantage de la société qui l'entoure que de physique; et *Thoughts from Kansas* avait à l'origine été lancé pour démontrer qu'au Kansas, les scientifiques ne sont pas tous créationnistes!

On notera aussi la domination écrasante des blogues hébergés par *ScienceBlogs*, une créature de la revue *Seed*. Comme quoi le réseautage a du bon: un détail sur lequel nous revenons plus loin...

Faut-il conclure que le texte d'humeur est une garantie de succès? Pas quand on considère les deux autres meneurs, *Cosmic Variance* et *RealClimate*, qui ont en commun d'être écrits par un collectif, et de pencher davantage vers le texte pédagogique. Quant à *Bad Astronomy*, qui existait bien avant l'époque des blogues, il ne pourrait pas être davantage pédagogique: c'est un site tout entier voué à la correction des erreurs et omissions dans le traitement que font les médias de l'astronomie.

Interrogé par *Nature*, le climatologue Stefan Rahmstorf attribuait le succès de *RealClimate* à «une passion pour expliquer des choses aussi clairement que possible, et une patience de tous les diables pour gérer tous ces commentaires». Son collègue Gavin Schmidt renchérissait: le blogue «remplit un besoin pour une information brute et accessible, qui va plus en profondeur que les articles de journaux, mais est plus facile à comprendre que la littérature scientifique».

Interrogé par nos soins, le physicien Sean Carroll, de *Cosmic Variance*, ajoute une dimension: la physique «peut sembler rébarbative au début, mais nous tentons d'humaniser la science, et de parler de sujets non scientifiques».

Plus modeste, Nick Anthis, le «scientifique activiste», attribuait une partie de son succès à son «scoop» de février 2006, lorsqu'il avait révélé que l'employé de la NASA responsable d'avoir censuré le Dr James Hansen avait menti dans son CV: «Avant que je ne m'en rende compte, cette histoire s'était transformée en une nouvelle médiatique majeure» qui avait entraîné un «pic» d'achalandage sur son site. Plusieurs de ces nouveaux visiteurs se sont manifestement, ensuite, transformés en lecteurs réguliers[116].

Ils lisent beaucoup, mais commentent peu

Que leurs billets soient d'humeurs ou pédagogiques, ces blogues sont intéressants par les qualités de leurs blogueurs. Mais ils acquièrent une valeur ajoutée si les lecteurs sont nombreux à intervenir – tantôt par leurs commentaires, tantôt par des hyperliens depuis leurs propres blogues. Là-dessus, *RealClimate* ou *Pharyngula* sont beaucoup plus actifs que bien des blogues pourtant qualifiés de «grand public».

Toutefois, chez nous, si quelque chose a manqué pendant la première année de *Science! On blogue*, ce sont justement ces réactions du public.

D'aucuns rétorqueront que le commentaire n'est pas une obligation: le blogue doit servir d'abord et avant tout son auteur; il est une vitrine pour lui, pas une conférence téléphonique ou une agora.

N'empêche que, sur *Science! On blogue,* il nous arrive souvent de souhaiter avoir le va-et-vient de ces blogues américains. Est-ce à cause de l'absence de sujets controversés? Lorsqu'on explique les nanotechnologies ou les naines rouges, en effet, il n'y a pas beaucoup de matière à débat. Qui plus est, le créationnisme ne fait pas partie du débat social au Québec ou en France (pas encore... qui sait!).

Mais il y a plus: la volonté de la plupart des blogueurs de l'Agence Science-Presse a été de faire un travail pédagogique et non de susciter la controverse. «C'est sûr qu'avec le créationnisme, ils l'ont l'affaire, déclare Robert Lamontagne. Les sujets sont moins controversés en astronomie!»

---

116. *Ibid.*

Mais peut-être qu'il faut tout simplement du temps avant que les internautes ne brisent la glace? «Ça n'a rien d'inhabituel, rappelle le physicien Normand Mousseau. Je donne des cours. À la fin, j'ai très peu de questions. C'est dans la norme des choses.»

Les gens de la télé ont coutume de dire que chaque téléspectateur qui écrit ou téléphone signifie que 1 000 ou 10 000 téléspectateurs ont réagi de la même façon. Peut-être découvrira-t-on un jour un «ratio» du même genre sur Internet?

Comment commenter?

Fondamentalement, il existe cinq raisons pour commenter un billet:

- Vous voulez partager votre opinion.
- Vous voulez lancer une discussion.
- Vous voulez laisser savoir à l'auteur que vous l'avez lu.
- Vous voulez laisser savoir aux autres lecteurs qui vous êtes.
- Ou vous voulez dire ce que vous pensez, en bien ou en mal, du blogue.

Ces raisons sont suffisamment larges pour que n'importe lequel des visiteurs de n'importe quel blogue se reconnaisse!

Et si un commentaire peut être écrit «à chaud» et ne faire qu'une ligne, il peut aussi, pour qui veut s'en donner la peine, être aussi soigné que le texte principal! L'enseignant Clément Laberge, en songeant aux profs qui veulent inciter leurs étudiants à bloguer – une façon de les motiver à discuter, participer à la vie sociale et pratiquer leur français! – résume ainsi les principaux arguments de «l'art du commentaire»:

De: **Clément Laberge**
Date: **12 août 2006**
Titre: Réponse à Enseigner l'art du commentaire,
          dans *Relief*

– N'ayez pas peur de laisser des commentaires. L'expérience ainsi acquise aide à devenir un meilleur blogueur.

– Soyez signifiant. Évitez les commentaires laconiques («Bien dit!», «Je suis d'accord.»). Montrez à l'auteur que vous l'avez bien compris. Votre commentaire constitue un vote sur l'importance du sujet. N'oubliez pas que vous

vous immiscez dans l'espace privé d'un autre blogueur. En émettant un commentaire, vous attirez l'attention sur votre propre blogue.

- Relisez votre commentaire. Portez une attention toute spéciale au ton du commentaire, de façon à ce qu'il n'y ait pas d'ambiguïté quant à son interprétation. Au besoin, insérez des binettes (*emoticons*) pour dissiper les malentendus.

- Gardez à l'esprit la puissance du mot. Un commentaire peut avoir un effet dévastateur, au-delà de l'intention initiale. Critiquez avec amabilité et de manière constructive. [...]

- Corrigez votre texte. Soumettez votre commentaire à un correcteur grammatical. Contrairement à son blogue, on n'a pas le loisir, une fois publié, d'accéder au texte pour corriger une faute.

- Cultivez votre blogosphère. Répondez aux commentaires, ou bien rendez visite aux blogueurs qui ont laissé un commentaire. Soyez patient : il faut du temps pour développer une communauté. Tâchez de l'élargir graduellement[117].

Quant au blogueur, devrait-il filtrer ces commentaires pour n'en afficher que les plus pertinents ? Normalement, non. Cela irait à l'encontre de la philosophie libertaire à la base même du Web.

Cela dit, on l'a vu plus haut, il y a des blogues qui, en raison de leur popularité, ont vu leur section « commentaires » devenir le théâtre de bagarres de cours d'école. Par ailleurs, le problème des *spams* a fait son apparition : les expéditeurs de messages sur le Viagra et l'allongement du pénis ont trouvé le truc pour que ceux-ci se glissent parmi les commentaires d'un blogue.

La technologie offre deux parades, qu'un ami informaticien peut vous installer (et que certains serveurs de blogues offrent déjà) : d'une part, un bidule appelé *captcha*, qui oblige l'auteur d'un commentaire à identifier une suite psychédélique de lettres avant d'envoyer son message. Au moment d'écrire ces lignes, les robots *spammeurs* n'avaient pas encore trouvé la parade. D'autre part, la modération pure et simple : tout commentaire passe par la boîte de courriel du blogueur ou d'une tierce personne, avant d'être affiché sur le blogue, ou en même temps. Dans certains cas, le visiteur qui commente pour la première fois doit aussi s'inscrire en bonne et due forme. C'est davantage de travail pour tout le monde, mais ça limite les abus.

---

117. Clément Laberge, commentaire à « Enseigner l'art du commentaire », dans *Relief*, 12 août 2006 : http://www.opossum.ca/guitef/archives/003024.html

Pharyngula, RealClimate et plusieurs autres, dont *Science! On blogue*, ont opté pour un système de modération des commentaires dès 2006.

Une visite guidée de *Science! On blogue*

La structure d'un blogue est sensiblement la même d'un blogue à l'autre et d'un pays à l'autre, eu égard à l'extrême convivialité des outils conçus pour créer un blogue : c'est d'une simplicité enfantine mais, en contrepartie, on dispose de moins de marge de manœuvre côté design!

L'essentiel du contenu est rassemblé sur une seule page. Cette page d'accueil est occupée en majeure partie par les *billets* les plus récents, alignés de haut en bas. Sur une plus petite colonne, à gauche ou à droite, se retrouvent les hyperliens vers les pages secondaires, qui contiennent les *archives* chronologiques ou thématiques du blogue, une présentation du blogueur et de ses intentions ; sur la même colonne, on peut aussi retrouver des *hyperliens* vers les sites préférés du blogueur et, dans certains cas, des hyperliens, remis à jour automatiquement, vers les *derniers titres* de ce blogue ou de blogues «amis». Voyons ces éléments un par un.

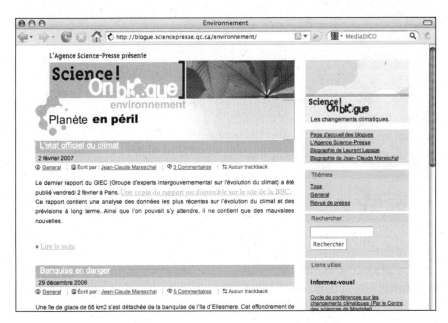

Le billet: pierre d'assise du blogue, c'est le texte du jour ou de la semaine. Il peut varier entre une ligne de texte, ou une photo, et plusieurs paragraphes. Sur la page d'accueil, il est préférable de n'en afficher que le premier ou les deux premiers paragraphes: le mot «suite» ou «lire la suite», indiquera au lecteur qu'il doit cliquer pour aller plus loin.

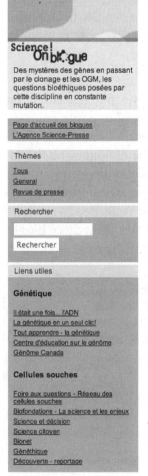

Science!
On blogue

Des mystères des gènes en passant par le clonage et les OGM, les questions bioéthiques posées par cette discipline en constante mutation.

Page d'accueil des blogues
L'Agence Science-Presse

Thèmes

Tous
General
Revue de presse

Rechercher

Rechercher

Liens utiles

Génétique

Il était une fois... l'ADN
La génétique en un seul clic!
Tout apprendre - la génétique
Centre d'éducation sur le génome
Génôme Canada

Cellules souches

Foire aux questions - Réseau des cellules souches
Biofondations - La science et les enjeux
Science et décision
Science citoyen
Bionet
Généthique
Découverte - reportage

Pourquoi n'afficher que le début du texte au lieu du texte complet? Parce que la structure d'un blogue veut que ces textes soient alignés à la queue leu leu (et non en ordre dispersé, comme dans un journal). De sorte que si les textes devaient être affichés en entier sur la page d'accueil, celle-ci prendrait rapidement une longueur interminable.

En haut ou en bas de chaque billet se retrouvent quelques commandes standards: outre le traditionnel *lisez la suite*, la plus importante est celle baptisée *commentaires* ou *publiez votre commentaire*. En cliquant là-dessus, le lecteur peut répondre au billet, et ses mots se retrouveront affichés au bas du billet (en différé, si le blogueur a choisi de filtrer les commentaires).

Un billet peut être accompagné de *mots-clés*: choisis au fur et à mesure par le blogueur, chaque mot-clé est une catégorie à l'intérieur de laquelle ce billet se retrouve classé. Le blogueur a donc tout intérêt à choisir des catégories claires et mutuellement exclusives.

Les archives: tous les billets sont archivés par défaut en ordre chronologique inversé (les plus récents en haut); on retrouvera généralement, sur la page d'accueil, des hyperliens renvoyant à chacun des mois écoulés depuis la naissance du blogue. À cela peut aussi s'ajouter un archivage thématique, en fonction des mots-clés choisis plus haut. Un clic sur l'un d'eux fait apparaître tous les billets classés dans cette catégorie.

Les hyperliens externes: ces hyperliens vers les sites préférés du blogueur peuvent apparaître sur une page à part, mais une pratique plus répandue consiste à les afficher eux aussi sur la page d'accueil. Une autre pratique répandue consiste à n'afficher que des hyperliens vers d'autres blogues, quitte à créer une page à part pour les hyperliens vers d'autres types de sites Web. C'est une habitude contestable, spécialement dans un domaine comme la science, où la blogosphère n'est pas la totalité de ce que le Web peut offrir d'intéressant.

Les derniers titres: on trouvera parfois, dans la petite colonne de gauche ou de droite, les titres des 5 ou 10 derniers commentaires émis sur le blogue, ou les titres des 5 ou 10 billets les plus lus, ou même les titres des 5 ou 10 derniers billets d'un autre blogue. Tout cela est généré automatiquement. Mais plus on désire ce type d'options et plus l'aide d'une personne qui s'y connaît en programmation devient indispensable.

Hyperliens et derniers titres renforcent l'image d'une conversation planétaire: chacun est une porte ouverte sur d'autres discussions dans la blogosphère.

Mais où vont-ils chercher tout ça?

«Écrire, c'est pénible», a lancé le physicien Normand Mousseau en faisant le bilan de sa première année à *Science! On blogue.*

«Il faut que je commence à y réfléchir 3-4 jours à l'avance. Et l'écriture, ça me prend l'équivalent d'un avant-midi. Je suis toujours en train de me relire, de polir... Évidemment, si on écrivait juste deux ou trois paragraphes...», poursuit-il en souriant, une allusion aux «autres» blogues qui n'affichent que des textes ultra-courts.

Que les futurs blogueurs en soient prévenus: il n'y a pas de recettes pour accoucher rapidement d'un texte. Et il y en a moins encore quand les blogueurs s'astreignent, comme ceux de *Science! On blogue*, à écrire un texte à saveur pédagogique: recherche du sujet et de l'angle d'attaque, vérification des sources, écriture, relecture...

«Samedi soir à minuit, c'est seulement là que je trouve le temps», poursuit Mousseau en boutade. Et combien de temps? Deux ou trois heures pour écrire un texte: beaucoup plus que ce que consacrent bien des blogueurs américains qui ne rédigent que des textes d'un paragraphe!

Encore que, en contrepartie, ces blogueurs vont souvent écrire plusieurs textes par semaine...

Certains le font sur leur temps personnel, d'autres pendant qu'ils sont au travail: «c'était beaucoup de boulot au début», admet Gavin Schmidt, par ailleurs scientifique à temps plein à l'Institut Goddard de Washington, affilié à la NASA. «Nous devions bâtir une bibliothèque» pour se mettre à jour et répondre aux questions des internautes. Mais un an plus tard, c'était intégré dans la routine: «le genre de choses que je fais en prenant mon café», comme de répondre aux courriels et lire les actualités[118].

Mais tout le monde ne trouve pas cela aussi pénible. À lire l'anthropologue américain John Hawks (*John Hawks Anthropology Weblog*), dans la description qu'il fait de sa méthode de travail, tout semble si facile! «Je prends des notes sur des choses que je lis, et je lis toujours avec un œil sur des liens avec les sujets sur lesquels j'ai fait des recherches... J'écris vite, et je me fais assez confiance pour trouver ce qu'il faut inclure dans un billet sans avoir à réviser trop de fois. Ce n'est pas automatique, ça vient avec beaucoup de pratique. Et je dirais que je suis meilleur maintenant que lorsque j'ai commencé à bloguer, mais même à ce moment, j'étais quelqu'un d'assez confiant en sa plume.»

«J'avais de la difficulté à tenir le rythme d'un texte par semaine», avoue de son côté l'astronome Robert Lamontagne. «Lorsque Yvan Dutil est arrivé, on a eu un accord tacite: là, c'est ta semaine, là, c'est la mienne.»

Sur *RealClimate*, même principe: ils sont une dizaine, dont six qui, en 2007, écrivent au moins un billet par mois. Sauf l'infatigable Gavin Schmidt qui y va parfois de plus d'un billet... par semaine! *RealClimate* se paie aussi le luxe d'avoir régulièrement un «invité spécial», qui signe un billet dans son champ d'expertise.

118. Agence Science-Presse, «Le blogue, mon deuxième job», *Hebdo-Science* n⁰ 1406, *spécial Science! On blogue*, 25 octobre 2005.

«Il faut savoir que comme professeur, on a une liberté, acquiesce Mousseau. L'université ne va jamais dire: tu ne fais pas ça sur ton temps de travail.» On ne sait jamais à quoi peut aboutir une réflexion, un texte, une recherche... et avec les blogues, qui demeurent encore largement expérimentaux, on le sait encore moins!

Pour trouver ces sujets, Robert Lamontagne a développé un truc: «Au bureau, je reçois beaucoup de communiqués de presse; je les imprime et ça me fournit le point de départ, à partir duquel je vais expliquer le contexte. Mais ça ne s'explique pas en un ou deux paragraphes! Même si je donne mon opinion, il faut l'étayer.»

Et puis, «On a beau écrire pour des gens qui ne connaissent pas le sujet, on ne peut pas écrire n'importe quoi!» En fait, c'est faux de croire qu'ils ne connaissent pas le sujet: si on commet une erreur, il y a toujours un lecteur qui va s'en apercevoir! Et ça, c'est encore plus vrai en astronomie, où un grand nombre de gens ont déjà un bagage de connaissances (quoique pas toujours justes, comme notre expert en vie extraterrestre peut en témoigner!).

Pour un scientifique francophone, il y a un plaisir supplémentaire à bloguer, inattendu celui-là: pouvoir écrire... en français! Pour des chercheurs en physique, en astronomie ou en génétique en effet, les recherches sont généralement publiées en anglais, les conférences internationales sont toujours en anglais et même les demandes de subvention sont en anglais! «Le plaisir d'écrire en français, c'est énorme», souligne Mousseau.

Et même si «écrire, c'est pénible», ces scientifiques découvrent ce que des générations d'écrivains et de journalistes ont découvert avant eux: le plaisir de voir ses pensées prendre forme. «À un moment donné, raconte Robert Lamontagne, le texte prend sa propre personnalité. Il s'en va dans une direction que je n'avais pas prévue. C'est amusant».

Première année d'activité
octobre 2005-octobre 2006

Nombre de billets rédigés par les scientifiques: plus de 300

Faut-il une écriture Internet?

Faut-il un style d'écriture particulier parce qu'on écrit dans Internet? Pas vraiment. Contrairement à la croyance populaire, il n'existe pas une «écriture Internet». Les journalistes du site de Radio-France écrivent dans un style *Radio-France*, les journalistes du *Monde diplomatique* rédigent les mêmes très longs articles auxquels leurs lecteurs sont habitués. Quant aux auteurs de manuels pratiques ou de sites Web destinés aux écoliers, bien qu'ils expérimentent des *mises en page* différentes des manuels imprimés, ils n'ont pas encore démontré l'existence d'une «écriture Internet».

Par contre, les recettes de l'écriture journalistique ont du bon. Tous les auteurs de textes sur la «rédaction Internet» semblent y avoir puisé leur inspiration:

- **Privilégier la concision:** toute écriture efficace doit, par définition, être concise; c'est vrai des articles journalistiques, des publicités, des manuels scolaires, etc.; cela signifie des phrases courtes, des verbes pas trop éloignés du sujet, des paragraphes courts... et évitez les digressions!

- **Éliminer le jargon technique ou administratif:** recommandation de base pour quiconque souhaite être lu, spécialement s'il vulgarise la science!

- **S'inspirer du style journalistique:** utiliser la forme active plutôt que passive (*M. Dupont conduisait l'automobile* plutôt que *L'automobile était conduite par M. Dupont*), s'en tenir au concept de base *un paragraphe = une idée*, et chaque fois que possible, emprunter aux journalistes leur technique dite de la *pyramide inversée*: c'est celle qui consiste à mettre l'information essentielle dans les premiers paragraphes, et les informations moins indispensables (mises en contexte, descriptions, etc.) dans les paragraphes subséquents.

Mais serait-il possible que les blogues, eux, développent une forme d'écriture différente du reste d'Internet? Après tout, le blogue a été pensé comme un journal personnel. On s'attend donc à ce que l'auteur nous parle comme à des amis, ou des connaissances: il se développerait en théorie une écriture de proximité, où les barrières traditionnelles entre l'auteur et le lecteur seraient abolies.

Vrai ou faux? Ça reste à voir. Le commerce électronique nous a déjà apporté quelques initiatives intelligentes dans ce sens. Pensez à ces mots que le libraire Amazon.com fait apparaître lors de chaque transaction: *les clients qui ont acheté ce livre ont également acheté...*

C'est une phrase autrement plus attirante que «Voyez nos nouveautés!» Amazon ne vous dit pas ce que son équipe recommande, il vous dit ce que des gens *comme vous* ont choisi.

«Une voix humaine est toujours rassurante», résume le consultant en marketing Nick Usborne dans son ouvrage *Net Words*. Outre Amazon, il cite *Motley Fool*, un site de conseil en investissements (y a-t-il quelque chose de plus ennuyeux?) dont la voix est «reconnaissable entre toutes». L'humour est aussi une excellente façon de susciter la sympathie du lecteur[119].

Mais ce sont là des recettes de rédaction plus faciles à appliquer dans la publicité, où une phrase-choc peut faire toute la différence, que dans l'univers de l'analyse, de la synthèse ou de la pédagogie.

Une chose est sûre: dès les années 1990, c'est une écriture dite «de proximité», tantôt qualifiée de «plus humaine», ou de «moins neutre», qui a permis à certains sites de se distinguer. Pour l'instant, les blogueurs américains qui se dégagent du lot ont en commun de se mettre au niveau de leurs lecteurs, d'oser donner leur opinion et, parfois, d'atteindre un habile dosage de sensibilité, d'humour et d'intelligence.

En attendant les études d'impact

En conclusion:

- Bien que le blogue soit avant tout question d'écriture, il ne faut à aucun prix négliger l'autopromotion; faites-vous connaître ailleurs sur Internet et profitez de toutes les opportunités de dialogues entre scientifiques et grand public pour vous faire connaître.

- Écrivez comme si vous parliez à votre tante qui ne connaît pas grand-chose à la science mais qui vous lira parce qu'elle vous aime bien.

---

119. Nick Usborne, *Net Words: Creating High-Impact Online Copy*. New York, McGraw-Hill, 2001. 224 p.: http://www.nickusborne.com/networds.htm

- Ancrez-vous dans l'actualité chaque fois que c'est possible; *RealClimate* n'aurait jamais eu le même succès en 1985, alors que personne ne se préoccupait du climat.

- Ne vous laissez pas effrayer par la technologie; la création d'un blogue ne nécessite *aucune* connaissance en informatique, on vous le jure!

- Ne vous laissez pas obnubiler par les statistiques d'achalandage; vous n'approcherez jamais celles de *Cyberpresse* ou de TF1, mais vous aurez peut-être des échanges plus stimulants que ce que laisseront croire les chiffres.

- Et enfin, écrivez, écrivez, écrivez; soit vous y découvrirez des plaisirs insoupçonnés, soit des gens vous diront qu'ils aiment bien votre façon de le dire. Et vous serez le premier surpris!

DEUXIÈME PARTIE

Science et blogues

Chapitre 6
Les blogues à l'école

*La civilisation de l'écrit découvre
non le déclin mais la concurrence.*
Laurent Joffrin, journaliste (1991)

Supposons donc que, dans un futur pas trop éloigné, les scientifiques prennent à leur tour la parole. Et supposons même qu'ils prennent aussi le contrôle de certains secteurs de cette conversation planétaire. Reste que, même dans ce scénario idéal, le discours scientifique ne deviendrait pas comme par magie un discours en tous points semblable aux autres. D'une part, une partie du discours scientifique est inévitablement composée d'échanges ultra-spécialisés, indispensables à son bon fonctionnement. D'autre part, il s'insère dans le programme scolaire, ce qui nécessite des stratégies différentes de la télé ou des magazines. Quel rôle le blogue peut-il jouer là-dedans?

Des profs déjà «mordus»

D'ores et déjà, les témoignages enthousiastes de professeurs de science qui utilisent Internet en général, et les blogues en particulier, sont nombreux.

De: Barbara Juzwiak Dieu, enseignante (Brésil)
Date: 1er octobre 2005
Titre: Les blogs, nouvel outil pour la classe

Le blogue est un instrument de gestion de contenu, un endroit qui nous permet de compiler, classifier et enregistrer de l'information, mais il est surtout un lieu où l'on peut s'engager dans la réflexion et dans des conversations sur des sujets divers. Il donne à l'individu la possibilité de s'exprimer sur le Web, ce qui lui permet de transformer et enrichir ce qu'il sait et par conséquent de se transformer lui-même et de se sentir capable d'influencer le monde dans lequel il vit. Un blogue devrait donc devenir un espace d'enseignement interactif, un lieu de dialogue personnel et collectif, un espace de liberté[1].

De : François Guité, enseignant (Québec)
Date : 21 février 2007
Titre : Les blogues scolaires et l'apprentissage,
**   dans *Relief***

En réponse à une élève qui le remerciait de l'utilité d'un billet dans lequel il résume des connaissances à mémoriser, Tommy (a) servi ce bijou : « *Je savais que ce serait utile pour tout le monde. Même pour moi... J'en ai appris plus en faisant cet article !* » Ce commentaire révèle toute la dynamique sociale de l'apprentissage, facilitée par l'utilisation d'un blogue.

D'abord, le commentaire de Tommy laisse entendre qu'il n'aurait pas fait l'exercice de résumer la matière sans cette possibilité de partager avec ses pairs... Le jugement des pairs est un puissant motivateur. Dans un cas comme dans l'autre, il y a un gain d'apprentissage.

Deuxièmement, la publication fait rayonner les apprentissages. La constatation la plus évidente porte sur la diffusion du savoir... Non seulement l'apport de la communauté renforce-t-il le choix de méthode de Tommy, mais il montre à ses pairs l'utilité de cette méthode.

Enfin, et principalement, un blogue scolaire conscientise l'élève à la nature sociale du savoir. Il ne s'agit pas seulement d'apprendre à valider ses idées auprès d'autrui, une habileté recherchée dans le travail d'équipe. Il permet surtout de reconnaître, inconsciemment du moins, que les savoirs ont une dimension sociale, ne serait-ce que par l'origine des concepts. Si le cerveau naît avec une ébauche de mécanismes cognitifs, les concepts sont acquis de l'environnement... Ainsi, toute nouvelle idée, quoique issue de la pensée individuelle, a une dette sociale. Éventuellement, cette conscientisation enracine l'apprentissage de la citoyenneté[2].

---

1. Entretien avec Barbara Juzwiak Dieu, « Les blogs, nouvel outil pour la classe », *Franc-Parler. La communauté mondiale des professeurs de français*, 1er octobre 2005 : http://www.francparler.org/articles/dieu2005.htm
2. François Guité, « Les blogues scolaires et l'apprentissage », *Relief*, 21 février 2007 : http://www.opossum.ca/guitef/archives/003572.html

De: **Mario Asselin, ex-enseignant (Québec)**
Date: 2005
Titre: Un outil puissant pour développer
 des compétences

Nous avons observé que les jeunes sont de friands utilisateurs d'environnements qui leur permettent d'interagir avec les autres. Ces espaces d'écriture favorisent une quantité impressionnante de publications où la conversation écrite devient possible par les commentaires. [...] Ce faisant, nous tentons de permettre à l'élève de mieux se connaître [...] à l'aide du réseau formé par le rayonnement des personnes qui contribuent à lui faire prendre conscience de ce qu'il publie[3].

Les différents usages

Reprenons point par point certains de ces arguments:

- **Le blogue, un instrument de gestion de contenu:** c'est la partie la plus facile. Le blogue peut remplacer les bonnes vieilles photocopies de notes de cours (et sauver du papier!). Il peut être le lieu où sont affichés les exercices pratiques, les références bibliographiques, les informations complémentaires au cours...

  Plusieurs universités offrent depuis des années des sites Web en accès réservé où les professeurs peuvent afficher une foule d'informations relatives à leur cours et où les étudiants peuvent déposer leurs travaux. À ces utilisateurs-là, les blogues ne font que rendre la tâche plus facile.

- **Le blogue, un lieu de discussion:** corollaire du point précédent; si on attire les étudiants en un lieu unique, il devient plus facile de les inciter à intervenir, commenter, dialoguer, entre eux ou avec les autres. Et ces «autres» peuvent être des élèves d'autres écoles et même d'autres pays.

  Sur *Science! On blogue*, notre plus jeune intervenante fut sans doute cette fillette de 11 ans qui s'adressait au blogueur en environnement. Elle s'inquiétait du sort de mineurs victimes d'un accident en Virginie et remettait en question l'exploitation des mines.

---

3. Mario Asselin, «Un outil puissant pour développer des compétences», *Mario tout de go*, 20 mai 2005: http://carnets.opossum.ca/mario/archives/2005/05/les_cyberportfo_1.html

De quelques années plus vieux étaient les élèves d'une classe de français, dont faisait partie la nièce de l'astronome Robert Lamontagne. Ceux-ci ont été invités à analyser un blogue... le nôtre! «Je sais qu'il y a des gens qui nous lisent!», a pu ainsi badiner l'astronome.

- **Le blogue, un espace d'écriture:** si on amène les jeunes à commenter ou à dialoguer, c'est qu'on les a obligés à écrire; le blogue du cours – ou tout autre blogue du cyberespace qui servirait dans un cours – peut du coup devenir un exercice de français, où la qualité de la langue et la qualité de l'argumentation peuvent être évaluées.

Pascal Lapointe l'a expérimenté: à l'hiver 2006, dans le cadre d'un cours intitulé «Rédaction Internet» à l'Université de Montréal, il a demandé à sa trentaine d'étudiants d'écrire un court commentaire lié à un des billets de n'importe laquelle des thématiques de *Science! On blogue*. La semaine suivante, ils devaient rédiger un second commentaire, plus long celui-là, sur un blogue francophone de leur choix.

Pour plusieurs, l'exercice était une première: sur cette trentaine d'étudiants du programme d'éducation des adultes, pourtant étudiants en *rédaction*, seulement deux avaient déjà écrit un texte dans un blogue. Il y a du chemin à faire!

Avec pour thématique la défense de l'environnement, le quotidien montréalais *La Presse* a également expérimenté à sa manière l'utilisation des blogues chez les jeunes: en mars 2007, il a lancé le concours *Défi ÇaPresse* (www.deficapresse.ca) par lequel, sur le site du même nom, plusieurs centaines de jeunes de 6 à 17 ans ont dû créer et entretenir un blogue pendant un mois. Plus de 2 000 textes, une centaine de «clips audio» et 37 vidéos ont été ainsi mis en ligne.

Les enfants qui ont 10 ans aujourd'hui sont encore moins intimidés que ces adolescents, et beaucoup moins que les adultes. À tel point qu'on devra tôt ou tard intégrer une introduction aux blogues dans la formation des professeurs de français ou d'anglais. Voyez par exemple, ce qu'offre déjà l'Université d'État de San Diego: «À la fin de cette session, vous devrez être capable d'expliquer ce qu'est le blogue et comment c'est fait; expliquer comment les blogues pourraient être intégrés dans vos cours; expérimenter le blogue en créant et entretenant votre propre blogue[4]».

Effectivement, ce sont là des compétences qui se devront d'être apprivoisées par l'enseignant. Sans quoi il sera complètement dépassé par ses élèves.

De: Robert Bibeau
Date: 2006
Titre: La vie avec les TIC, la vie après les TIC

Quel peut être le rôle de l'école dans cet apprentissage des TIC (technologies de l'information et de la communication) étant donné que la plupart des élèves, sinon tous, ont accès aux technologies à la maison, au centre de loisir, à la bibliothèque municipale ou ailleurs?

Le rôle de l'école est très grand. Les enfants l'admettent. À la maison, ils font un usage ludique du courriel, du clavardage, des forums, des jeux vidéos, du téléchargement de musique et des technologies numériques en général. Les TIC, c'est pour communiquer avec les amis et avoir du *fun*, déclarent-ils. À l'école, l'apprentissage des TIC et avec les TIC est plus organisé, structuré, systématique. «On se sent moins perdu, on a un but dans nos recherches sur Internet», déclarent les élèves. «Le professeur nous propose des critères pour décider de la pertinence et de la validité d'une information et une méthode de travail pour structurer notre recherche et pour la présenter sur le Web», énonce un autre élève. «Sans le professeur, je n'aurais jamais appris à utiliser le tableur pour organiser mes collections», affirme un troisième[5].

Références sur les nouvelles technologies en classe

Longtemps avant l'apparition du mot «blogue», plusieurs associations et organismes proposaient déjà des lectures, des exercices pratiques et des congrès permettant d'élargir les horizons à quiconque se sentait encore effrayé par le mot magique «Internet». Avec le temps, ces groupes et ces individus ont acquis une expérience incontournable.

---

4. http://edweb.sdsu.edu/Courses/EDTEC470/sections/F03-04/Activities_2.htm
5. Robert Bibeau, «La vie avec les TIC, la vie après les TIC», *Revue électronique de l'EPI* (Association Enseignement Public et informatique), 2006: http://www.epi. asso.fr/revue/articles/a0610a.htm Cet article vaut tout particulièrement d'être lu pour la description qu'il fait du concept des «cyberportefolios», genre de blogues avant la lettre, et ses liens vers les expériences de cyberportefolios qui ont été amorcées il y a des années déjà.

- EducNet: site du ministère français de l'Éducation nationale, il propose depuis plus d'une décennie des dossiers, des guides, des ressources Internet, et il est devenu assez vaste pour abriter des sous-sites consacrés à chaque discipline (arts plastiques, maths, histoire, etc.), tous dotés de leurs propres bulletins, dossiers, voire forums de discussion (www.educnet.education.fr).

- AQUOPS: pour tout professeur du primaire ou du secondaire du Québec désireux de, se mettre à jour sur au moins une nouvelle technologie, le congrès annuel de l'Association québécoise des utilisateurs de l'ordinateur au primaire-secondaire (www.aquops. qc.ca/), est «le» rendez-vous. Loin d'être une réunion de *nerds*, c'est un habile mélange de formations purement pratiques et de forums de réflexion sur les enjeux d'aujourd'hui et de demain.

- Le bulletin *Clic*. Destiné aux professeurs et au personnel scolaire, il contient chaque mois des articles sur l'utilisation des nouvelles technologies en classe. http://clic.ntic.org/

- RECIT: davantage une toile d'araignée de personnes-ressources québécoises qu'une association formelle, ce «réseau pour le développement des compétences» s'insère dans la politique et la réforme scolaires en proposant ou appuyant des projets d'intégration des technologies en classe. Il existe une sous-section dévolue aux *Maths, science et technologie* (Recit MST: http://recitmst.qc.ca/).

- En anglais: *The Infinite Thinking Machine*, un blogue pour les enseignants créé par Google pour échanger les idées. http://www.infinitethinking.org/

- Le blogue *Relief* de François Guité: bien que son auteur, un prof du primaire, parle de bien d'autres choses que d'enseignement, beaucoup de ces billets figurent parmi les plus approfondis et les plus complets de tous ceux parus dans la blogosphère enseignante francophone (www.opossum.ca/guitef/).

- *Mario tout de go:* Mario Asselin s'est fait connaître dans le milieu des utilisateurs de technologies à l'école comme directeur de l'Institut Saint-Joseph, alors que celui-ci expérimentait les «cyberportefolios», genre de blogues avant la lettre. Il travaille à présent pour une firme de multimédia spécialisée en éducation,

Opossum, et demeure un des blogueurs les mieux informés sur ce qui se brasse dans le monde de l'enseignement (http://carnets.opossum.ca/mario/).

- Clément Laberge : véritable homme-orchestre, on l'a successivement retrouvé, depuis le milieu des années 1990, derrière le site pionnier en éducation que fut *Les Chroniques de l'Infobourg*, parmi les fondateurs du premier blogue québécois (*Psst…*), dans le monde de l'édition et du multimédia (y compris à Opossum). Il est le blogueur derrière *Remolino*, autre blogue riche en réflexions et suggestions de lectures sur les liens qui se développent (trop lentement à son goût) entre technologies et enseignement, de même que sur ce qui devrait être l'enseignant idéal dans la cité idéale (http://carnets.opossum.ca/remolino/).

De : **Mario Asselin, enseignant**
Date : **3 avril 2007**
Titre : **Conférence au congrès de l'AQUOPS,**
   dans *Mario tout de go*

Vous (le prof) êtes un immigrant dans ce merveilleux monde des nouvelles technologies… Nous sommes tous des immigrants ayant un accent qui enseignons à des natifs et il faut voir que nos manières les font bien rigoler… Ont-ils tort ? Ce qui me fascinait le plus dans la dernière école où j'étais directeur au début des années 2000, était la réaction des parents qui venaient avec leurs tout-petits et qui avaient eux-mêmes été élèves dans cette école. «Wow… que c'est plaisant… RIEN n'a changé… TOUT est comme avant…» Quelle déception ils m'infligeaient. Quelle détresse m'envahissait ! Vous imaginez le conflit de valeur qui se posait déjà ? Le parent tout content que rien n'ait changé et moi, dévasté par le fait que ça voulait dire qu'ils s'attendaient à ce qu'on fasse apprendre à son enfant dans un environnement semblable, vingt/vingt-cinq ans après qu'il soit passé, à celui dans lequel il avait vécu. Est-ce qu'on serait rassuré de se faire soigner par un médecin qui aurait recours aux mêmes équipements et aux mêmes pratiques que voilà vingt/vingt-cinq ans ?[6]

---

6. Mario Asselin, «Je ne suis pas tombé dedans quand j'étais petit, et pourtant…», *Mario tout de go*, 3 avril 2007 : http://carnets.opossum.ca/mario/archives/2007/04/je_ne_suis_pas_2.html

De: **Clément Laberge**
Date: **5 août 2006**
Titre: **Croire dans l'éducation, dans** *Remolino*

Il faut surtout remettre en cause notre conception *pittoresque* de «l'éducateur solitaire» – celui qui enseigne seul devant son groupe d'élève – et (re)bâtir une conception de l'éducation comme une responsabilité véritablement collective, où l'enseignant joue un rôle essentiel au sein d'un vaste ensemble d'intervenants, dans et hors de l'école.

Être éducateur aujourd'hui, être prof, être pédagogue, est-ce que ça ne devrait pas d'abord et avant tout être un leader – celui qui prend les devants – être celui ou celle qui coordonne le déploiement de toutes les ressources que la société choisit de mettre à la disposition des enfants pour apprendre à vivre en société? Être celui qui accompagne, celui qui trace le parcours par lequel un petit humain devient un adulte? Être prof, n'est-ce pas avant tout être en mesure de mettre en contact, au moment opportun, ceux qui savent et ceux qui veulent ou ont besoin d'apprendre?

Pas facile tout ça. Impossible, sans doute, dans le contexte actuel. Mais est-ce une raison suffisante pour ne pas y croire? Pour ne pas l'espérer? Pour ne pas travailler à faire en sorte que cela puisse se réaliser?[7]

Applications pratiques du blogue

Dans une intéressante synthèse publiée en 2006, le bulletin *Clic* divise les applications pratiques du blogue en deux groupes, qui ne sont pas mutuellement exclusifs: les blogues pour le professeur et les blogues pour la classe.

Le blogue pour le prof

- Il peut être, tel que mentionné plus haut, un complément ou un remplaçant des notes de cours photocopiées.
- Il peut proposer des ressources pédagogiques: un parcours Internet, des tâches d'écriture, etc.
- Il peut servir à réfléchir sur sa pratique professionnelle et ainsi faire profiter les collègues, en commentant un article de didactique, en décrivant ce qui fonctionne ou ne fonctionne pas dans la classe, etc. «L'intérêt du blogue dans ce contexte est qu'il vous

---

7. Clément Laberge, «Croire dans l'éducation», *Remolino*, 5 août 2006: http://carnets.opossum.ca/remolino/archives/2006/08/croire_dans_led.html

permet de bénéficier de l'éclairage de collègues qui s'intéressent à des sujets semblables et qui pourront alimenter vos réflexions par des commentaires ou par des écrits complémentaires. Il constitue également un moyen efficace pour créer un réseau de connaissances[8].» *Mario tout de go* et *Remolino* sont, au moment d'écrire ces lignes, les modèles du genre.

• Il peut servir à suivre un travail de recherche ou gérer un projet : c'est que grâce au classement chronologique des billets, le blogue permet de suivre les différentes étapes d'un projet et de le faire évaluer par ses collègues, ou ses élèves, au fur et à mesure ; *Remolino*, de Clément Laberge, devait à l'origine être un livre ; l'auteur en a fait un «carnet pour noter des idées, souvent en vrac, une base de données pour les organiser quand c'est possible, du Temps perdu virtuel pour en discuter et un lieu de première publication![9]».

Le blogue pour la classe

• *Pour construire un projet pédagogique :* chaque élève peut apporter sa pierre à un édifice plus vaste, qu'il s'agisse d'un travail d'écriture, de recherche ou de conception multimédia ; chacun doit intervenir, proposer des ajouts ou commenter ceux des autres ; cela crée une dynamique de groupe qui peut s'étendre sur des semaines, voire une partie de l'année ; le blogue permet à chacun de voir à tout moment où en est l'avancement du projet.

Un étage plus haut : le projet pédagogique peut englober toute l'école, comme ce fut le cas chez le pionnier du genre, depuis septembre 2003, l'école primaire *Institut Saint-Joseph* de Québec (http://cyberportfolio.st-joseph.qc.ca/) ou, plus récemment, le *Centre d'apprentissage du Haut-Madawaska*, Nouveau-Brunswick (http://cahm.elg.ca/portfolios/misajour.php). En gros, chaque élève et chaque membre du personnel sont dotés de leur propre carnet «cyberportefolio», qui devient une partie de la démarche éducative : l'enfant doit prendre des responsabilités (dois-je publier

---

8. Brigitte Vandal, «Blogues et éducation – Tour d'horizon», *Clic*, avril 2006 : http://www.clic.ntic.org/clic61/blogues_education.html

9. Clément Laberge, «Pourquoi faire ce site ?», *Remolino*, 9 octobre 2002 : http://carnets.opossum.ca/remolino/archives/2002/10/pourquoi_faire.html

ou non?), peut évaluer ses progrès en français et développer un sentiment d'appartenance à cette «communauté»[10].

- *Pour faire leurs devoirs :* le blogue peut devenir un cahier virtuel où chacun intègre ses comptes-rendus de lectures, donne son avis sur une question traitée en classe ou un fait d'actualité, décrit sa recherche Internet ou documentaire.

- *Pour communiquer avec les étudiants :* «par exemple, pour mettre en évidence des problèmes spécifiques apparus en classe et en discuter avec eux, réfléchir sur le déroulement des cours, poursuivre les discussions entamées en classe ou répondre à des questions demeurées en suspens.» Le prof peut aussi avoir ses périodes de «disponibilités»... en ligne[11]!

  Cet outil peut, parallèlement, permettre aux étudiants de communiquer entre eux. Dans ce dernier cas, de toute façon, si vous ne le faites pas, dans un futur rapproché, ils le feront eux-mêmes : à l'automne 2005, des étudiants en journalisme ont créé leur propre blogue collectif[12].

- *Pour communiquer avec l'extérieur.* Pourquoi, par exemple, ne pas préparer, pour une journée ou une semaine déterminée à l'avance, un échange avec un scientifique? Que ce soit en direct (pendant une heure, par exemple) ou en différé (pendant plusieurs semaines), plusieurs seraient ravis, et déjà, *Science! On blogue* a été le théâtre d'une telle expérience : en novembre 2005, la physicienne Sophie Lapointe, bien installée devant son ordinateur à Montréal, a répondu pendant deux heures aux étudiants du cégep de Chicoutimi, installés à des centaines de kilomètres de là devant les terminaux d'une salle commune, dans le cadre du Festival local de la physique.

---

10. On trouvera aussi une liste de «projets cyberportefolio» dressée par Robert Bibeau à : http://www.robertbibeau.ca/portfolio.html#5
11. Brigitte Vandal, *op. cit.*
12. http://journalisme2005.fr-bb.com/

CHAPITRE 7

Le blogue dans la recherche scientifique

Rien ne vaut mieux qu'une carrière de chercheur,
puisqu'on fait à tout moment ce qu'on aime,
ce qu'on préfère à tout, ce qui vous paraît le plus important.

Jean Rostand, biologiste, interviewé par Fernand Seguin,
Le Sel de la semaine (1968)

Au-delà d'une poignée d'experts, personne n'est intéressé à débattre de génomique fonctionnelle, de chimie analytique ou de cytométrie (surtout quand on ne sait même pas ce que le mot veut dire!).

Mais même si on fait partie de la poignée d'experts en cytométrie, encore faut-il pouvoir être rejoint par les autres experts. C'est là que l'expression *Publier ou périr* prend tout son sens. Et c'est là que les blogues peuvent jouer un rôle. Là que, en fait, ils ont déjà commencé à jouer un rôle.

Le mythe de la tour d'ivoire

Un scientifique qui travaille tout seul sans jamais interagir avec ses collègues n'a aucune valeur. Oubliez le mythe, popularisé par la science-fiction, du savant qui crée une fusée dans son garage ou qui invente un médicament-miracle qu'une vilaine multinationale s'acharne à faire disparaître: cela n'existe que dans l'imaginaire des écrivains. Il faut au contraire publier pour faire avancer la connaissance.

Peu importe que cette publication se fasse dans une prestigieuse revue internationale comme *Nature* ou une obscure revue d'association lue par moins de 100 personnes: il faut publier, parce qu'une publication signifie des lecteurs et ceux-ci, aussi peu nombreux soient-ils, peuvent commenter, critiquer, voire tenter de reproduire les résultats.

Commenter, critiquer... Eh bien, voilà déjà une conversation. Très limitée, on est d'accord, mais tout de même suffisante pour faire progresser la connaissance.

Trop limitée, toutefois, ont commencé à s'inquiéter des scientifiques dans les années 1980 et 1990:

– Dans les sciences de la vie, avec l'explosion de la génétique, la science s'est rapidement divisée en quantité de sous-spécialités qui ont de moins en moins de temps pour se parler.

– Le nombre de revues a augmenté encore plus vite, limitant le nombre de gens qui ont le temps de tout lire.

– Et les coûts d'abonnements à ces revues ont grimpé encore plus vite, limitant le nombre de bibliothèques qui ont les moyens de se les payer!

De là est né le mouvement réclamant un accès gratuit aux recherches scientifiques. Autrement dit, réclamant que les revues scientifiques comme *Nature*, deviennent gratuites.

L'information scientifique veut être libre

Une des premières étapes, dont on ne mesurait pas à l'époque toutes les conséquences – en fait, on ne commence qu'à peine à en mesurer les conséquences – fut ArXiv: en 1991, Paul Ginsparg, physicien à l'Université Cornell, créait ce *serveur de pré-publication* (www.arxiv. org). En termes clairs, c'est un lieu virtuel où les chercheurs en physique et en mathématiques peuvent déposer leurs recherches aussitôt terminées. Une façon pour eux de s'assurer un droit d'auteur en attendant le moment où ces recherches seront officiellement publiées, et aussi une façon de rassembler en un même lieu des recherches provenant de secteurs d'activités si pointus qu'ils sont normalement éparpillés dans des centaines de revues.

Dans l'univers francophone, deux chercheurs avaient à la même époque créé les premières revues électroniques gratuites en français, *Psycoloquy* (Steven Harnad, de l'Université du Québec à Montréal) et *Surfaces* (Jean-Claude Guédon, Université de Montréal).

Ainsi, bien avant l'arrivée des blogues, des scientifiques avaient, sans s'en douter, préparé le terrain. La clé de la boîte de Pandore, c'était leur lutte pour un accès gratuit aux données scientifiques.

Une partie de la science est financée par les contribuables, ont-ils rappelé. Pourquoi donc faire payer ceux-ci une deuxième fois, par l'intermédiaire de leurs bibliothèques publiques qui doivent s'abonner à de coûteuses revues[13]?

Avec l'explosion d'Internet, les éditeurs scientifiques ont commencé à s'inquiéter: leurs revues vivent des abonnements et de la publicité; pourront-elles conserver des abonnés et des annonceurs si on les oblige à tout rendre gratuit sur Internet?

Sauf que plus le temps passe, et plus la position des éditeurs devient fragile:

– Une coalition appelée *Public Library of Science* (PLOS) est née d'une pétition, en 2001, appelant au boycott des revues qui refuseraient de rendre accessibles leurs recherches. En quelques semaines, cette pétition avait rassemblé plus de 12 000 signatures[14]. En 2003, cette même coalition accouchait d'une première revue, le mensuel *PLOS-Biology*, qui a rapidement acquis une réputation enviable[15].

– En octobre 2003, une autre coalition déposait la *Déclaration de Berlin*, par laquelle des responsables d'universités et de centres de recherche, surtout européens (dont, en France, les directeurs du CNRS et de l'Institut Pasteur) s'engagent à développer le «libre accès à l'information scientifique»[16].

---

13. Agence Science-Presse, «Le marché biaisé des revues savantes», 23 septembre 2002: http://www.sciencepresse.qc.ca/archives/2002/cap2309022.html

14. Agence Science-Presse, «L'information (scientifique) veut être libre (suite)», 5 avril 2001: http://www.sciencepresse.qc.ca/archives/2000/cap0204018.html

15. Agence Science-Presse, «Information scientifique gratuite: dernières nouvelles du front», 8 septembre 2003: http://www.sciencepresse.qc.ca/archives/2003/cap0809032.html

16. Déclaration de Berlin sur le libre accès à l'information scientifique et technique, octobre 2003: http://www.inist.fr/openaccess/article.php3?id_article=38 Voir aussi Isabelle Burgun, «Libérer l'accès à la recherche», Agence Science-Presse, 18 mai 2006: http://www.sciencepresse.qc.ca/archives/quebec/capque0506g.html

– En 2003 et 2004, deux des plus importants fonds subventionnaires du monde, le britannique Wellcome Trust[17] et l'américain National Institutes of Health (NIH), ont annoncé leur appui au libre accès. En mai 2005, le NIH a proposé que toute recherche financée par lui devra être déposée dans la base de données publique PubMed dans les six mois suivant sa publication[18]. La transition prit toutefois plus de temps que prévu[19] et en juillet 2007, la Chambre des représentants déposa un projet de loi qui pourrait rendre obligatoire l'accès public à toute recherche financée par les NIH.

De: Mario Tessier
Date: 6 juin 2006
Titre: Bibliothèques du futur, *Science! On blogue...*
**   *de culture***

Une étude publiée récemment dans les archives gratuites du *Public Library of Science* suggère que les articles provenant des sites en accès public sont cités plus fréquemment que les articles publiés dans les revues commerciales.

Ces résultats, qui ne m'étonnent pas le moins du monde comme bibliothécaire, tendent à montrer que l'information libre et facile d'accès sur Internet ne peut être que privilégiée par la majorité des usagers face à une littérature scientifique enfouie dans des revues papier, accessibles seulement dans quelques bibliothèques. Même quand ces périodiques sont disponibles en ligne, les abonnements demeurent souvent coûteux.

Il est à souhaiter que les scientifiques adoptent ce nouveau paradigme de l'édition spécialisée. En effet, le Net permet de démocratiser l'information et d'accélérer la circulation des idées scientifiques. Depuis plusieurs années

---

17. Agence Science-Presse, «Information scientifique gratuite: un (autre) grand bond en avant», 6 janvier 2005: http://www.sciencepresse.qc.ca/archives/2005/ cap0301056.html

18. Pascal Lapointe, «L'information scientifique veut être libre», Agence Science-Presse, 20 février 2005: http://www.sciencepresse.qc.ca/archives/2005/ cap2102054.html

19. En janvier 2006, seulement 3,8% des recherches publiées depuis mai 2005 avaient été déposées chez PubMed, se plaignait la Fédération des scientifiques américains: Michael Stebbins *et al.*, «Public Access Failure at PubMed», *Science*, 7 juillet 2006, p. 43. En français, on trouve une chronologie de la lutte pour l'accès libre (jusqu'en janvier 2006), ainsi qu'une liste de revues et de projets nationaux et internationaux, grâce à Hélène Bosc, «La communication scientifique revue et corrigée par Internet»: http://www.tours.inra.fr/prc/internet/ documentation/communication_scientifique/comsci.htm. Il existe également un blogue d'actualité sur l'accès libre: http://www.lnist.fr/openaccess

déjà, des sites d'archives publiques, tels que le dépôt de prépublications électroniques en ligne du Los Alamos National Laboratory. De telles initiatives ne bénéficient pas seulement aux scientifiques mais aussi au grand public. Moyennant l'effort de se mettre à ce niveau, le quidam moyen peut prendre connaissance des dernières avancées de la science et voir, par la même occasion, à quoi servent ses impôts puisque, ne l'oublions pas, une bonne part de la recherche scientifique s'effectue grâce aux deniers publics[20].

Ce qu'écrit Mario Tessier relève du gros bon sens: la gratuité ne peut qu'élargir le nombre de lecteurs pour chaque recherche; mieux, cela permet d'aller chercher des lecteurs au-delà du premier cercle d'experts. Qui sait, un généticien pourrait se mettre à lire un article sur la cytométrie, pour lequel il ne se serait pas donné la peine de payer auparavant. Et peut-être y ajoutera-t-il même son grain de sel – apportant du coup un regard différent de celui posé par les biologistes cellulaires (la cytométrie, c'est eux!).

Et si les blogues constituaient l'étape suivante? Si le salut de la recherche scientifique était là? Dans un éditorial publié en décembre 2005, la prestigieuse revue britannique *Nature* lançait la boutade suivante:

> Et si le mantra d'avenir de la recherche scientifique n'était plus *Publier ou périr* mais: *Télécharger et partager ses données brutes, et avoir un facteur d'impact élevé avec son blogue – ou périr.*

Une boutade, mais qui n'empêchait pas *Nature* de s'étonner, en éditorial et dans un dossier en pages intérieures, que si peu de scientifiques aient encore expérimenté ces nouveaux outils, du blogue au wiki en passant par la baladodiffusion. Ne sommes-nous pas en train de manquer le bateau, alors que le monde se transforme tout autour de nous[21]?

On n'en est certes pas à envisager pour la cytométrie une conversation planétaire. Mais dans certaines disciplines, plus précisément celles qui font appel à des regards de divers horizons comme la

---

20. Mario Tessier, «Bibliothèques du futur», *Science! On blogue... de culture*, 6 juin 2006: http://blogue.sciencepresse.info/culture/item/266
21. L'éditorial: Nature, «Let Data Speak to Data», *Nature*, 1 décembre 2005, p. 531. Le dossier: Declan Butler, «Science in the Web Age: Joint efforts», *Nature*, 1er décembre 2005, p. 548-549: http://www.nature.com/news/2005/051128/full/438548a.html

bioinformatique et la physique des hautes énergies, des impacts commencent bel et bien à se faire sentir.

Premier niveau: les experts commentent les experts

L'année 2005 a ainsi vu l'apparition d'une expérience dans la région du cyberespace la plus pointue qui soit: ArXiv, ce serveur d'archivage électronique.

Bien des choses s'étaient passées depuis sa création en 1991. L'univers des physiciens s'était adapté à cette «prépublication»: l'information circulait plus vite et elle était plus facile à trouver.

L'étape suivante serait-elle de faciliter les débats entre chercheurs? La chose a été plusieurs fois proposée à partir du milieu des années 1990, lorsqu'on a vu se multiplier les outils rendant l'usage d'Internet plus convivial. Les résistances ont commencé à tomber après 2002, avec la multiplication des blogues. En août 2005, ArXiv annonçait qu'elle intégrait cet outil informatique appelé *trackback* (rétrolien). Ce jour-là, ArXiv a fait son entrée dans la blogosphère.

Petit rappel. Affiché au bas d'un article, le rétrolien ajoute automatiquement un hyperlien vers quiconque a parlé de cet article (pour peu qu'il en ait avisé le rétrolien en cliquant sur le bouton approprié). Résultat: le chercheur sait qui a commenté sa recherche – en bien ou en mal! – et un débat peut s'engager dans les heures qui suivent... plutôt que six mois plus tard!

Pour éviter que le débat ne soit pollué par des *trolls* ou des hurluberlus, il est possible de filtrer les rétroliens, de la même façon que l'obligation de s'inscrire limitait déjà l'accès à ceux qui publient leur recherche sur ArXiv.

En 2006, ArXiv a obtenu son premier succès médiatique: Grisha Perelman, ce mystérieux mathématicien russe aux allures d'ermite, qui a résolu la conjecture de Poincaré, avait mis en ligne ses résultats en 2003, sur ArXiv. C'est là que ces résultats ont pu être analysés et commentés par ses pairs – qui ont pu confirmer, trois ans plus tard, que Perelman avait bel et bien résolu cette énigme vieille d'un siècle. L'exploit lui a valu l'une des Médailles Fields – en mathématiques, c'est l'équivalent du Nobel – une récompense que Perelman a refusée.

Deuxième niveau: plus d'experts parlent à plus d'experts

Certains scientifiques n'avaient de toute façon pas attendu pour mener leurs propres expériences, dans l'espoir d'améliorer le processus de révision par les pairs.

Autre petit rappel. La révision par les pairs (*peer-review*) est la forme de dialogue la plus pointue dans notre société. Mais c'est aussi le socle qui garantit sa rigueur à la recherche. Parmi les dizaines de milliers de revues scientifiques, il en est un certain nombre qui ne publient que les recherches relues par un «comité de révision par les pairs», autrement dit des experts capables d'évaluer la justesse des données ou de la méthodologie.

Ce processus offre une garantie de qualité aux lecteurs. Mais il se heurte à deux limites:

– *le temps:* il peut s'écouler de six mois à un an entre le moment où une recherche est soumise à *Nature* ou *Science* et celui où elle est publiée.

– *l'étroitesse de l'échange:* ce comité de révision peut dire où vous avez erré et ainsi, fournir de nouvelles pistes, mais sa décision est sans appel; d'autres experts auraient certainement pu, eux aussi, ajouter leur grain de sel, enrichir la réflexion, voire fournir l'inspiration nécessaire pour redémarrer.

Pour ces deux raisons, le système de *peer-review*, toujours apprécié mais de toute évidence imparfait, fait l'objet d'un débat continu[22].

Au tournant des années 2000, de nouvelles publications ont commencé à expérimenter sur Internet ce qu'on a appelé une *révision par les pairs ouverte* (*open peer review*). Un genre de forum auquel sont conviés les abonnés de la revue, ainsi qu'un petit nombre d'experts, sous supervision. Chez *Electronic Transactions on Artificial Intelligence* dès 2001 par exemple, ou chez *Atmospherics Chemistry and Physics* depuis 2005, un article soumis pour publication est d'abord filtré par un représentant de la revue, puis

---

22. Voir entre autres ce débat en ligne: http://www.nature.com/nature/peerre-view/debate/index.html. Visité le 11 septembre 2007.

rapidement mis en ligne, où les lecteurs sont conviés à en discuter. Les auteurs peuvent tenir compte de ces commentaires avant de soumettre à nouveau leur article à la revue.

Interrogé par le journaliste de l'Agence Science-Presse, Luc Dupont, en 2002, un informaticien américain y voyait une occasion en or de raffiner sa présentation et même de corriger ses erreurs. «Mieux vaut voir critiquer son travail, à un stade où il est encore possible de modifier des choses, que de le voir refuser sans appel[23].»

De: Tom DeCoursey
Date: 2006
Titre: The Pros and Cons of Open Peer Review,
dans *Nature*

Dépendamment du type de révision utilisé par les pairs, il est clairement nécessaire d'avoir un éditeur pour arbitrer les échanges et porter la responsabilité de la décision finale. Les réviseurs peuvent donner leur opinion d'experts, qui peut être honnête, biaisée par l'émotion ou même une tentative non dissimulée d'empêcher la publication du manuscrit. Les auteurs peuvent réfuter ces arguments. Mais ce sont les éditeurs qui doivent déterminer si les réviseurs ont de nobles motifs[24].

La revue *Nature* se risquait à son tour à mener cette expérience en juin 2006, tout en prévenant ses lecteurs: il s'agit d'une voie parallèle au processus de révision par les pairs; «tout changement deviendrait complémentaire à notre processus actuel, il ne le remplacerait pas». Par ailleurs, aucun chercheur ne sera obligé: seuls ceux qui le souhaitent verront leurs articles mis en ligne sur un site Web ouvert à tous les abonnés[25].

Franchissant un pas de plus, le navire-amiral de l'accès gratuit à la recherche, *Public Library of Science* (PLoS) a lancé en janvier 2007, *PLoS ONE*: les articles proposés sont d'abord filtrés par un membre du comité de rédaction, avant d'être mis en ligne, là où la révision par les pairs se fera par les commentaires des visiteurs

23. Iliano Cervesato, cité par Luc Dupont, «Des revues plus ouvertes?», Agence Science-Presse, 1er avril 2002: http://www.sciencepresse.qc.ca/archives/2002/cap0104022.html
24. Tom DeCoursey, «The Pros and Cons of Open Peer Review», *Nature*, 2006: http://www.nature.com/nature/peerreview/debate/nature04991.html
25. Éditorial, «Peer Review on Trial», *Nature*, 8 juin 2006, p. 668.

(www.plosone.org). Et franchissant encore un autre pas, *PLoS One* a embauché en mai 2007 un «gestionnaire de contenu en ligne», dont la tâche est de «motiver» les visiteurs à commenter les articles. Ce gestionnaire, l'étudiant au doctorat en biologie Bora Zivkovic, était déjà, lui-même, un blogueur prolifique (scienceblogs.com/clock/about.php).

De: **Clifford Johnson**
Date: **23 juillet 2005**
Titre: **The Blog as a Sharp Tool for Research, dans *Cosmic Variance***

[ArXiv] a indéniablement contribué au développement rapide de ce secteur [la physique] au milieu des années 1990. Il l'a aussi démocratisé en permettant à des articles sérieux des grandes institutions traditionnelles d'être affichés à l'écran à côté des articles rigoureux d'institutions plus petites et moins connues, souvent quelques minutes ou quelques heures après avoir été complétés.

Imaginez que nous puissions faire de même avec les discussions. Comment un blogue pourrait-il aider? Bien sûr, nous pourrions d'abord avoir un blogue comme celui-ci avec des tas de sujets où les gens viennent, commentent et lancent des idées [...] Mais je crois que nous pouvons faire mieux...

Si vous êtes un chercheur ou un groupe qui veut être un participant à part entière, vous vous inscrivez dans le Système. Le Système bâtit alors au hasard un horaire qui détermine quel groupe [d'où que ce soit dans le monde] sera l'hôte du blogue. En tant qu'hôte, ces gens choisissent les sujets de discussion et publient des billets là-dessus. Tout le monde peut lire et commenter, comme partout ailleurs. Après un temps déterminé à l'avance, c'est au tour du groupe suivant, lui aussi choisi au hasard, de prendre le bâton. Et ainsi de suite[26].

Troisième niveau: la blogosphère pointe le bout de son nez

Avec les rétroliens d'ArXiv et ce processus de révision plus ouvert, on passe à une dimension supérieure: c'est potentiellement toute la blogosphère qui glisse son orteil dans l'édition scientifique.

Bien sûr, seuls des experts y verront un intérêt. Et pourtant, les expériences menées par ces revues pourraient être ni plus ni moins

---

26. Clifford Johnson, «The Blog as a Sharp Tool for Research», *Cosmic Variance*, 23 juillet 2005: http://cosmicvariance.com/2005/07/23/the-blog-as-a-sharp-tool-for-research

que des blogues : un texte, des commentaires ; un texte, des commentaires ; la clientèle a beau être très ciblée, l'objectif – le dialogue élargi – n'en est pas moins le même qu'avec un blogue.

C'est ce que suggérait *RealClimate* en 2005, en fêtant son premier anniversaire.

De: **L'équipe de *RealClimate***
Date: 28 décembre 2005
Titre: One Year On...

Il existe certainement beaucoup d'autres possibilités. Pourquoi pas un journal d'association, électronique seulement, «force de réaction rapide» qui permettrait que des commentaires et des répliques à une étude controversée soient publiés au bout de quelques semaines, plutôt que les mois ou les années auxquels nous avons droit en ce moment? Pourquoi ne pas sérieusement tenter de créer un système facile de citations de données, de manière à ce que les générateurs de données puissent obtenir la reconnaissance qu'ils méritent, tant que ces données peuvent encore apporter une contribution, plutôt que de se perdre sur des systèmes d'entreposage informatique obsolètes? Pourquoi pas des blogues spécifiques à une sous-spécialité, pour améliorer la communication dans la communauté scientifique elle-même? Ces idées et d'autres encore ont besoin d'appuis et d'enthousiasme pour décoller, mais notre expérience à *RealClimate* démontre que cela peut être fait, et même, que cela peut être fait très facilement[27].

OpenWetWare est une de ces expériences rêvées par *RealClimate*. Il est possible qu'aucun des lecteurs de ce livre n'y mette jamais les pieds, mais ce wiki spécialisé en génie biologique, en facilitant l'échange d'informations, a déjà changé la vie de chercheurs de près de 110 laboratoires dans 60 universités qui en sont devenus des contributeurs autorisés[28].

De: **OpenWetWare**
Date: 2007
Titre: Pourquoi se joindre à OpenWetWare?

Pourquoi ne pas plutôt lancer votre propre wiki? [Parce que] premièrement, les wikis fonctionnent lorsque le nombre d'utilisateurs enthousiastes atteint

---

27. *RealClimate*, «One Year on...» dans *RealClimate*, 28 décembre 2005: http://www.realclimate.org/index.php/archives/2005/12/one-year-on/
28. Les chiffres sont ceux de septembre 2007. Le site est à: http://openwetware.org/wiki

une masse critique... Deuxièmement, les sections de ressources partagées ont le potentiel d'être de meilleure qualité que dans tout laboratoire travaillant isolément... Troisièmement, les wikis nécessitent des utilisateurs plus avancés, qui améliorent non seulement le contenu, mais aussi le contenant et le fonctionnement général. À l'heure actuelle, nous avons quelques personnes qui accomplissent cette tâche... Toutefois, elles ne sont pas assez nombreuses pour faire tout le travail qui mériterait d'être fait. Lancer soi-même un wiki dans un laboratoire nécessiterait l'aide de ce type de personnes. Mais se joindre à une communauté déjà existante réduit considérablement l'effort[29].

À peine moins pointue est l'expérience *BioWizard* (www.biowizard.com). Lancée en 2005, elle se veut un lieu de «perpétuelle révision par les pairs» pour les travaux en sciences de la vie déposés dans la base de données PubMed. Parce que PubMed rassemble 16 millions d'articles, le spectre des sujets couverts est très large et, de ce fait, BioWizard a le potentiel de créer une «conversation» où ce ne sont pas toujours les mêmes qui se parlent entre eux.

Des résultats mitigés

Évidemment, pour que l'une ou l'autre de ces formules fonctionne, encore faut-il que suffisamment de chercheurs se donnent la peine de participer, par exemple en commentant les articles de leurs collègues. Pour l'instant, les résultats sont mitigés: en décembre 2006, après six mois de son expérience, *Nature* constatait que «en dépit d'un enthousiasme pour le concept, la révision par les pairs ouverte n'a pas été très populaire, ni parmi les auteurs ni parmi les scientifiques invités à commenter[30]».

- Pendant cette période d'essai, les auteurs de 71 articles (soit 5% du total d'articles soumis pour révision) ont accepté que leurs articles soient affichés en vue de recevoir des commentaires des visiteurs.
- Parmi ces 71 articles affichés, 33 n'ont reçu aucun commentaire.
- Les 38 autres articles ont reçu 92 commentaires, soit une moyenne de 2 commentaires par article.

---

29. OpenWetWare, «OpenWetWare: Why Join?»: http://openwetware.org/wiki/OpenWetWare:Why_join%3F (visité le 12 avril 2007)
30. *Nature*, «Overview: Nature's Peer Review Trial», *Nature*, décembre 2006: http://www.nature.com/nature/peerreview/debate/nature05535.html

- Huit articles ont reçu, à eux seuls, 49 commentaires.
- L'article le plus souvent commenté, avec 10 commentaires, était une recherche en biologie portant sur la sélection sexuelle après l'accouplement... Comme quoi, même dans ce domaine pointu, le sexe est ce qui attire le plus de lecteurs!

Autre constat: pendant ces six mois, *Nature* a enregistré dans cette section de son site une moyenne de 5 600 pages vues par semaine. De sorte que seul un tout petit nombre de visiteurs est passé de la lecture à l'écriture d'un commentaire.

Devant ce dernier constat, à l'Agence Science-Presse, nous qui nous désolions du petit nombre de commentaires publiés sur *Science! On blogue*, nous nous sentons soudain beaucoup moins seuls...

De : Comité éditorial de *Nature*
Date : 21 décembre 2006
Titre : Editorial

Il ne s'agissait pas d'une expérience avec groupe de contrôle, de sorte que d'aucune façon, cela ne réfute l'hypothèse suivant laquelle la révision par les pairs ouverte pourrait devenir un jour pratique courante. Mais cette expérience, de même que les discussions informelles avec les chercheurs, suggèrent que la plupart d'entre eux sont trop occupés, et ne voient pas un incitatif suffisant, pour intervenir dans un lieu tel que le site Web de *Nature* et y critiquer publiquement le travail de leurs pairs[31].

Intervenant quelques mois plus tard sur le blogue d'un journaliste, en réponse à un billet sur l'avenir possible des blogues, un étudiant en chimie analytique renchérissait :

De : Colst
Date : 17 avril 2007
Titre : Réponse à When Scientists Go All Bloggy, dans *The Loom*

[*Nature* et *PLoS One*] n'ont pas de thématique précise, ce qui veut dire que seul un petit pourcentage des lecteurs auront l'expertise pour commenter un article en particulier. Ajoutez à cela que seul un petit pourcentage des lecteurs laisse un commentaire, et ce n'est pas étonnant qu'il y en ait eu aussi peu. J'aimerais

---

31. *Nature*, «Editorial. Peer Review and Fraud», *Nature,* 21 décembre 2006: http://www.nature.com/nature/journal/v444/n7122/full/444971b.html

laisser un commentaire substantiel, mais *PLoS One* a publié quatre articles sur la chimie en quatre mois[32].

Il n'est pas innocent de préciser que ce chimiste a, lui-même, un blogue (http://spectroscope.blogspot.com/).

Le dossier reste ouvert

En attendant, les projets continuent de fleurir. Dans le domaine, spécialisé s'il en est, de la génomique fonctionnelle par exemple : voilà un secteur qui connaît depuis 10 ans une croissance anarchique, en raison de la quantité phénoménale de nouvelles données qui déferlent quotidiennement. Comment être à jour quand les données proviennent d'équipes qui utilisent des méthodes différentes, des technologies différentes, et proviennent de disciplines différentes ? Comment s'entendre sur quelque chose d'aussi banal que les noms à attribuer à chaque nouveau gène ? Ce sont des questions dont la résolution déterminera le temps qu'il faudra pour améliorer notre compréhension des bases de la vie[33].

Vous croyez que les sciences sociales, elles, génèrent des discussions plus accessibles au commun des mortels ? Pas s'il faut en croire l'exemple suivant.

De : **Henry Farrell**
Date : **7 octobre 2005**
Titre : **The Blogosphere as a Carnival of Ideas,**
        dans *Chronicle of Higher Education*

Le récent débat sur l'anthologie *Theory's Empire*, organisé par [le blogue] *The Valve*, démontre comment l'argumentation peut fonctionner dans la blogosphère. *Theory's Empire* est un ouvrage ambitieux, qui se voit comme une version dissidente de la *Norton Anthology of Theory and Criticism* et argumente contre la prééminence supposée de la «théorie» dans la critique littéraire. Un

---

32. Colst, réponse à «When Scientists Go All Bloggy», dans *The Loom*, 17 avril 2007 : http://scienceblogs.com/loom/2007/04/17/when_scientists_go_all_bloggy.php

33. Kai Wang, «Gene-function wiki would let biologists pool worldwide resources», *Nature*, 2 février 2006 : http://www.nature.com/nature/journal/v439/n7076/full/439534a.html. Plusieurs bases de données (Molecule Pages, UniProt Knowledge Base...) sont mentionnées dans cette lettre ouverte. Une recherche sur un éventuel wiki : Robert Hoehndorf *et al.*, *A Proposal for a Gene Functions Wiki*, Université de Leipzig, Allemagne, 2006 : http://onto.eva.mpg.de/publication/2006/HPBHKLV06a/

symposium informel sur *The Valve*, le blogue de l'Association des chercheurs et critiques littéraires, a permis un débat élargi et actif sur le livre pendant plusieurs semaines... Le débat incluait des réponses d'auteurs d'articles dans *Theory's Empire*, des experts universitaires reconnus [...] mais aussi, sur un pied d'égalité, des réponses de non-spécialistes, comme ce professeur d'économie à Berkeley, qui avaient un intérêt dans la question[34].

Certaines universités commencent – il n'est que temps – à accepter le fait que certains de leurs profs ont développé une expertise qui mérite d'être écoutée...

De: Mark Trodden, Université de Syracuse (NY)
Date: 11 février 2007
Titre: How can we best use blogs?, dans *Cosmic Variance*

Bien que j'adore bloguer, et que je sois parfaitement préparé à en discuter avec des collègues et des étudiants, j'ai généralement gardé cette activité séparée de mon emploi. Je ne l'inclus pas dans le résumé annuel de mes tâches intellec-tuelles, je ne l'inclus pas dans mes documents promotionnels et je ne blogue certainement pas sur des sujets délicats pour le département ou des problèmes propres à l'université.

Je pense néanmoins que les universités et les universitaires s'intéressent de plus en plus au potentiel qu'offrent les blogues comme outils pour la recherche et l'enseignement. À preuve, on m'a récemment demandé de participer à la série de rencontres sur l'avenir de la Faculté, à l'Université de Syracuse. Les organisateurs ont découvert notre blogue, et m'ont demandé de venir [en] parler[35].

Et certaines associations professionnelles commencent aussi à le découvrir: en juin 2007, le physicien Normand Mousseau, dans le cadre du congrès annuel de l'Association canadienne des physiciens, faisait une présentation de 15 minutes de... *Science! On blogue!*[36]

---

34. Henry Farrell, «The Blogosphere as a Carnival of Ideas», *Chronicle of Higher Education*, 7 octobre 2005: http://chronicle.com/free/v52/i07/07b01401.htm

35. Mark Trodden, «How Can We Best Use Blogs?», *Cosmic Variance*, 11 février 2007: http://cosmicvariance.com/2007/02/11/how-can-we-best-use-blogs-help-please

36. Normand Mousseau, «Des chiffres et des lettres – le succès de *Science! On blogue*», *Science! On blogue... de physique*, 27 juin 2007: http://blogue.sciencepresse. info/physique/item/423

La mort du livre de science?

S'il devient plus facile aux scientifiques de communiquer directement entre eux, et s'ils passent encore plus de temps devant leurs ordinateurs, qui diable a encore besoin de livres en science? C'est la question que posait Sam Elworthy en recensant un livre consacré, justement, au livre à l'ère numérique. Et Sam Elworthy figure parmi les directeurs des Presses de l'Université de Princeton, d'où son embarras...

«Est-ce que Darwin aurait besoin d'un éditeur aujourd'hui? Écrirait-il même un livre?» Et la réponse est: peut-être pas. D'une part, parce qu'au cours des 25 dernières années, les progrès technologiques ont révolutionné ce que les auteurs peuvent faire par eux-mêmes, sans avoir besoin d'un éditeur. Ils peuvent jongler avec les polices typographiques – ou en créer – et mettre en ligne eux-mêmes tout ce qu'ils écrivent[37].

D'autre part, parce que l'audience pour les livres de science – livres spécialisés, mais aussi livres de vulgarisation – est devenue beaucoup plus facile à rejoindre qu'à l'époque de Darwin: un courriel envoyé dans un forum spécialisé ou sur un blogue fréquenté par notre public-cible peut suffire à diffuser une idée.

Quel rôle reste-t-il au livre? Eh bien, dans certaines disciplines... aucun!

La chimie et la biologie moléculaire, par exemple, peuvent se passer de livres, selon Elworthy et le sociologue américain John Thompson. Dans quelques autres disciplines par contre – au grand soulagement des Presses de l'Université de Princeton, sans doute! – le livre imprimé peut encore jouer un rôle, lorsqu'il s'agit de vulgariser un argumentaire ou une tendance.

---

37. Sam Elworthy, «Who Needs Books», *Science*, 14 avril 2006, p. 199-200: http://www.sciencemag.org/cgi/content/summary/312/5771/199a. Le livre dont il est question est signé John B. Thompson, *Books in the Digital Age. The Transformation of Academic and Higher Education Publishing in Britain and the United States*. Cambridge, Polity, 2005, 480 pages.

Pour expliquer aux étudiants et au grand public de quoi l'univers pourrait avoir l'air du point de vue du gène, Richard Dawkins se devait d'écrire un livre (*The Selfish Gene*, 1976; en français: *Le Gène égoïste*). Pour entrer dans la sphère médiatique, Hubert Reeves devait passer par la littérature (*Patience dans l'azur*, 1981). Pour pleinement développer une grande idée et la transporter jusqu'à une audience élargie, les bons vieux livres en papier jouent encore un rôle. Mais pour combien de temps?[38]

---

38. Reste que le jour où ces livres seront publiés sur Internet, on aura toujours besoin des éditeurs, rappelle Clément Laberge, «Avec Internet, on n'a plus besoin d'éditeurs!», *Canal numérique des savoirs*, 4 juin 2007: http://lesblogsducns. net/cns/avec-internet-on-na-plus-besoin-dediteurs/

Chapitre 8

La communication en dehors de la tour d'ivoire

Je me demande ce qu'il faut penser de l'opposition entre primitifs et civilisés, quand on sait que tous les peuples primitifs ont une cosmologie précise et enseignée, qui décrit la place de l'homme dans l'univers, tandis que les modernes trouvent superflu de lever le nez. À force d'enseigner l'informatique et la gestion, ne sommes-nous pas en train de faire monter le niveau de sable autour de nous, au risque de finir autruches?

Elisa Brune, romancière, *Les Jupiters chauds*

À la mi-décembre 2005, deux semaines après sa prise de position en faveur des blogues, *Nature* renchérissait, sur les wikis cette fois : profitant de l'enquête comparative, mentionnée au chapitre 4, entre Wikipédia et l'*Encyclopædia Britannica*, l'équipe éditoriale de *Nature* reprochait aux scientifiques d'être trop peu nombreux à participer à Wikipédia.

De : **L'équipe éditoriale de *Nature***
Date : 15 décembre 2005
Titre : Wiki's Wild World

Les chercheurs devraient lire Wikipédia avec prudence et l'amender avec enthousiasme… *Nature* encourage ses lecteurs à contribuer. L'idée n'est pas de mettre sur pied une solution de remplacement à des sources bien établies comme l'*Encyclopædia Britannica*, mais de donner un coup de main à cette grande expérience qu'est Wikipédia…

Choisissez un sujet connexe à votre travail et vérifiez-le sur Wikipédia. Si la définition contient des erreurs ou d'importantes omissions, entrez et contribuez aux corrections… Imaginez la récompense : vous pourriez être l'une des personnes qui ont contribué à transformer une idée qui pouvait sembler stupide [une encyclopédie évolutive faite par ses usagers] en une ressource planétaire, gratuite et de grande qualité[39].

Premiers contacts

Si la communauté scientifique regarde le train passer, les deux plus prestigieuses revues scientifiques, *Nature* et *Science*, elles, ont été étonnamment rapides à réagir. Pendant que *Nature* se fendait de ces prises de position, *Science* (publiée par l'AAAS: Association américaine pour l'avancement des sciences) se mettait à recenser un nouveau blogue toutes les deux semaines, au milieu des ressources Internet susceptibles d'être utiles aux chercheurs ou aux enseignants. C'est *Science* qui a été la première à présenter *RealClimate*, tout juste 15 jours après son lancement, en décembre 2004. Enfin, au début de 2006, les deux revues avaient toutes deux déjà lancé un bulletin hebdomadaire en baladodiffusion.

Pourquoi cet engouement, que les médias francophones, eux – sauf l'Agence Science-Presse! – ont mis bien plus de temps à reconnaître? Peut-être tout simplement parce que les blogues frappaient en plein dans le mille:

- Il y a suffisamment longtemps qu'on reproche aux scientifiques de ne pas communiquer suffisamment et de s'enfermer dans leur bulle – ou leur mythique tour d'ivoire – voilà qu'on se retrouve avec un outil tout à la fois gratuit, facile à utiliser, malléable, et de surcroît adopté avec enthousiasme par les plus jeunes...

- L'AAAS a souvent été à l'avant-garde des débats sur la communication scientifique: son congrès annuel réserve chaque fois une bonne place à des ateliers multidisciplinaires sur la communication, la science dans les médias ou la perception du public. Il était difficile de lever le nez sur les blogues!

«Placez une description de votre article sur un blogue et quelque chose de très différent se produit, expliquait dans *Nature*, dès décembre 2005, le biologiste de l'Université du Minnesota Paul Myers, du blogue *Pharyngula*. Des gens qui sont très loin de votre cercle habituel commencent à réfléchir à ce sujet. Ils amènent d'intéressantes perspectives.»

---

39. *Nature*, «Editorial. Wiki's Wild World», *Nature*, 15 décembre 2005, p. 890.

«Environ 1 500 personnes visitent chaque jour», affirmait quelques paragraphes plus loin un épidémiologiste américain signant sous le pseudonyme de Revere, sur son blogue *Effect Measure*. «Mille cinq cents, c'est deux fois le nombre d'abonnés de plusieurs journaux spécialisés.»

Pour plusieurs d'entre eux, c'est leur toute première véritable expérience de vulgarisation (en dehors de la salle de classe).

Un citoyen extérieur à la communauté scientifique ne réalise peut-être pas l'importance que cela peut avoir. Pour un scientifique qui n'a jamais suivi de cours de communications à l'université, qui n'a jamais été formé sur l'importance de la vulgarisation, qui aimerait pourtant communiquer avec le public, mais qui a toujours tenu pour acquis que les quelques rares portes – les médias – lui étaient à jamais fermées, réussir cette toute première expérience de vulgarisation, c'est un immense pas en avant.

L'accueil enthousiaste de *Science! On blogue* quand nous avons commencé à recruter des scientifiques tient sans doute là sa principale explication.

S'approprier un outil de communication qui ne leur est pas nécessairement familier, découvrir les joies de l'écriture, passer d'un auditoire se mesurant en dizaines – leurs étudiants – à un auditoire se mesurant en milliers, représente une percée incroyablement stimulante. À côté de ça, tout le reste devient secondaire.

De: Nathaniel Lasry, Collège Abbott
Date: 7 novembre 2006
Titre: Blog à part, dans *Science! On blogue*...
de génétique

Alors c'est ma petite goutte d'eau que vous avez choisi de suivre dans ce cyberocéan. Très bien, après tout la théorie du chaos nous montre bien que de toutes petites différences dans des conditions initiales peuvent finir par avoir des effets profonds sur un système. Alors, l'effet d'une petite idée... En assumant que la pensée humaine est chaotique (elle est certainement non linéaire), peut-être que les idées qu'on partage avec autrui et que les autres partagent avec nous ont des effets qui sont inestimables. Qu'en pensez-vous?[40]

40. Nathaniel Lasry, «Blog à part», *Science! On blogue*, 7 novembre 2006: http://blogue.sciencepresse.info/physique/item/319

Les «fourre-tout»

Beaucoup de blogues d'humeur écrits par des scientifiques ont une thématique à laquelle ils restent collés: par exemple, *Pharyngula* et *Panda's Thumb*. Mais ils sont encore plus nombreux à avoir une thématique de base dont ils s'évadent plus souvent qu'autrement, pour commenter la politique, la société ou les médias. Surtout la politique.

Enro (www.enroweb.com/blogsciences/) mérite d'abord d'être cité pour avoir l'insigne honneur d'être, au moment d'écrire ces lignes, l'un des très rares scientifiques blogueurs en France. Cet ingénieur agronome qui se définit comme «scientifique et citoyen» s'intéresse tout particulièrement aux maillages entre science et culture.

Respectful Insolence (http://scienceblogs.com/insolence) est présenté, en sous-titre, comme «les divagations variées d'un chirurgien-dentiste sur la médecine, les pseudo-sciences, la science, l'histoire et la pseudo-histoire (et tout autre sujet qui l'intéresse)».

Dr Joan Bushwell's Chimpanzee Refuge (http://scienceblogs. com/bushwells/), partagé par trois blogueurs – une biochimiste, un prof de collège et un rédacteur scientifique – tire également dans plusieurs directions, avec un intérêt particulier pour la dénonciation des médecines alternatives.

Thoughts from Kansas (http://scienceblogs.com/tfk), rédigé par un étudiant en biologie de l'Université du Kansas, s'est mis lui aussi en 2006-2007 à parler de tout et n'importe quoi, avec un intérêt particulier pour la politique mais surtout, au contraire des deux précédents, avec des articles généralement longs. En mai 2007, on retrouvait successivement un billet sur l'importation de médicaments du Canada, la recension d'une publication sur le nouveau judaïsme, une dénonciation des normes «abstinence seulement» dans les cours d'éducation sexuelle du Kansas, et une analyse du chemin qui reste à faire à l'industrie automobile avant de pouvoir être étiquetée «développement durable».

Pour le non-États-Unien, le contenu de ces blogues d'humeurs finit toutefois par déranger. Même si les divagations des uns et des autres sur les bêtises du président Bush sont amusantes quand elles sont bien écrites, à la longue, on finit par se sentir loin de chez soi.

En comparaison, les blogues à saveur plus pédagogique contiennent davantage de perles par écran.

Les « sérieux »

Bioethics.net est celui qui traîne le plus étonnant des succès. Il s'agit du blogue créé par les éditeurs de l'*American Journal of Bioethics* en 2004. Et cette revue est aussi sérieuse et rigoureuse qu'il est possible de l'être : elle est dotée d'un comité de révision par les pairs et elle publie des recherches destinées à un auditoire très spécialisé. Pourtant, son équipe est parvenue à entretenir ce blogue, totalement accessible au grand public (http://blog.bioethics.net/).

Les billets sont débarrassés des couches de théories et de méthodologies propres aux articles de la revue ; ils sont généralement courts et ancrés dans l'actualité. Les éditeurs de la revue, qui sont aussi les auteurs des billets, et profs d'université de surcroît, se retrouvent donc avec un double honneur, assez rare dans la communauté scientifique : avoir réussi à publier d'un côté une revue figurant parmi les plus souvent citées dans la littérature scientifique (la plus souvent citée, en fait, dans son domaine, qui est l'éthique et la bioéthique)[41] et de l'autre côté un blogue figurant parmi les 50 blogues scientifiques les plus populaires.

Le blogue commencerait même à avoir un impact mesurable sur le public : ses éditeurs affirment en effet qu'il a déjà influencé des reportages sur des questions éthiques dans les grands médias.

Neurotopia est un autre de ces blogues qu'on peut qualifier d'à cheval entre le blogue pour chercheurs et le blogue grand public. Créé en mai 2005 par un neurologue qui préfère signer sous le pseudonyme « The Evil Monkey » (http://scienceblogs.com/neurotopia), on y lit des billets accessibles à tous, sur la maladie mentale ou sur ce qui distingue un bon prof de science, et des billets inaccessibles au profane, sur la sclérose latérale amyotrophique ou les neurones dopaminergiques.

41. Selon le classement de l'Institute for Science Information.

De la même eau et traitant presque du même sujet, signalons **Neurophilosophy**, entretenu par un neurologue canadien anglais qui, curieusement, dit beaucoup de choses de lui… mais préfère lui aussi rester anonyme! (http://neurophilosophy.wordpress.com/).

Cosmic Variance (http://cosmicvariance.com), déjà cité, penche lui aussi résolument vers le grand public, ce qui ne l'empêche pas de publier à l'occasion des billets s'adressant à des gens dont le niveau de connaissances en physique est de loin supérieur à la moyenne (connaissez-vous l'anisotropie?).

S'agit-il d'un heureux mélange? Oui, à en croire un de ses principaux collaborateurs, Sean Carroll, du département de physique de CalTech, selon qui le nombre de visiteurs était de 100 000 par mois au printemps 2007… assorti de 1000 commentaires par mois!

Cognitive Daily (http://scienceblogs.com/cognitivedaily), en comparaison, a des ambitions plus modestes. Ayant pour thématique la psychologie cognitive, il est rédigé par une psychologue spécialisée dans ce domaine… et un rédacteur scientifique qui est son époux! On y retrouve (quelques fois par semaine!) des textes généralement fouillés, souvent des recensions d'études passées au travers d'un comité de révision par les pairs, mais restées inconnues des grands médias. Pourquoi les Japonais sourient différemment, saviez-vous que la couleur d'une autre voiture peut suffire à vous distraire quand vous êtes au volant? comment apprenons-nous à suivre de l'œil plusieurs objets en même temps? comment notre perception du danger varie-t-elle avec l'âge?, etc.

De : **Dave Munger**
Date : **8 mai 2007**
Titre : **The Changing Shape of Fear as We Age,**
           Cognitive Daily

Vous pourriez croire qu'il n'y a pas beaucoup de différences dans les façons dont les adultes évaluent une menace… Mais il y a des raisons de croire que les plus vieux réagissent différemment au danger. Le volume de l'amygdale, qu'on appelle le centre de la peur dans le cerveau, décroît avec l'âge. Le cortex frontal, soupçonné d'être la zone grâce à laquelle nous comprenons les pensées et les intentions des autres, diminue plus rapidement avec l'âge que les autres parties du cerveau.

Ted Ruffman, Susan Sullivan et Nigel Edge ont montré des images à des étudiants de collèges (jeunes adultes) et à des adultes âgés en moyenne de 69 ans [...] Pour les images dites de situations, les différences entre jeunes et vieux n'étaient pas significatives, mais pour les images de visages, les plus vieux donnaient systématiquement une note de dangerosité moins élevée que les plus jeunes, lorsque le visage était de la catégorie la plus menaçante. [...] Les chercheurs amènent des arguments convaincants, quoique non définitifs, à l'effet que les plus vieux seraient moins aptes à déterminer les visages menaçants que les plus jeunes[42].

Lab Life (network.nature.com/blogs/user/U2929A0EA) parle bel et bien de ce qu'annonce son titre. Réalisé par une étudiante au doctorat à Harvard, il est l'un des rares blogues à présenter «la vie dans un laboratoire» dans un langage clair et avec une blogueuse à qui les non-scientifiques peuvent s'identifier.

Plus largement, il faut mentionner que *Lab Life* fait partie d'un «réseau» de blogues créé par la revue *Nature* en 2006, **Nature Network** (http://network.nature.com/blogs/). Tout scientifique, tout groupe de recherche qui le souhaite, peut créer un blogue gratuitement, en son nom ou sur une thématique particulière. Mais un an plus tard, la production de l'ensemble du réseau était encore modeste.

Savage Minds (http://savageminds.org), sous-titré «notes et questions en anthropologie», est partagé par huit anthropologues (ou étudiants). Leurs textes varient du très long au très court, et laissent peu de place à l'opinion sur la vie quotidienne. La trajectoire reste bien fixée sur l'anthropologie et sur ce que le citoyen en sait, croit en savoir ou devrait en savoir. *RealClimate* semble avoir été un modèle ici aussi.

De: **Alex Golub**
Date: **24 avril 2007**
Titre: **What Anthropology Isn't, dans *Savage Minds***

Ethnographie. L'anthropologie n'est pas de l'ethnographie: c'est-à-dire que ce n'est pas une observation participative suivie par une analyse qualitative des données. Certes, c'est une méthode qu'un nombre énorme d'anthropologues socio-culturels utilisent (quoique pas la seule: pensez par exemple à l'anthropologie

---

42. Dave Munger, «The Changing Shape of Fear as We Age», dans *Cognitive Daily*, 8 mai 2007: http://scienceblogs.com/cognitivedaily/2007/05/the_changing_ shape_of_fear_as.php

historique), mais simplement utiliser cette méthode ne produit pas du travail qui soit sans équivoque de l'anthropologie[43].

Également anthropologique, mais avec des analyses beaucoup plus ambitieuses, est le **John Hawks Anthropology Weblog**. L'auteur éponyme est professeur associé d'anthropologie à l'Université du Wisconsin, et il s'est particulièrement passionné pour l'homme de Florès – ou plutôt, *contre* l'homme de Flores, puisqu'il fait partie des sceptiques qui allèguent qu'il ne s'agit pas d'une nouvelle sous-espèce d'humains.

De : John Hawks
Date : 22 août 2006
Titre : Est-ce la fin pour l'*Homo Floriensis*?,
dans *John Hawks Anthropology Weblog*

Ils nous présentent deux raisons supplémentaires de croire que l'évolution *in situ* d'une espèce naine d'hominidés sur l'île de Flores est peu probable. D'abord, ils allèguent que Flores n'était pas autant isolée qu'on le croit pendant la période de temps concernée. Ils notent que seulement deux courants d'eau étroits séparaient Flores du continent asiatique pendant les ères glaciaires, et qu'il y a eu au moins deux migrations d'éléphants sur l'île pendant cette période...

Ensuite, ils notent que même si Flores est une grande île, elle ne pourrait soutenir une très grande population d'un groupe typique d'humains chasseurs et cueilleurs. Avec un recensement probable de l'ordre de quelques milliers [...] la population aurait été continuellement à risque d'extinction pendant les derniers 800 000 ans[44].

Il est l'un de ceux qui croient, modestement, avoir eu un impact indirect sur le public : «En termes d'impact, écrit-il dans un courriel, je pense que le plus important provient de journalistes qui ont lu ce que j'ai écrit sur un sujet et veulent inclure ce point de vue dans leur article, ou qui, peut-être, travaillaient sur un article et ont pensé à moi pour expliquer quelque chose en des termes compréhensibles.»

Toutefois, «je pense que l'impact le plus important a été sur les autres professionnels. Le fait est que personne n'a vraiment le temps de suivre toutes les revues (scientifiques) ou toutes les recherches

---

43. Alex Golub, «What Anthropology Isn't», dans *Savage Minds*, 24 avril 2007 : http://savageminds.org/2007/04/24/what-anthropology-isnt/
44. John Hawks, «Is this the End for Homo Floriensis?», *John Hawks Anthropology Weblog*, 22 août 2006 : http://johnhawks.net/weblog/fossils/flores/

publiées dans son domaine. Je n'ai pas le temps non plus. Mais je suis un très large éventail de choses et je prends soin d'écrire sur les choses que je crois importantes. Et d'autres anthropologues apprécient vraiment cela.»

Science! On blogue s'inscrit parmi ces blogues dits sérieux. Depuis octobre 2005, les blogues de Physique, de Génétique, d'Astronomie, d'Environnement, de Culture et celui baptisé Controverse, tous rédigés par des scientifiques, se sont consacrés à leurs thématiques respectives. Certains de leurs textes sont de véritables petits essais littéraires, dont on trouvera des exemples dans la dernière partie de ce livre.

Bad Astronomy: le Grand Ancien

Il est arrivé que le blogue s'inscrive dans la continuité d'un site Web qui existait avant que le mot «blogue» ne devienne à la mode. En science, le plus ancien de ces précurseurs est, de loin, *Bad Astronomy* (www.badastronomy.com).

Apparu dès 1996, il s'agit d'un site voué à la correction des erreurs, omissions, dérapages, qui apparaissent dans les médias d'information et la culture populaire, incluant les mythes les plus répandus: de l'œuf censé tenir debout au solstice jusqu'à l'affirmation suivant laquelle le débarquement sur la Lune était un canular. Une initiative des plus intéressantes, dont plusieurs autres scientifiques ou amateurs de science se sont inspirés, dès les années 1990 (*Bad Chemistry, Bad Physics*, etc.).

Le Californien Phil Plait, astronome de formation et à l'origine professeur d'université de son état, a accompli un si bon travail qu'avec les années, il a pu en tirer des revenus indirects: des contrats de pige pour différentes publications, des conférences dans les écoles, un premier livre (intitulé *Bad Astronomy*, quoi d'autre?)... Et même la vente de gilets à l'effigie de «Bad Astronomy»!

En matière d'impacts concrets, tangibles, mesurables, voilà quelque chose d'assez unique dans la blogosphère. En avril 2007, il a laissé tomber l'emploi de directeur des ressources pédagogiques à la NASA qu'il occupait depuis six ans, pour se consacrer à l'écriture d'un deuxième livre, contrat d'éditeur en poche.

Blogues faits par des journalistes

Enfin, si nous n'avons parlé jusqu'ici que de blogues rédigés par des scientifiques, il ne faut pas oublier que dans la catégorie des blogues «grand public» traitant de science, un certain nombre provient de non-scientifiques, en particulier des journalistes scientifiques.

Les journalistes scientifiques ne constituent, dans les communautés journalistiques des différents pays, qu'un groupe marginal : quelques-uns seulement sont employés à temps plein par les chaînes de radio-télévision publiques, qui sont souvent les seules à produire des émissions de science, et un nombre squelettique travaille dans les quotidiens (la plupart des quotidiens n'emploient qu'un seul journaliste scientifique... ou pas du tout!). Quelques pigistes arrivent à ne vivre que du journalisme scientifique, les autres alternent avec des sujets de divers types, ou naviguent à vue entre le journalisme et la communication corporative.

Par ailleurs, il faut savoir que l'évolution du marché du travail rend ce fragment de la profession journalistique encore plus fragile : à peu près tous les médias ont réduit leur personnel depuis 20 ans, et le travail précaire devient la norme; enfin, l'univers corporatif consacre de plus en plus d'argent aux relations publiques, ce qui veut dire davantage de contrats lucratifs, avec pour résultat que les frontières entre l'information indépendante et l'information «corporative» sont souvent dangereusement floues[45].

Le marché du travail, aux États-Unis, vit lui aussi cette évolution. Mais comme ce pays rassemble 300 millions d'habitants, les lois de la statistique ont l'heureuse conséquence qu'on se retrouve avec un nombre suffisamment élevé de «science writers» pour contribuer à la vigueur de la blogosphère.

Une comparaison de ces blogues avec ceux des scientifiques est difficile : les centres d'intérêt, la formation universitaire et la provenance géographique sont tout aussi variés dans un cas comme dans

---

45. L'un des auteurs de ces lignes est également, dans une autre vie, un journaliste inquiet de l'évolution de son métier. Mais ceci est une autre histoire, qui fut l'objet d'un autre livre : Pascal Lapointe et Christiane Dupont, *Les Nouveaux journalistes : le guide. Entre précarité et indépendance*. Québec, Presses de l'Université Laval, 2006.

l'autre. Mais en général, les blogues de journalistes se distinguent de trois façons :

- Les sujets sont plus «éclatés»; l'auteur se sent davantage autorisé à intervenir sur des thèmes éloignés de son sujet principal.

- L'écriture est elle aussi plus éclatée; ce n'est pas que les scientifiques écrivent mal, au contraire, ceux dont les blogues ont duré sont justement ceux qui ont une bonne plume; mais soyons francs, on trouvera plus souvent chez les journalistes et autres rédacteurs le sens de la formule ou de la métaphore propre à retenir l'attention du lecteur.

- Ils sont plus «libéraux»; dans l'univers politico-médiatique américain, où les débats entre «conservateurs» et «libéraux» sont souvent acrimonieux. Il est intéressant de constater que les journalistes-blogueurs penchent résolument vers la gauche; le gouvernement de George W. Bush a passé plusieurs mauvais quarts d'heure avec eux, ces dernières années.

Or, autant ces blogues permettent de faire circuler davantage d'informations scientifiques, au grand plaisir des lecteurs, autant ils accentuent le malaise auquel fait face la profession journalistique : la présence croissante des scientifiques dans la blogosphère enlève un peu plus de ce qui reste de pertinence au journaliste. On n'a plus autant besoin de lui pour faire de l'analyse, si des scientifiques sont assez bons vulgarisateurs pour le faire eux-mêmes. On n'a plus autant besoin du journaliste pour aller chercher la nouvelle scientifique négligée par les grands médias, si une batterie de scientifiques s'en charge.

Qu'on se comprenne bien, la mort du journalisme n'est pas pour demain. Nombre d'analyses restent le lot des journalistes d'expérience et nombre de nouvelles restent négligées par les grands médias.

Mais à court terme, le recul de la profession journalistique, à travers l'évolution délétère du marché du travail mentionnée plus haut, n'a pas encore atteint son terme.

De : **Carl Zimmer, journaliste scientifique**
Date : **17 avril 2007**
Titre : When Scientists Go All Bloggy, dans *The Loom*

Il devient de plus en plus difficile de se rappeler ce que c'était que d'écrire sur la science, dans l'ère pré-Web 2.0. Jadis (c'est-à-dire en 2004!), je tombais sur un article intrigant, j'interviewais les auteurs. J'obtenais des commentaires – positifs ou négatifs – d'autres experts du domaine, et alors, je publiais un article résumant tout ce que j'avais appris. Il pouvait s'écouler des mois ou des années avant que les auteurs n'effectuent un suivi sur leur travail, ou avant que d'autres scientifiques ne publient leur propre recherche attaquant ou appuyant la recherche originale.

Combien étrange. Jetons un œil sur une expérience que j'ai eue hier. Je lisais un blogue appelé *The Evilutionary Biologist*. Il est écrit par John Dennehy, qui travaille sur les bactéries et les virus. Il y a quelques semaines, je ne connaissais John Dennehy qu'en tant qu'un des co-auteurs d'une recherche sur la localisation des virus sur laquelle j'avais écrit dans le *New York Times*... Depuis, il a attrapé la fièvre des blogues, et il met en ligne du superbe matériel [...] Alors me voilà, découvrant d'importantes nouvelles recherches grâce au blogue de quelqu'un qui était jadis, pour moi, la personne sur qui j'aurais écrit.

Hier, Dennehy a écrit à propos d'une nouvelle recherche sur l'évolution du flagelle, le filament tournoyant que les microbes utilisent pour nager. C'est un sujet d'intérêt pour moi, parce que j'écris un livre sur l'*E. coli*, et une grande partie de ce que les scientifiques savent du flagelle, ils ont su de l'*E. coli*... Le flagelle de l'*E. coli* était aussi une vedette au procès de Dover sur le dessein intelligent (créationnisme), parce que les avocats du dessein intelligent affirment qu'il doit être l'œuvre d'un «designer». Donc, dans leur nouvelle recherche, des scientifiques de l'Université de l'Arizona résument leurs recherches sur les gènes du flagelle... Ils ont identifié un noyau de gènes communs à tous les groupes de microbes porteurs de flagelles, et allèguent qu'il était présent chez leur ancêtre commun...

Je fais donc ce que tout journaliste scientifique doit faire, je lis la recherche et je cherche à obtenir des commentaires. J'envoie un courriel à Nick Matzke, co-auteur d'une recherche antérieure sur ce sujet. Il n'est pas impressionné. Pour faire valoir son mécontentement, il ne se contente pas de m'envoyer un courriel. Il blogue en profondeur sur *Panda's Thumb*. Des gens y vont de leurs commentaires. Parallèlement, une autre de mes sources devenue blogueur, Ryan Gregory, écrit aussi sur l'étude, ce à quoi Larry Moran, lui-même blogueur et biochimiste à l'Université de Toronto, répond avec aigreur dans les commentaires, affirmant que la recherche n'aurait jamais dû être publiée (Moran, Matzke et d'autres se plaignent des méthodes utilisées par les scientifiques de l'Université de l'Arizona pour identifier les gènes).

Dans l'ère pré-Web 2.0, tout ceci arrivait tout le temps. Dans un congrès scientifique, des gens se levaient lors de la période de questions, ou se réunissaient dans les corridors pour poursuivre le débat. Mais l'essentiel de ce débat ne dépassait guère les murs du congrès. Les journalistes scientifiques comme moi tentaient d'offrir un aperçu des arguments, mais il y a une limite à ce que nous pouvons transmettre dans un article de 1000 mots... À présent, comme cet échange sur le flagelle le démontre, des débats scientifiques libres peuvent atteindre une plus large audience[46].

Quelques journalistes blogueurs

* *Chris Mooney.* Correspondant à Washington du magazine *Seed.* Auteur de deux livres, le best-seller *The Republican War on Science* (2005) et *Storm World* (2007).

  Blogue: *The Intersection* – http://www.scienceblogs.com/intersection/

  Sujets de prédilection: science et politique; réchauffement climatique.

* *Carl Zimmer.* Pigiste *(New York Times, National Geographic, Science, Popular Science,* etc.) et auteur (*Soul Made Flesh, Evolution: The Triumph of An Idea, Smithsonian Intimate guide to Human Origins,* etc.)

  Blogue: *The Loom* – http://scienceblogs.com/loom/

  Sujets de prédilection: sciences de la vie; évolution.

* *Eric Berger.* Journaliste scientifique du *Houston Chronicle.*

  Blogue: *SciGuy* – http://blogs.chron.com/sciguy/

* *David Bradley.* Britannique (les trois précédents sont Américains), pigiste pour la presse générale (*Daily Telegraph, New Scientist*) ainsi que pour des publications spécialisées en chimie.

  Blogue: *Sciencebase* – http://www.sciencebase.com/science-blog/index.php

  Sujets de prédilection: santé, science et société, chimie.

* *Grist.* Magazine environnemental résolument «à gauche». Blogue collectif rédigé par les journalistes.

  http://gristmill.grist.org/

---

46. Carl Zimmer, «When Scientists Go All Bloggy», *The Loom,* 17 avril 2007: http://scienceblogs.com/loom/2007/04/17/when_scientists_go_all_bloggy.php

- *Steven Milloy.* L'extrême droite du journalisme scientifique américain. Bête noire des environnementalistes, ce communicateur qui s'autoproclame journaliste mais qui donne des conférences payées par les compagnies pétrolières, s'acharne à attaquer tout ce qui déplaît à ces compagnies : la théorie du réchauffement, les effets néfastes des pesticides, etc.
  Blogue : *Junk Science* – http://www.junkscience.com/

Évolution des blogues scientifiques

Pour beaucoup des scientifiques blogueurs apparus en 2004-2005, la motivation première était une frustration à l'égard du peu de place accordée à la science dans notre culture, ou du mauvais usage qu'on en fait. *RealClimate* est apparu en décembre 2004, comme on l'a déjà dit, en réaction au film *The Day After Tomorrow* et au roman appréhendé de Michael Crichton. Paul Myers de *Pharyngula* et les biologistes fondateurs de *Panda's Thumb* ont invoqué leur frustration face à la couverture médiatique du « débat » entre créationnistes et scientifiques.

De :   Kerim Friedman, anthropologue
Date : 26 octobre 2005
Titre : Not communicating Very Well, dans *Savage Minds*

Étonnamment, pas un seul anthropologue des langues n'a été inclus dans le dossier spécial du *Forbes Magazine* sur la communication. Lorsqu'ils ont voulu un article sur la « communication inter-culturelle », ils sont allés voir un zoologiste[47] !

Et cette frustration, rappelons-le, s'inscrit dans le mouvement général des blogues : entre 2001 et 2005, des dizaines de milliers de blogueurs ont ciblé les médias comme premières têtes de Turcs.

Mais à mesure que l'outil gagnait en popularité, les raisons de créer un blogue se diversifiaient. Dans le domaine scientifique, on s'est ainsi mis à bloguer pour le simple plaisir de parler d'une discipline que l'on aime bien, comme les mathématiques. Discipline mal-aimée s'il en est !

---

47. Kerim Friedman, « Not Communicating Very Well », *Savage Minds*, 21 octobre 2005 : http://savageminds.org/category/in-the-press/page/5/

De: **Ivars Peterson**
Date: **2 février 2007**
Titre: **Sudoku Class, dans *MathTrek***

Il y a plusieurs problèmes mathématiques associés au sudoku, dont un grand nombre conduisent à des projets de recherche... À ce stade de la folie du sudoku, plusieurs personnes ont écrit des logiciels pour résoudre et créer des sudokus. Des expositions scientifiques ont plongé dans ce passe-temps, s'interrogeant par exemple sur les critères qui déterminent le niveau de difficulté d'un sudoku.

Le mathématicien Jonathan M. Kane, de l'Université du Wisconsin, par exemple [...] a créé des logiciels pour résoudre des sudokus et en générer de nouveaux... Considérant que le nombre de combinaisons possibles d'une grille standard (9 × 9) est de 6 670 903 752 021 072 936 960, il y a beaucoup de matériel pour travailler longtemps encore[48].

Ou la physique, autre discipline mal-aimée!

De: **Normand Mousseau, Université de Montréal**
Date: **7 février 2007**
Titre: **Le plaisir de l'inutile, dans *Science! On blogue...***
de physique

Une des joies du physicien est certainement de s'intéresser à des problèmes pour le plaisir de les résoudre sans qu'ils ne représentent un intérêt quelconque. Faire de la physique pour la beauté! Que demander de plus dans un monde où toute action doit avoir une résonance économique, où l'on doit justifier constamment les applications[49]?

Dans un tout autre registre, quelques-uns en ont profité pour jeter un regard extérieur sur les sciences, comme Matthew C. Nisbet, professeur de communications.

De: **Matthew C. Nisbet**
Date: **30 janvier 2007**
Titre: **Le rapport du GIEC ne modifiera pas les priorités**
du public, dans *Framing Science*

Scientifiques et environnementalistes attendent avec fébrilité la parution vendredi à Paris du résumé du rapport du GIEC (Groupe intergouvernemental d'experts sur les changements climatiques). Les rapports du GIEC sont conçus

---

48. Ivars Peterson, «Sudoku Class», *MathTrek,* 2 février 2007: http://blog.sciencenews.org/mathtrek/2007/02/sudoku_class.html
49. Normand Mousseau, «Le plaisir de l'inutile», *Science! On blogue*, 7 février 2007: http://blogue.sciencepresse.info/physique/item/370

pour être les événements les plus importants dans la science et la politique des changements climatiques... Et pourtant ici, aux États-Unis, si la tendance se maintient, le rapport du GIEC n'aura probablement qu'un faible impact dans les nouvelles, encore moins sur l'opinion publique.

Comme l'indique l'analyse de *Pew* des nouvelles de la semaine dernière, l'Iraq continue de dominer les manchettes, suivi des spéculations sur (l'élection présidentielle) de 2008. Le rapport du GIEC peut difficilement concurrencer ces titans en temps d'antenne ou en espace de journal. Pas plus qu'il n'a beaucoup de chances de briser la lentille partisane du public américain, où les perceptions de la réalité diffèrent en fonction des lignes de partis politiques[50].

Une fausse note dans tout cela : où sont les femmes ? En l'absence de statistiques, nous ne pouvons nous fier qu'à nos impressions, mais celles-ci révèlent une très grande discrétion des femmes scientifiques dans la blogosphère. Pour un *Cosmic Variance* où elles détenaient la majorité au début de l'été 2007 (4 blogueuses sur 7), on trouve beaucoup plus de *RealClimate* où les hommes sont en position de monopole (11 sur 11).

En Amérique du Nord, les femmes sont pourtant majoritaires à l'université depuis les années 1990. Et même s'il subsiste certaines disciplines scientifiques où elles tirent encore de l'arrière, c'est loin d'être le cas dans les sciences de la vie, d'où émergent certains des blogues américains les plus populaires. Par ailleurs, parmi les utilisateurs d'Internet nord-américains, il y a également longtemps qu'hommes et femmes ont atteint la parité. Alors comment se fait-il qu'on n'entend pas plus leurs voix parmi les blogues scientifiques ? C'est, pour l'instant, un mystère.

Le réseautage

Tout cela fait beaucoup de blogues intéressants à lire. Même si l'amateur de science doit n'en choisir qu'une dizaine, il aura déjà du mal à suivre tout ce qui s'y publie – et imaginez qu'en plus, il lise un journal par jour et quelques magazines par mois sur Internet !

C'est en partie la raison pour laquelle, en octobre 2005, l'Agence Science-Presse lançait un *réseau de blogues*, plutôt qu'un blogue

---

50. Matthew C. Nisbet, «IPCC Report Unlikely to Shift Media/Public Agenda», *Framing Science*, 30 janvier 2007 : http://scienceblogs.com/framing-science/2007/01/will_the_media_cover_fridays_i.php

unique: rassembler en un même lieu quatre, puis six, puis huit blogues, nous semblait une façon de leur donner un coup de pouce dont chacun, s'il avait été isolé, n'aurait pas bénéficié.

Le 11 janvier 2006, il est apparu que notre idée n'était pas si mauvaise: la revue américaine *Seed* lançait *ScienceBlogs*, un regroupement de 15 blogues de science, dont une dizaine existaient déjà (*Pharyngula, Panda's Thumb, Aetiology, Deltoid, Dispatches from the Culture Wars*, etc.). À la manière du gérant d'une équipe sportive qui recherche les meilleurs talents aux quatre coins du continent, *Seed* avait effectué un «repêchage»; elle était allée offrir à certains des blogueurs les plus populaires d'être désormais hébergés chez elle. Parmi eux, *Pharyngula* et *Panda's Thumb*, qui figureraient en tête du classement des blogues les plus populaires établi par *Nature* quelques mois plus tard.

À l'automne 2007, le nombre de blogues dépassait la soixantaine (http://scienceblogs.com).

Un mot sur *Seed*: peu de Québécois s'en souviennent, mais cette revue qui tire désormais à des millions d'exemplaires est née à Montréal en 2002. Se présentant comme une rebelle au sein d'un marché du magazine scientifique que son fondateur Adam Bly qualifiait de sclérosé, elle ne se distingue pourtant que peu des plus avant-gardistes de ses concurrentes, sinon par l'accent mis sur les liens entre science et société. Aujourd'hui éditée et imprimée à New York, elle a réduit sa périodicité après qu'on eut craint pour sa mort en 2005[51]. Il est trop tôt pour dire si elle a trouvé le créneau de lecteurs et d'annonceurs qui lui permettra de survivre à long terme. Mais dans l'univers restreint de la blogosphère, il est certain que la création de *ScienceBlogs* fut un bon coup.

La réaction du journaliste de l'*Online Journalism Review*, un média qui parle rarement de science, était révélatrice: «Normalement, vous ne penseriez pas satisfaire votre besoin de commentaires politiques et culturels en visitant un blogue de science[52]».

---

51. Valérie Martin, «*Seed:* après les fleurs, le pot?», Agence Science-Presse, 8 avril 2005: http://www.sciencepresse.qc.ca/archives/quebec/capque0405b.html
52. Stephen Bryant, «Pass the Politics, Please: Science Blogs Peppered with Commentary», *Online Journalism Review*, 13 avril 2006: http://www.ojr.org/ojr/stories/060413bryant

En entremêlant des blogues de toutes provenances, *Seed* réussissait en effet à surprendre ce journaliste: la science n'est pas un objet éloigné de notre culture, elle fait partie de notre culture.

Cet effet était par contre grandement facilité par la présence de «non-scientifiques» parmi les blogueurs (aujourd'hui, les «non-scientifiques» sont majoritaires): un philosophe, un ancien membre du personnel politique du Sénat, des «science writers» (des journalistes et des relationnistes) et des «citoyens ordinaires» (quoique... pas si ordinaires!).

Le réseautage est en partie automatique. Grâce aux fils RSS, chaque blogueur peut être instantanément prévenu de chaque nouveau billet mis en ligne par les autres. En fait, les titres des plus récents billets sur l'ensemble de *ScienceBlogs* sont automatiquement affichés sur la page d'accueil de tous les blogues membres. Un détail qui a une importance stratégique: comme ces blogueurs manquent eux aussi de temps pour tout lire, la probabilité qu'ils recensent et commentent un billet de leurs «voisins» s'en trouve accrue.

De la même façon, un nouveau blogue faisant son entrée dans le réseau est salué par plusieurs des blogueurs, alors qu'un nouveau blogue faisant son entrée ailleurs dans la blogosphère met davantage de temps avant d'être «hyperlié». Enfin, comme la mise en page de chaque blogue du réseau est standardisée, chacun affiche automatiquement sur la colonne de droite les titres les plus populaires du réseau – de quoi les rendre encore plus populaires – ainsi qu'un moteur de recherche permettant de fouiller dans l'ensemble du réseau.

Un dernier avantage de la mise en réseau: on peut poser la même question à bien du monde! Le webmestre de *Seed* a ainsi demandé en 2006: quel film, à votre avis, a présenté la science de manière admirable? Les uns ont choisi *Apollo 13, Gattaca, Jimmy Neutron...* tandis que PZ Myers a répondu: «Je n'ai pas vu un seul film commercial à grand budget qui ait fait quoi que ce soit de bon pour la science.» Dur, dur!

Dernier point commun à *ScienceBlogs* et *Science! On blogue*, ainsi qu'à un troisième réseau de blogues, brièvement mentionné plus haut, le *Nature Network*, de la revue *Nature*: les blogueurs se font garantir une totale liberté éditoriale. Pas question que quelqu'un de *Seed* ou de l'Agence Science-Presse ne réécrive leurs textes ni même ne choisisse les sujets à leur place.

Science! On blogue et *Nature Network* ne regroupent que des scientifiques (ou des étudiants en science). *ScienceBlogs* regroupe quiconque s'intéresse aux sciences, et beaucoup de ces derniers figurent parmi les blogueurs scientifiques les plus prolifiques d'Internet. Ceux de *Nature Network*, à l'inverse, ont été fort peu productifs en 2006-2007, beaucoup moins que le blogueur «moyen» de *Science! on blogue*. L'avenir est-il à de tels réseautages? C'est ce que, à l'Agence Science-Presse, nous avons cru dès le début, et le fait que la majorité des blogues anglophones les plus populaires soient des unités de *ScienceBlogs* ne fait que renforcer notre conviction. Un réseau permet de partager des énergies dans un domaine où ces énergies ne sont pas abondantes; il permet d'accroître la visibilité de chacune des parties du réseau; il permet de générer davantage de discussions, ce qui engendre une «conversation» à une échelle un peu plus étendue.

Et dans le cas américain, il y a aussi une raison tout ce qu'il y a de trivial: la publicité. Dès avant le lancement, les gens de *Seed* avaient mené une étude de marché pour identifier le lectorat potentiel de leur réseau de blogues. La réponse du consultant avait été très claire: une vingtaine de millions d'Américains intéressés par la science; en majorité des hommes dans la trentaine, appartenant à la classe moyenne ou supérieure. Or, les firmes de publicité vous le diront, cette description correspond comme par hasard à la clientèle rêvée des annonceurs!

Les thématiques les plus populaires

Avec une soixantaine de blogues chez *ScienceBlogs*, dont une bonne partie sont des blogues d'humeurs qui n'ont pas de thématique précise, plus question de chasses gardées: un même sujet peut être abordé simultanément par plusieurs blogueurs.

Résultat, la thématique la plus souvent abordée est celle baptisée «Culture wars», ce qui n'étonnera personne quand on sait qu'elle inclut, entre autres, le débat sur le créationnisme. Suit en deuxième position la thématique «politique» (*policy and politics*): ingérence politique dans la science, investissements dans la recherche... et tous les reproches imaginables adressés au gouvernement Bush pendant l'année 2006.

- *Culture Wars:* 15,7%
- Politique: 12,2%
- Biologie: 12%
- Médecine 8,2%
- Cerveau et psychologie: 7%
- Affaires universitaires: 6,4%
- Discussions diverses («chatter»): 26,2%

La même typologie n'aurait pas de sens avec *Science! On blogue*, du moins pour l'instant (pas beaucoup de débats sur le créationnisme!). Nous avons donc calculé les choses différemment:

- *Explication* (d'un phénomène scientifique, d'un fait, d'une actualité);
- *Science et culture* (réflexions sur la place de la science, son rôle, son histoire);
- *Politique;*
- *Travail du scientifique* (et fonctionnement de la science);
- *Communication de la science* (recensions d'un livre, d'un site, d'une activité).

Sur une période de 18 mois (de janvier 2006 à juin 2007), cela donne la distribution représentée dans la figure ci-contre.

Sans surprise, le blogue *Culture* contient un nombre beaucoup plus grand de réflexions sur la place de la science (l'importance que nous accordons à nos vieux gadgets, la poésie, les mutants... et le débat sur l'existence de Dieu!). Tandis que le blogue *Physique* contient un nombre beaucoup plus élevé

178

d'explications d'un phénomène scientifique (mécanique quantique, protéines, nanotechnologies... et l'homme-sable dans *Spider-Man!*).

Mais la catégorie Politique revient elle aussi régulièrement du côté du blogue *Physique*, reflétant peut-être en cela les intérêts de son blogueur principal, Normand Mousseau (la faible place de la science dans la politique, le problème de la formation d'une relève, etc.). Enfin, pour ce qui est de présenter la façon dont un scientifique travaille, ou la façon dont fonctionne la science, c'est le blogue *Physique* qui y a touché le plus souvent (10 billets) suivi des blogues *Astronomie* et *Culture* (9 chacun).

On pourra lire des exemples de cette production, variée, instructive et par moments divertissante, dans la dernière partie de ce livre.

Risqué, le blogue?

Qu'est-ce qui explique qu'en dépit de «l'appel à tous» de *Nature*, du succès de ArXiv, des motivations pédagogiques, de l'intérêt manifesté par des associations comme l'AAAS, les scientifiques soient encore si peu nombreux dans les blogues?

Bien sûr, le média est encore jeune et ceci constitue la principale explication. Mais deux risques flottent dans les esprits, deux risques plus fictifs que réels, mais qui deviennent de bonnes excuses pour repousser la blogosphère:

– la peur d'y perdre son temps;
– et la peur que cela ne nuise à son avancement professionnel.

En octobre 2005, la blogosphère a ainsi brièvement bourdonné autour de Daniel Drezner, professeur de sciences politiques à l'Université de Chicago, qui tenait un blogue traitant entre autres de relations internationales et de politique monétaire. Le 8 octobre, il y annonçait que l'université venait de rejeter sa titularisation. Plusieurs blogueurs ont immédiatement sauté aux conclusions, en dépit du fait que Drezner ait pris bien soin de souligner qu'il ne croyait pas que cela était dû à son blogue.

Le physicien Sean Carroll, blogueur sur *Cosmic Variance*, a lui aussi rejeté l'idée que le blogue puisse nuire à son propre avancement, en dépit du fait qu'il avait vu sa titularisation rejetée quelques mois plus tôt.

De: **Sean Carroll**
Date: **11 octobre 2005**
Titre: **It's not the blog, dans** *Cosmic Variance*

La réponse courte est «non, le fait de bloguer ne vous empêche pas d'obtenir votre titularisation; c'est parce que certaines personnes dans votre département (ou le doyen, ou qui que ce soit) ne pensent pas que votre recherche était assez bonne. Le blogue n'était pas un sujet de discussion dans mon cas, et je suis pas mal sûr que plusieurs de mes collègues ne savent même pas ce qu'est un blogue[53].»

Pour contourner l'obstacle, si obstacle il y a, plusieurs choisissent de bloguer anonymement, mais c'est une façon inélégante de contourner l'obstacle: aux États-Unis, le blogueur finit inévitablement par laisser des indices, si quelqu'un tient absolument à découvrir sa véritable identité. Et dans les autres pays, le milieu est encore plus petit.

Qui plus est, dans «l'affaire Drezner», la revue *Inside Education* n'a pas mis de temps à découvrir des universitaires à qui le blogue n'avait pas du tout nui.

De: **Scott Jaschik, journaliste**
Date: **11 octobre 2005**
Titre: **Too Much Information?, dans** *Inside Education*

En dépit des peurs qu'ont certains à l'effet que le blogue serait une condamnation à mort pour l'avancement universitaire, il y a des blogueurs qui «montent en grade» un peu partout. Plusieurs disent que le blogue a eu peu d'impact sur leur embauche ou leur titularisation, et que l'impact du blogue est plus subtil que certains ne le croient.

Brian Weatherson a lancé *Thoughts, Arguments and Rants* alors qu'il était professeur adjoint de philosophie à l'Université Brown et croit que cela a peu joué, voire pas du tout, dans l'offre d'un poste de professeur titulaire qu'il occupe à présent à l'Université Cornell... Jeremy Freese, qui a obtenu sa titularisation en sociologie cette année à l'Université du Wisconsin à Madison, dit avoir craint que le blogue puisse affecter ses chances, mais cela ne semble avoir finalement eu aucun impact[54].

Mais la paranoïa n'est pas quelque chose dont on se débarrasse aussi facilement et, plus récemment, le même Sean Caroll revenait

53. Sean Carroll, «It's not the blog», *Cosmic Variance*, 11 octobre 2005: http://cosmicvariance.com/2005/10/11/its-not-the-blog/
54. Scott Jaschik. «Too Much Information?», *Inside Education*, 11 octobre 2005: http://www.insidehighered.com/news/2005/10/11/bloggers

sur le sujet, en y ajoutant une nuance : bloguer en général, pas de problème ; bloguer sur le processus de recherche d'emploi, attention.

De : Sean Carroll
Date : 8 mai 2007
Titre : Le message que cela envoie, dans *Cosmic Variance*

La prolifération de moulins à rumeur en ligne a déjà remplacé beaucoup de ce qui était jusque-là des informations quasi privées, partagées par les bons vieux réseaux d'amis mais invisibles aux étrangers... Je peux imaginer un effet similaire si nous en arrivons à un point où une masse critique de chercheurs d'emplois et de gens en attente de titularisation blogueront sur leurs progrès.

À court terme, je crains que l'effet le plus évident ne soit délétère pour les blogueurs. Bien qu'en général, je sois sûr que les comités d'embauche et de titularisation ne se soucient pas de savoir si vous avez un blogue [...], en revanche, bloguer *à propos* du processus pourrait être le genre de choses qui rendrait un comité nerveux. Personnellement, je ne bloguerais jamais à propos d'une transition d'emploi majeure pendant qu'elle est en cours[55].

Le métier même de chercheur universitaire n'est-il pas construit sur la liberté de parole ? Comme le soulignait Normand Mousseau en entrevue, « il faut savoir que, comme professeur, on a une liberté. L'université ne me dira jamais "tu ne fais pas ça sur ton temps de travail". Tout le monde n'a pas cette chance dans la société. »

Si le risque professionnel est donc douteux, resterait l'autre risque, celui de la perte de temps. Du temps que le blogue grugerait sur la recherche. Ou, plus sournoisement, du temps que la lecture de cette abondance de messages éparpillés et parfois superficiels grugerait sur la lecture de textes plus rigoureux et plus crédibles.

À cela, nous vous avons peut-être convaincu qu'un climatologue ne perd pas son temps à lire les billets, qui n'ont rien de superficiels, de *RealClimate*. De plus, le passage des mois puis des années a de plus en plus pour conséquence que, grâce au système des hyperliens, ce qui est important émerge du bruit de fond, parce qu'il est répercuté de blogue en blogue – et commenté, et critiqué, et corrigé. Plus il y a de blogueurs dans une discipline, plus ce filtrage devient efficace, affirme Greg Tyrelle, bioinformaticien à l'Université Chang Guan de Taïwan et blogueur sur *Nodalpoint.org*.

---

55. Sean Carroll, « The Message That Is Sent », Cosmic Variance, 8 mai 2007 : http://cosmicvariance.com/2007/05/08/the-message-that-is-sent/

Les blogues crédibles contribuent à leur tour à crédibiliser un noyau dur de blogues, ajoute Glenn McGee – qui pense évidemment au blogue auquel il contribue, *Bioethics*, rattaché au très crédible *American Journal of Bioethics*.

En définitive, c'est à long terme qu'il faut réfléchir. Internet est devenu partie intégrante des vies des chercheurs et des professeurs ; le fait d'y prendre la parole et le contrôle en deviendra aussi une partie intégrante, à des niveaux différents pour chacun. Tant que le blogue ne sera pas vu comme une chose normale, les craintes mentionnées plus haut demeureront latentes.

De : **Sean Carroll**
Date : **11 octobre 2005**
Titre : **It's not the blog, dans *Cosmic Variance***

Il va sans dire que je crois personnellement que se connecter à une plus large audience est partie intégrante de la vie d'un professeur d'université, pas juste un divertissement. Je ne pense pas que chaque individu doive y passer beaucoup de temps, mais le domaine dans son ensemble doit considérer le blogue avec sérieux. Les blogues sont encore dans leur premier stade de développement mais éventuellement, la nouveauté laissera place à la familiarité. Dès lors, avoir un blogue sera aussi avantageux – ou néfaste – pour la carrière de quelqu'un que peut l'être, aujourd'hui, une apparition à la télévision ou l'écriture d'un texte d'opinion pour le *New York Times*. Ni plus, ni moins[56].

Questions dans l'air

Il subsiste certainement bien des questions sur l'avenir de la science, que l'arrivée des blogues n'a pas encore résolues, et n'est pas à la veille de résoudre.

Au terme du modeste premier «Congrès de Caroline du Nord sur les blogues en science» (*North Carolina Science Blogging Conference*), en janvier 2007, qui réunissait environ 150 personnes (universitaires et journalistes) à l'Université de Caroline du Nord (http://wiki.blogtogether.org/blogtogether), une des participantes, blogueuse et professeure de philosophie, tentait cette synthèse des questions qui demeurent en l'air.

---

56. Sean Carroll, «It's not the blog», *op. cit.*

De: **Janet D. Stemwedel**
Date: **21 janvier 2007**
Titre: **SBC 2007 – Questions in the Air,**
      dans *Adventures in Ethics and Science*

- Est-il suffisant (pour le bien des scientifiques et/ou de la société) pour la population en général de percevoir la science comme sympathique, ou est-il également important que la plupart des gens aient une compréhension minimale des bases de la science?

- Comment concilier le rythme de la publication scientifique et le cycle des nouvelles? Est-ce que ce sont les scientifiques, les éditeurs de journaux scientifiques, les médias traditionnels, ou les trois, qui perpétuent le système par lequel de nouveaux articles scientifiques reçoivent un essaim de reportages journalistiques le même jour, et puis sortent aussitôt des écrans radars? L'avantage, pour les scientifiques et leurs journaux, de gagner l'attention du public pour un moment, vaut-il le défi que cela pose aux journalistes scientifiques pour offrir une information claire et exacte? Est-ce que l'ensemble ne rend pas une image trompeuse de la science, en tant que produit plutôt que processus continu?

- Est-ce que les comités de titularisation et de promotion en viendront à voir le blogue comme une activité professionnelle valable?

- Compte tenu du temps précieux que cela grugera à l'horaire des professeurs de science du primaire et du secondaire, y a-t-il une façon pratique pour eux de s'atteler à la blogosphère pour aider leurs élèves? Y a-t-il des choses que les blogueurs pourraient faire pour se transformer eux-mêmes en de meilleures ressources pour les enseignants?

- Sur le même sujet, comment les visiteurs de la blogosphère distingueront-ils le bon, le mauvais et le pseudo-scientifique? En l'absence de comités de révision par les pairs pour les blogues, comment pouvons-nous savoir qui connaît vraiment son sujet?[57]

Ce sont des questions qui vont bien au-delà de l'avenir des blogues. Elles concernent l'avenir même des relations entre la science et le reste de la société. Mais les blogues ont déjà démontré qu'ils sont capables de jeter un pont entre la science et le reste de la société. Il n'en tient qu'aux scientifiques d'élargir ce pont.

Les questions qui restent en l'air ne seront pas résolues du jour au lendemain. On continuera de s'interroger pendant des années sur la façon de concilier le rythme de publication des revues

---

57. Janet D. Stemwedel, «SBC 2007: Questions in the Air», *Adventures in Ethics and Science*, 21 janvier 2007: http://scienceblogs.com/ethicsandscience/2007/01/sbc_2007_questions_in_the_air.php

scientifiques et celui de l'ère d'Internet. On continuera de s'interroger sur l'arrimage idéal entre le travail du professeur d'université
et son blogue. On expérimentera longtemps encore de nouvelles
façons d'utiliser le blogue en classe.

Mais aucun doute là-dessus: que cela vous plaise ou non, on
utilisera bel et bien le blogue en classe. Davantage d'universitaires
blogueront. Le rythme d'Internet marquera de plus en plus l'univers
scientifique.

Comment les visiteurs de la blogosphère distingueront-ils «le
bon scientifique» du «pseudo-scientifique», comme on le demandait
lors de ce congrès de Caroline du Nord? Eh bien le problème se pose
de la même façon dans l'univers réel: si les arguments de la pseudo-
science ont autant de portée, c'est parce que leurs porte-parole crient
plus fort, qu'ils tiennent un discours simple, et qu'ils disent ce que
les gens veulent entendre. Contre cela, il n'y a pas grand-chose que
les scientifiques puissent faire, sinon marteler leur propre discours,
de la façon la plus claire et la plus simple possible.

Mais pour qu'ils puissent le faire, encore faut-il qu'ils aient investi
les lieux où la population écoute ces discours. Tous les lieux.

Poursuivez cette réflexion sur l'avenir de la communication scientifique! Ce chapitre peut être amélioré et discuté à:
http://sciencepresse.wiki-site.com

TROISIÈME PARTIE

Des billets et des blogueurs

Les meilleurs textes de *Science! On blogue*

Qu'ils soient physiciens, biologistes ou philosophes, leur regard sur la science est à la fois passionné et critique. Tantôt aussi émerveillé qu'un enfant devant une nouveauté, tantôt aussi critique qu'un journaliste devant un projet politique.

Plutôt que de regrouper par blogueur ou par blogue ce que *Science! On blogue* a publié en 2006-2007, nous vous offrons une descente en piqué sur la science sous la forme de regards croisés: perspectives sur la science dans la société et la culture d'abord, explications choisies sur des phénomènes qui les passionnent ensuite, incursion dans la politique en troisième lieu et, pour finir, tranches de vie d'un scientifique... ou de la science!

Les blogueurs, 2005-2007

Physique (octobre 2005)	Normand Mousseau, Université de Montréal (depuis octobre 2005)
	Sjoerd Rjorda, Univ. de Montréal (automne 2005)
	Sophie Lapointe (automne 2005)
	Nathaniel Lasry, College Abbott (depuis novembre 2006)
Environnement (octobre 2005)	Jean-Claude Mareschal, UQAM (depuis octobre 2005)
	Laurent Lepage et étudiants, UQAM (octobre à décembre 2005)
Génétique (novembre 2005)	Isabelle Boutin-Ganache et Groupe de recherche en bioéthique (novembre 2005 à mars 2006)
	Bastien Llamas, IRCM (depuis décembre 2005)
	David Carter (depuis septembre 2006)
Astronomie (octobre 2005)	Robert Lamontagne, Université de Montréal (depuis octobre 2005)
	Yvan Dutil (depuis décembre 2005)
Culture (mai 2006)	Mario Tessier (depuis mai 2006)
	Frédéric Abraham, UQTR (depuis novembre 2006)
	Yves Gingras, UQAM (depuis novembre 2006)
	Jean-François Chassay, UQAM (depuis novembre 2006)
Controverse (octobre 2006)	Normand Baillargeon, UQAM (depuis octobre 2006)

CHAPITRE 9
Quand la science se dévoile dans la culture

De quelque façon qu'on analyse les six blogues de l'Agence Science-Presse, on leur trouve inévitablement des points communs: une volonté d'expliquer et de remettre en contexte; et, par-dessus tout, une volonté de montrer que la science n'est pas seulement accessible au commun des mortels. Elle fait partie de nos vies.

Ce que cela signifie? Que la place de la science n'est pas seulement au fond d'une mine avec des détecteurs de neutrinos ou en orbite avec Hubble; la place de la science est avec Les Débrouillards et les arts, avec les auditeurs de Battlestar Galactica et de Spiderman, avec les lecteurs d'Hubert Reeves et avec ceux qui ont vécu par procuration les voyages des écologistes en Antarctique ou en Amazonie. La place de la science est dans les rêves de tous ces gens «ordinaires», parce que ce qui fait progresser la science, c'est la curiosité, la passion – et l'émerveillement.

Les Débrouillards fêtent leur premier quart de siècle

Tel que le rapportait *Le Devoir* dans son édition du 20 janvier, le mouvement des Débrouillards a 25 ans tout juste. Alors que la présence de la science dans les médias est en déclin, une petite équipe de journalistes et de créateurs motivés a réussi à tenir à bout de bras une des plus grandes activités de vulgarisation scientifique au Québec et à survivre à travers les tempêtes et les succès.

D'une certaine façon, l'originalité des créateurs et des promoteurs des Débrouillards s'apparente, sans les fonds, à celle des grandes entreprises culturelles québécoises telles que le Cirque du Soleil.

Coincé dans un petit coin d'une Amérique du Nord anglophone, le Québec doit soit importer sa culture, soit la développer lui-même. Quand il s'agit de programmes et de revues pour les jeunes, la deuxième solution est souvent la meilleure. C'est heureusement l'approche qui a été retenue par le groupe des Débrouillards, qui n'a pas cessé d'innover depuis sa création.

Ironiquement, dans la même édition du *Devoir*, l'Institut du Nouveau Monde publie un cahier spécial sur *Que devient la culture québécoise?* On y retrouve des articles sur l'avenir de la culture québécoise, le rôle des minorités, la place de la religion et bien plus, mais pas un seul mot sur la culture scientifique! En dépit du travail considérable accompli par les vulgarisateurs scientifiques au Québec, ces derniers ne font toujours pas partie des acteurs culturels.

En effet, depuis plus d'une cinquantaine d'années, la communauté intellectuelle a rejeté la science. Comme on le voit dans le document de l'Institut du Nouveau Monde, une Québécoise ou un Québécois accompli se doit de s'intéresser à la littérature, à la poésie, à la philosophie, aux religions, à l'histoire, à la danse, à la peinture, à la sculpture, à la musique et au cinéma, mais pas à la science. Comme si celle-ci se développait de façon désincarnée et ne représentait pas une facette essentielle de notre personnalité: la curiosité face à notre environnement.

Cette approche se reflète au niveau des gouvernements qui ne considèrent pas non plus que les activités des Débrouillards appartiennent aussi au monde de la culture et ne les soutiennent pas comme telles.

Après 25 ans de créativité débridée au service de la science, je ne peux que remercier Félix Maltais, créateur du mouvement des Débrouillards, et nous souhaiter que son équipe continue encore longtemps à nous surprendre et à nous faire comprendre le monde qui nous entoure en dépit des nombreux obstacles qui jonchent son parcours.

Vive les Débrouillards et vive la culture scientifique!

Normand Mousseau, 22 janvier 2007
Pour commenter ce billet: http://blogue.sciencepresse.info/ physique/item/363

La beauté de la différence

Quand l'art et la science se rencontrent, on peut s'attendre à voir naître de belles histoires...

Tout a commencé avec les maladies génétiques ou plutôt avec les personnes atteintes d'une maladie génétique.

Que connaissez-vous de ces gens? Souvent, on s'arrête aux illustrations médicales, où on voit un individu présentant une panoplie de symptômes plus ou moins visibles qui, on le devine parfois, peuvent être handicapants, voire dangereux pour la santé. La lumière est crue, le sujet est dénué d'humanité, seule la maladie compte.

Mais qu'en est-il de la vie, du quotidien de ces personnes? Soit on nous le cache par fausse pudeur, soit on nous sert un récit pathétique au journal télévisé du soir. Au final, on a l'impression démoralisante que les maladies génétiques sont une fatalité horrible. Ce fardeau culturel est lourd à porter pour les personnes atteintes et leurs proches, qui ont déjà assez de difficultés à gérer la maladie sans qu'on leur ajoute en plus le sentiment d'être des phénomènes de foire.

Heureusement un photographe, Rick Guidotti, et une psychiatre, Diane E. McLean, ont pris l'initiative de célébrer la diversité génétique en ciblant précisément ceux que monsieur Tout-le-monde (intolérant et nombriliste) qualifie promptement de cas particuliers, d'anomalies, d'anormaux. Je vous invite donc à faire un tour sur le site de l'organisme à but non lucratif Positive Exposure (www.positiveexposure.org), pour juger par vous-même avec quelle efficacité Guidotti et McLean se jouent des *a priori* et brisent l'échine aux idées reçues.

Les stigmatisés, ceux que l'opinion publique marque au fer rouge de façon plus sûre que leurs propres gènes défectueux, se transforment sous l'œil du photographe et livrent à la psychiatre des histoires uniques. Regardez comme leurs différences s'effacent devant leur sourire, regardez comme ils sont fiers et dignes... La fatalité n'est pas forcément triste.

Qu'est-ce que le monde est beau!

Bastien Llamas, 14 octobre 2006
Pour commenter cet article: http://blogue.sciencepresse.info/
genetique/item/299

La science soluble dans la culture?

J'enseigne dans des départements d'études littéraires à l'université depuis 1984 et, depuis 1991, je suis professeur régulier à l'UQAM. Depuis mon doctorat, je m'intéresse, dans le cadre de mes recherches, à des sujets comme l'utilisation des discours scientifiques dans le texte littéraire, la présence du savant et du laboratoire dans la fiction, la place accordée à la science dans le discours social.

Il va de soi qu'il m'arrive d'aborder ces questions dans mes cours. Or, je retrouve chez les étudiants, grosso modo, l'étonnement qu'on retrouve dans l'ensemble de la population quand les sciences surviennent dans la conversation hors propos. Une curiosité parfois, mais surtout une grande perplexité, qu'on pourrait traduire par la question suivante: qu'est-ce que les sciences viennent faire dans la culture? Formulée ainsi, l'interrogation peut sembler grossière, et pourtant je ne crois pas qu'elle soit très loin de la réalité.

Il existe des centaines de définitions de la culture. J'en propose une, bien prosaïque: la culture, ce sont des objets, des événements, des manifestations, à propos desquels on peut s'engueuler.

On peut s'engueuler sur l'interprétation d'un livre, d'une toile, d'une pièce de théâtre, dans le cadre d'un débat politique; on ne peut pas s'engueuler sur la théorie des supercordes. Et pourtant, ne pas être un spécialiste, un expert, ne devrait pas empêcher de s'intéresser de près au sens que peuvent avoir les recherches scientifiques les plus récentes, à leurs valeurs philosophique et sociale. Leur portée culturelle est telle que les disciplines scientifiques devraient logiquement intégrer les différentes manifestations de la culture, culture qui pourrait peut-être ainsi sortir du couple, de l'intime, du vécu, ce repliement insupportable dans lequel elle se vautre trop souvent aujourd'hui.

On peut se consoler – mais est-ce vraiment consolant? – en se disant que ce n'est en rien propre au Québec. J'ai passé deux semaines en Italie en septembre 2004. Dans les villes où je suis allé (Naples, Rome, Venise, Padoue), j'ai vu des places, des statues bien en vue, qui consacraient Dante. Ce n'est que justice. Sur Galilée, père de la méthode scientifique, et par ailleurs un des plus grands écrivains italiens? Presque rien.

À Padoue où il a enseigné 18 ans, pas un musée, pas une place publique qui le mette en évidence. Simplement une petite rue à son nom. À Rome, où il se rendit tellement souvent et où eut lieu le procès qui le condamna bêtement, on donne l'impression de vouloir l'oublier. On ne saurait exprimer plus cruellement que la science est rejetée à la périphérie de la culture.

Jean-François Chassay, 13 décembre 2006

La science et les vedettes

Il arrive que des personnalités du monde du spectacle ou du sport donnent leur aval à des idées farfelues ou dangereuses.

L'organisme *Sense about Science* (www.sensaboutscience.org.uk) a donc eu la riche idée de produire un amusant petit dépliant qu'on peut télécharger au format pdf et dans lequel des assertions de quelques personnalités sont commentées par des scientifiques qui remettent les pendules à l'heure.

Je vous laisse découvrir ceux et celles que l'organisme a choisis de gentiment épingler. Une place à part doit être faite à Madonna, qui assure que le Dr Arthur Spokojny, un adepte comme elle de doctrines kabalistiques, a décontaminé le lac Gyboke, à Chernobyl. Citation de la madone: «un des plus grands problèmes qui existent en ce moment dans le monde, ce sont les déchets nucléaires. C'est quelque chose dans quoi je suis impliquée depuis un certain temps avec un groupe de scientifiques: trouver une manière de neutraliser les radiations».

Neutraliser les radiations! Ben dis donc...

Par ailleurs, sur le site de l'organisme, un toxicologue et une diététiste répondent à une citation du top-model Elle Macpherson sur les bienfaits de la nourriture organique (sans pesticides inutiles ou additifs alimentaires dangereux) et leurs commentaires ont soulevé des réactions sceptiques et parfois passionnées sur le site de l'Association française pour l'information scientifique (AFIS).

En bout de piste, cependant, l'initiative est heureuse ne serait-ce que parce que lorsque des personnalités promeuvent des théories, des thérapies et ainsi de suite, le prestige qui est attaché à elles tend à accroître aux yeux de bien des gens la crédibilité de ces théories ou thérapies. Cela peut parfois être anodin, mais cela peut aussi être plus grave.

Bref: un intéressant outil pédagogique et je me demande si ce ne serait pas une bonne idée à importer ici?

Normand Baillargeon, 7 février 2007
Pour commenter cet article: http://blogue.sciencepresse.info/controverse/item/369

Les gènes pour retrouver son identité

Un récent reportage à la télévision de Radio-Canada faisait état de l'engouement des Noirs américains pour la généalogie génétique. En effet, la plupart de ceux-ci ont des ancêtres esclaves, pour lesquels il n'existe pas d'archives généalogiques. Ils ne peuvent donc pas remonter à leurs racines africaines suivant les méthodes tradition-nelles de recherche.

À ce sujet, on se rappelle d'ailleurs le succès phénoménal qu'avait connu il y a trente ans le roman d'Alex Haley, *Roots: The Saga of an American Family*. Le livre racontait les heurs et malheurs de Kunta Kinte, un Africain capturé par des esclavagistes en 1767, et de ses descendants jusqu'à Haley lui-même. On en avait tiré une mini-série télévisée qui avait passionné l'Amérique entière. Cent trente millions de téléspectateurs avaient suivi à un moment ou un autre les déboires de la famille de Kunta Kinte.

Il n'est donc pas étonnant que les Afro-Américains s'approprient tous les moyens disponibles pour renouer avec leurs racines. Et c'est ici que la génétique entre en jeu. Les progrès fulgurants de cette discipline depuis que les tests d'ADN sont devenus peu coûteux, permettent de connaître l'origine ethnique et la provenance biogéo-graphique des individus. Des bases de données qui avaient été compilées à d'autres fins servent maintenant à déterminer la lignée de 160 groupes ethniques de plus de 30 pays. Des vedettes comme Oprah Winfrey et Whoopi Goldberg et même des groupes entiers, dans les églises noires, se sont fait tester pour connaître leurs origines. Un des effets de cette pratique est le renouveau du mouvement tribal dans ce retour aux sources, et tout ce que cela comporte au niveau du choix des noms, des vêtements, etc.

Mais ce n'est pas seulement chez les Noirs américains que cet engouement se fait sentir. Ainsi, plusieurs Américains utilisent leurs gènes amérindiens pour réclamer des avantages fiscaux, ou en raison de gènes africains ou asiatiques, désirent bénéficier de la discrimination positive pour l'accès aux études ou à l'emploi. Ainsi, le *New York Times* rapportait le cas d'une étudiante qui avait inscrit la mention «asiatique» dans son formulaire d'inscription universitaire, bien que visiblement d'apparence caucasienne, et même si elle avouait candidement qu'elle ne se connaissait aucun ancêtre asiatique. Toutefois, à la suite d'un test génétique, ses origines ethniques avaient montré que ses ancêtres provenaient à 98% d'Europe et à 2% d'Asie de l'Est. L'étudiante a été admise et a même reçu une bourse!

L'appartenance ethnique peut donc être aussi affaire de gros sous. Prenons l'exemple des Amérindiens des États-Unis. Puisque certaines tribus américaines versent à leurs membres une partie des profits des casinos qui se sont ouverts, depuis quelques dizaines d'années, dans les réserves, l'enjeu est grand pour les conseils de tribus d'identifier les membres qui ont réellement des arrière-grands-parents amérindiens. De plus en plus de membres potentiels de ces tribus font donc appel aux techniques de dépistage d'ADN.

Plusieurs généticiens se plaisent à dire que «la génétique réfute l'idée de race». Mais l'utilisation des marqueurs de haplogroupes pour identifier les populations souches d'où nous sommes issus rétablit les vieilles catégories raciales. La généalogie génétique est donc impliquée dans la résurgence d'un langage qui «racialise» les différences humaines.

Cette «biologisation» de notre identité est-elle un signe du siècle à venir?

Au Québec, nous n'éprouvons pas encore le besoin de faire appel à la généalogie génétique. En effet, les archives de la Nouvelle-France sont très complètes et il est relativement aisé à des amateurs d'identifier tous les membres de leur lignée familiale. Ce qui n'empêche pas certains d'avoir des surprises lors d'un test de filiation génétique. Ainsi, certains porteurs de noms de familles souches ont découvert qu'ils ne possédaient aucun gène de cette famille.

La généalogie génétique nous apprendra sans doute dans le futur à moins sous-estimer l'importance des adoptions et des fausses paternités!

Aux États-Unis, le taux de fausse paternité est estimé entre 2 et 5%. Ce n'est pas un chiffre important mais au bout de 10 générations, la probabilité de non-filiation d'une lignée familiale peut atteindre 50%! On peut imaginer les coupes à blanc dans nos arbres généalogiques si le taux de fausse paternité devait se révéler plus grand, comme le suggèrent déjà certaines études récentes effectuées au moyen de la généalogie génétique!

Pour en revenir au Québec, un projet de généalogie génétique permettra bientôt aux descendants des colons français d'en savoir plus sur leurs origines. Le Projet ADN d'héritage français existe depuis trois ans et compte déjà plusieurs centaines d'adhérents: surtout des Américains d'origine canadienne-française, acadienne, cajun, métis, mais aussi d'autres participants qui se réclament de souche française, même lointaine. Grâce à cette initiative, peut-être découvrirons-nous que nos ancêtres de Nouvelle-France ont eu un impact bien plus important que l'on pense sur tout le continent américain.

Comme disait l'autre, «la patrie, c'est le sang des autres».

Mario Tessier, 25 février 2007
Pour commenter cet article: http://blogue.sciencepresse.info/
culture/item/374

Bon Dieu de &?(&!!!

Ce n'est sans doute pas un hasard si des revues lues à la fois par les cognoscenti et par le grand public ont publié simultanément des articles de fond sur l'athéisme et la remise en question de la religion. En effet, immédiatement après la victoire démocrate aux élections américaines de mi-mandat, *Wired* a publié en page couverture «The New Atheism» (www.wired.com/wired/archive/14.11/atheism. html) tandis que l'édition du 13 novembre 2006 du *Time* renfermait un dossier intitulé: «God vs. Science».

Enhardis par cette éclaircie au sein d'un climat politique et culturel conservateur, des scientifiques, irrités et frustrés de l'ingérence du président Bush dans les officines de recherche et les politiques scientifiques, ont décidé de réagir en s'attaquant à l'origine de leurs maux: la religion.

Plusieurs dénoncent haut et fort cet empiétement croissant de la pensée religieuse sur la société laïque, et notamment dans le domaine de la recherche scientifique (pensons seulement au débat sur les cellules souches et les changements climatiques). Certains ont même entrepris une «croisade» contre la foi, parmi lesquels on compte des luminaires comme Richard Dawkins, Sam Harris et Daniel Dennett. Notons que plusieurs de leurs livres se trouvent d'ailleurs sur la liste des best-sellers.

Dawkins vient tout juste de publier *The God Delusion*, une charge cinglante contre la religion sous toutes ses formes. Dans son livre, il attaque les notions erronées sur le darwinisme et les clichés associés à la théorie évolutionniste et la sélection naturelle, et finit, bien entendu, par démolir les arguments des créationnistes. Notons que Dawkins, qui a entretenu une longue rivalité avec Stephen Jay Gould à propos de la théorie des équilibres ponctués de ce dernier et de sa propre théorie des mèmes, s'en prend aux scientifiques qui marchent sur des œufs dès qu'il est question de religion. C'est encore là une attaque voilée contre Gould, qui soutenait dans son ouvrage *Et Dieu dit: «Que Darwin soit». Science et religion, enfin la paix?* (1999), que la science et la religion étaient deux magistères différents (*non-overlapping magisteria*), et donc, qu'elles n'étaient pas inévitablement destinées à se dresser l'une contre l'autre.

Toutefois, il faut reconnaître que Dawkins s'est toujours montré intransigeant envers la religion et qu'il défend sa position avec une logique farouche et irréprochable. Avec lui, pas de tergiversations, pas d'accommodement raisonnable, et pas de prisonniers. Nous sommes donc bien loin de l'esprit de tolérance de Gould, qui, bien qu'ayant sans cesse combattu les créationnistes, avait tout de même tenté de démontrer que l'évolution n'était pas antinomique avec la foi en Dieu. Pour sa dissertation de doctorat, Greg Gaffin, une de ces nouvelles figures de l'athéisme, a interrogé 149 biologistes évolutionnistes. Sur le total, 130 ne croyaient pas en Dieu... mais seulement une poignée affirmait que la science et la religion étaient incompatibles.

Aux yeux des biologistes et des paléontologues, cette guerre des fondamentalistes américains contre la théorie de l'évolution apparaît donc comme particulièrement stupide. Non seulement, les preuves scientifiques sont-elles légion (et ce, dans divers domaines tels que la biologie moléculaire et la génétique) mais du côté théologique, il n'y a pas non plus de réel conflit. Même le Vatican, sous l'égide du pape Jean-Paul II, avait reconnu en partie le bien-fondé de la théorie de Darwin; bien que le pape actuel, Benoît XVI, soit plus réticent que son prédécesseur à accepter cette notion. C'est donc infiniment regrettable qu'une découverte aussi importante de la science soit devenue l'otage d'une minorité sectaire, qui se sert de cette question théologique pour renforcer sa position.

On ne peut donc véritablement blâmer ces scientifiques athées pour ce ras-le-bol face au fondamentalisme chrétien et au radicalisme religieux de tout poil, dont l'obscurantisme forcené voudrait annuler des millénaires de progrès. Toutefois, cette montée de lait ne changera rien au climat actuel de résurgence de la religion. À ce chapitre, la Raison n'a jamais eu raison de la Foi. Au pire, on considérera ces prophètes du naturalisme comme des clowns inoffensifs, comme semble le faire le journaliste de *Wired*.

La plupart des fidèles maintiennent au sujet des relations entre la science et la religion un flou artistique. La majorité des croyants préfère s'en tenir à un tiédisme de bon aloi. Nous désirons un vaccin efficace contre la grippe mais nous sommes prêts à croire que l'évolution n'est qu'une vue de l'imagination… Nous sommes prêts à payer pour des images obtenues par résonance magnétique… mais nous ne sommes pas totalement contre l'idée d'aller voir un ramancheux ou de prier Saint-Joseph pour guérir ce fichu mal de dos. En somme, nous choisissons de croire que les avancées scientifiques et la foi en Dieu peuvent cohabiter en harmonie… à condition de ne pas y regarder de trop près. Ce qui est en soi une position pragmatique mais, en définitive, plus intenable que celle des athées.

Mario Tessier, 16 novembre 2006

Commentaires

S. – 16 novembre 2006, 14h44

Une rivalité athéisme-religion ne conduira qu'à réactiver des vieux combats, de vieilles crispations... Aucun protocole scientifique ne peut être mis en place qui aboutisse à la conclusion qu'il n'y a pas de dieu! Il faudrait d'ailleurs définir cette notion. Il y a autant de dieux – et de non-dieux! – que de croyants pour les imaginer!

La science et la religion sont de deux ordres totalement différents. La science, c'est la description, la mise en place, le résultat de protocoles rigoureux et transparents, au service de la connaissance du réel. Elle ne donne aucune réponse aux grandes questions existentielles. La question de dieu est pour elle simplement non pertinente!

MP, enseignant en science – 19 novembre 2006, 10h00

[...] Il est ridicule de demander à un scientifique d'être athée, agnostique ou croyant. Un scientifique fait de la science lorsqu'il utilise un protocole scientifique pour discuter d'un phénomène. Un scientifique ne fait pas de la science lorsqu'il sort de ce protocole... pour faire des arts ou pour faire un acte de foi. Comme c'est un être humain, il est grotesque de lui interdire d'utiliser ces deux facettes de sa vie, mais il doit être ramené à l'ordre lorsqu'il tente de les intégrer dans une démarche scientifique. Comme il est grotesque de demander à un Pape, dans le cadre de ses fonctions, son opinion sur la théorie de l'évolution de l'homme.

Les arts, la science et la religion, entre autres, servent à définir des valeurs qui dictent des comportements sociaux. Ils sont non seulement des aspects différents de l'être humain, mais ils sont tous essentiels à son évolution et sa survie. Les conflits surviennent seulement lorsque l'un des domaines tente de s'immiscer dans le champ d'action de l'autre. Et n'allez pas croire que c'est seulement la religion qui tente de dicter ses règles à la science. L'histoire des sciences modernes montre assez facilement que la science s'est permis de bousculer les Églises sans ménagements.

Qu'arrive-t-il lorsque les accommodements raisonnables sont remis en cause? Je n'ai pas de réponse, mais il n'y a pas de salut en dehors de la discussion et de la démocratie. Cela aussi, l'histoire de l'humanité l'a prouvé.

JLT – 20 novembre 2006, 01h45

Athée ou agnostique? Croyant ou non? Dans ma vie, j'ai fait le tour de toutes les options et il me semble qu'il y a quelque chose que les scientifiques sont trop polis pour dire ouvertement.

C'est un fait que les méthodes scientifiques ne peuvent pas démontrer l'inexistence d'un facteur métaphysique respectant les lois connues ou n'intervenant dans le monde naturel que de manière non reproductible. De ce point de vue, l'athéisme est certes une option métaphysique plutôt que scientifique.

Toutefois, il me semble qu'on omet parfois de dire que l'option agnostique recouvre un spectre étendu de formes du scepticisme. Souvent, l'option agnostique est la première voie de sortie pour le croyant qui devient agnostique parce qu'il n'est plus sûr de pouvoir croire en Dieu. Or, ce n'est qu'un élément du spectre.

Il existe une autre forme d'agnosticisme, nettement plus radicale. Elle conserve un doute que je dirais méthodologique puisque les affirmations métaphysiques ne peuvent être ni vérifiées ni réfutées. Mais l'agnostique en question réduit ce doute à quelque chose de presque infinitésimal, alors que l'agnostique qui est un ex-croyant ne doute que parce qu'il est obligé de douter, contraint et forcé par ses facultés de raisonnement.

L'agnostique radical, lui, accepte la vision du monde fournie par les données de la science et aussi de l'ethnographie ou de l'histoire, et il lui apparaît comme hautement improbable qu'une déité conforme aux préjugés des habitants d'une planète isolée puisse exister sous cette forme [...]

La science ne peut pas déterminer la probabilité de l'existence de Dieu. Mais si on la prend au sérieux, elle indique fortement que s'il n'y a pas plus de raisons de croire que l'Univers a été créé par le Dieu d'Abraham que par des loups-garous martiens également inconnus et inconnaissables, ce serait dangereux de trop miser sur l'existence du premier.

Ceci, toutefois, ne concerne que la cosmogonie et non la vie en société. La science a effectivement un rôle social, tout comme la religion. On peut se passer d'avoir une opinion sur l'Univers et son origine, et on peut se passer de l'exprimer. On peut confiner la science aux laboratoires et la religion aux églises/temples/etc. Mais il ne faudrait pas interdire aux gens d'appliquer les données de la science à leur évaluation de la possibilité de certaines hypothèses métaphysiques...

mtessier – 21 novembre 2006, 18h03

Bonjour JLT,

Excellente démonstration! Flaubert ne disait-il pas: «J'aime mieux l'athée qui blasphème que le sceptique qui ergote!». Mais les athées ont mauvaise presse. On se méfie toujours d'eux car ils ne croient en rien et, par ce fait même, menacent le fondement de la société. Songeons seulement aux romans de Dostoievski: «Si Dieu n'existe pas, tout est permis!».

Je me rappelle avoir regardé une émission de télévision française où l'on discutait du *Traité d'athéologie* de Michel Onfray. Les tenants du judaïsme, de l'islam et du catholicisme se liguaient entre eux pour attaquer ce pauvre incroyant, dont la simple existence semblait leur être une insulte! Onfray ne s'était pas gêné pour énumérer dans son livre les injustices et les incohérences de la religion et il fallait voir la mauvaise foi des curés qui lui en tenaient rigueur. C'était somme toute assez instructif de voir ces bons pasteurs, et dont la foi exclut normalement les autres religions, faire un front commun œcuménique devant cet impie jugé ennemi numéro 1.

On ne peut donc pas en vouloir aux scientifiques d'être frileux sur ce sujet et de ne pas vouloir en rajouter lorsqu'il s'agit des relations entre la science et la religion. Stephen Jay Gould, forcé de défendre sur toutes les tribunes les thèses darwinistes qu'il remettait lui-même (partiellement) en question, ne désirait pas s'engager dans une guerre (de religion) qu'il jugeait perdue d'avance. C'est pourquoi son ouvrage sur les «deux magistères» est si insatisfaisant.

Marie-Victorin contre les créationnistes

Au mois d'août dernier, le pape Benoît XVI tenait une réunion avec des scientifiques à sa résidence d'été de Castel Gandolfo pour discuter de la théorie de l'évolution. Alors que le débat fait rage depuis longtemps aux États-Unis, il semble que le Vatican sente soudain le besoin de prendre parti. En fait, la plus récente intervention papale date de 1996 quand, croyant faire un grand bond en avant, Jean-Paul II déclarait que la théorie de Darwin était «plus qu'une hypothèse»... laissant ainsi aux herméneutes le soin de comprendre ce qu'était ce «plus».

L'obsession anti-darwinienne étant ancienne aux États-Unis, il n'est pas sans intérêt de relire ce que le frère Marie-Victorin écrivait sur ce sujet dans *Le Devoir* il y a exactement 80 ans, les 13 et 15 novembre 1926. On découvre en effet sous la plume de l'humble frère des Écoles chrétiennes, non seulement une bonne connaissance des débats de son époque, mais surtout une conception des rapports entre science et religion qui est toujours d'actualité et dont l'actuel pape et ses conseillers pourraient s'inspirer avec profit.

À l'été 1925, la petite ville de Dayton dans le Tennessee avait été le lieu d'un procès devenu fameux sous le nom de «procès du Singe» au cours duquel un professeur de biologie d'une école secondaire, John Scopes, était poursuivi par l'État pour avoir enseigné... la théorie de l'évolution. Il contrevenait en effet à une loi de cet État qui interdisait l'enseignement de toute théorie contredisant l'histoire biblique de la création divine. Après un procès mouvementé, Scopes fut condamné à une amende de 100$. Déplorant une telle lutte stérile entre science et religion, Marie-Victorin écrit: «En Amérique, nous assistons actuellement à un revival suranné, où des politiciens [et] des clergymen protestants écrivent des livres qu'ils croient décisifs sur la question la plus profonde de la biologie, et où des jurys, composés de fermiers du Tennessee, décident, à la majorité des suffrages, de l'origine des espèces». Et il ajoute une phrase qui devrait encore faire réfléchir l'ancien responsable de la Congrégation pour la Doctrine de la Foi: «Disons tout de suite, à l'honneur du clergé catholique américain, qu'il s'est tenu soigneusement à l'écart de ce mouvement».

Face à la «méconnaissance complète des méthodes positives de la science» et à une «apologétique de quatre sous aussi révoltante qu'inutile» véhiculée par les journaux de son époque, Marie-Victorin insiste: «Tous les esprits libres, tous les esprits sincères, se doivent de s'insurger». Il pose alors le problème dans toute sa généralité, soit celle des tentatives concordistes visant à rendre compatibles la science et la religion. «À toutes les époques, note-t-il, et malgré les meilleures intentions du monde, ces tentatives concordistes, lorsque poussées un peu loin, ont nui à la religion aussi bien qu'à la science elle-même.» Et de citer les noms de Galilée, condamné par Rome, de Luther et du jésuite Inchofer dénonçant Copernic, comme exemples de ces égarements.

Il termine son texte en proposant d'adopter «le *modus vivendi* des pays éclairés», tant il serait plus simple «de laisser la science et la religion s'en aller par des chemins parallèles vers leurs buts propres; de continuer d'adorer Dieu en esprit et en vérité, et de laisser les biologistes travailler paisiblement dans l'ombre de leurs laboratoires».

S'inspirant toujours des meilleures sources, puisse le nouveau pape entendre ce message tenu par notre plus grand savant catholique qui avait appris à se tenir loin «des grimaces et de la ferblanterie des dévotionnettes».

Yves Gingras, 29 novembre 2006

Compter les morts en Irak

Ce que la science peut apporter aux débats sociaux, économiques et politiques est souvent crucial. En ce sens, il est triste de constater à quel point la science, ses résultats et même, plus largement, l'attitude scientifique, ont du mal à pénétrer notre espace public.

Considérez à ce propos la guerre actuellement menée en Irak. Et considérons la question cruciale de savoir combien cette guerre a fait de morts.

À en croire bien des commentateurs, ce serait autour de 30 000 – ce qui, bien entendu, est déjà énorme. D'où vient ce nombre? Il a, semble-t-il, été avancé en décembre 2005 par le président Bush et il est depuis couramment répété et parfois ajusté à la hausse.

Ce qui est troublant, c'est que la prestigieuse revue *The Lancet* vient de publier une nouvelle étude qui contredit ces nombres. Intitulée : *Mortality after the 2003 invasion of Iraq : A cross-sectional cluster sample survey*, la recherche est signée par Gilbert Burnham, Riyadh Lafta, Shannon Doocy et Les Roberts. Elle est disponible gratuitement – il suffit de s'inscrire – sur le site de la revue (www.thelancet.com)

Cette recherche, si je m'en remets à la banque de données eureka. cc, n'a pourtant à peu près jamais été évoquée dans les médias écrits francophones du Québec.

C'était en fait la deuxième publiée sur le sujet par la revue. La première, en 2004, avait conclu qu'entre mars 2003 et septembre 2004, il y avait eu 100 000 morts excédentaires en Irak attribuables à la guerre contre ce pays. La deuxième, celle dont il est ici question, conclut que le nombre de ces morts excédentaires n'a cessé de croître et l'établit à 654 965!

Je pense que les médias ont ici raté deux belles occasions. La première, de donner au public une information scientifique pertinente à un débat public de la plus haute importance. La deuxième, de contribuer à l'éducation scientifique de ce même public et par le fait même de rehausser son niveau de pensée critique.

En effet, les médias auraient pu en profiter pour, entre autres:

- Expliquer ce qu'est une revue scientifique dont les articles sont révisés par des pairs, ce qui est le cas de *The Lancet*.
- Faire connaître les immenses problèmes méthodologiques que posent ce type d'étude, les choix méthodologiques des auteurs, leur justification et leurs éventuelles limites.
- Expliquer ce qu'est une marge d'erreur.
- Rappeler, le cas échéant, ce qui est controversé dans cette étude et pourquoi.

Le public aurait alors pu évaluer les mérites respectifs des arguments de M. Bush et des chercheurs. Il aurait, partant, été mieux outillé pour se faire une opinion éclairée sur la guerre en Irak.

Deux belles occasions ratées, en somme, et qui nous rappellent tout d'abord que le développement de la pensée critique des citoyens est une entreprise éducative qui a de très lourdes conséquences politiques; ensuite, le rôle important que doivent jouer les médias dans l'accomplissement de cette tâche difficile.

Normand Baillargeon, 31 octobre 2006

Gadgets à la mode

Nous sommes tous amourachés de nos gadgets. L'engouement pour les téléphones cellulaires, le roulement incessant des équipements informatiques, les publicités télévisuelles pour les robots culinaires de toutes sortes, et même notre histoire d'amour avec l'automobile, marquent la technophilie qui anime notre civilisation. Plus souvent qu'autrement, ces gadgets nous définissent mieux qu'aucun autre artefact. Les gadgets que l'on aime vieillissent avec nous et nous ne nous en défaisons qu'à contrecœur.

Ainsi, bon nombre de téléphones à cadran restent encore en fonction, au grand déplaisir de Bell Canada, qui aurait bien voulu se débarrasser de cette technologie désuète depuis des décennies, et pour laquelle il lui faut toujours assurer un suivi parce qu'elle ne peut forcer sa clientèle à migrer vers un autre produit.

La nostalgie des vieux gadgets n'est pas l'apanage de quelques luddites en proie au choc du futur. Au contraire, toute une culture rétrotechno s'est développée chez les *nerds* et les *geeks* autour du recyclage des anciennes technologies. Par exemple, comme le raconte Esther Pilon dans un article de *La Presse*, daté du 24 mai 2006, de jeunes ingénieurs et informaticiens se servent de vieux boîtiers d'ordinateurs pour les transformer en aquariums, boîtes aux lettres et bacs à fleurs. Parce que l'on a aimé le design d'un gadget particulier, on cherche à prolonger sa vie utile en le convertissant en autre chose. On exploite ainsi les qualités d'un produit (sa durabilité, son ergonomie ou même sa beauté formelle) pour bonifier une autre technologie. Par exemple, certains se sont servis du boîtier du classique Walkman jaune de Sony pour y insérer leur nouveau iPod.

Mais ce renippage de vieux gadgets, initiative louable en soi en ces temps de recyclage, est surtout le fait de jeunes technoïdes, souvent des *early adopters* (des réceptifs précoces, selon l'affreux terme inventé par l'Office de la langue française du Québec), qui tentent de donner une seconde vie aux nombreux gadgets dont ils se défont régulièrement. Le recyclage dont font l'objet ces artefacts est surtout d'ordre cosmétique. Il touche rarement l'usage premier ou la raison d'être de l'objet.

À l'autre bout de ce spectre technologique, on retrouve les loyalistes de la machine, généralement plus âgés, qui ont utilisé certaines technologies dans leur jeunesse et ne désirent pas s'en départir pour diverses raisons. Par exemple, plusieurs journalistes emportent encore avec eux d'anciens ordinateurs portables fonctionnant avec le logiciel d'exploitation DOS, parce qu'ils sont solides, durables et dédiés à la tâche primordiale de traitement de texte. Des graphistes utilisent toujours l'Amiga, un micro-ordinateur pour lequel des amateurs ont développé plusieurs logiciels d'exploitation leur permettant d'émuler d'autres plates-formes.

Il ne faut pas croire que ces «rétrocomputistes» et «émulationnistes» vivent dans un passé révolu et rejettent toute innovation technique. Au contraire, ils se trouvent souvent à la fine pointe du progrès lorsque vient le temps d'entretenir leur matériel défaillant ou d'essayer de nouvelles applications. En effet, ces hobbyistes se rejoignent par les forums de discussion sur Internet et fabriquent leurs propres circuits électroniques lorsqu'ils ne peuvent trouver des pièces de remplacement.

Je me rappelle d'ailleurs fort bien de mon premier ordinateur, un TRS-80 modèle 1, fabriqué et distribué par Tandy Radio Shack. Cette machine, qui coûtait plus d'un millier de dollars (et c'était une coquette somme en 1979), possédait 12 Ko de mémoire vive, un écran monochrome dont la résolution était de 128 × 48, une puce Zilog Z80 dont la vitesse de calcul atteignait les 1,77 Mz. Le stockage de données s'effectuait via un vulgaire magnétophone qui enregistrait les programmes (en binaire) sur cassettes. Le logiciel d'exploitation était une variation sur le DOS.

J'étais émerveillé, et je le suis encore quand j'y pense, par le simulateur de vol fourni avec le système. Ce programme était le grand ancêtre du Flight Simulator 2004. Cet ordinateur primitif, et pratiquement impuissant selon les critères d'aujourd'hui, permettait pourtant de réaliser une simulation en temps réel du vol aérien, sur une grille schématisée et limitée mais dans laquelle les règles de la perspective étaient respectées. (Les nouvelles versions du logiciel cachent sur leur carte une reproduction de cette grille primordiale. Lisez le manuel pour en trouver les coordonnées géographiques.) Quand je pense que ce fabuleux petit logiciel tenait en 12 Ko de langage machine seulement et que la version actuelle du Flight Simulator 2004 nécessite trois disques d'installation (et, qu'en plus, il fait planter mon portable parce qu'il surchauffe la puce en essayant de reproduire les paysages en haute définition), je me demande vraiment si toutes ces avancées technologiques en valent la peine.

Je comprends donc pourquoi certains amateurs préfèrent garder leurs vieilles machines et les exploiter au maximum de leurs capacités plutôt que de toujours rechercher des technologies, de toute manière immatures et instables, qu'il est devenu impossible de maîtriser à cause de leur complexité croissante et de leurs changeants standards. Ces ordinateurs archaïques, l'équivalent électronique des règles à calcul dont je parlais dans mon billet du 25 mai 2006, peuvent néanmoins procurer de belles heures d'amusement sinon d'apprentissage pour qui s'intéresse à l'histoire des technologies. Bien que pour mon travail, je préfère tout de même me servir d'un ordinateur récent, doté de toutes les options!

Mario Tessier, 10 juillet 2006

Qui se souvient de Rosalind Franklin?

Si je vous dis: «Watson et Crick», vous ne pouvez que répondre en écho: «structure de l'ADN». Pourtant, la plus importante découverte biologique du XXᵉ siècle n'est pas née de la seule collaboration de ces deux brillants cerveaux. Une femme se cache derrière la double hélice...

L'histoire des sciences nous apprend que la plupart des idées révolutionnaires sont nées de travaux divers et épars qui n'attendaient qu'à être réunis en un tout cohérent. De la découverte, on ne retient finalement que le scientifique qui a réussi à absorber chaque résultat et à les assembler logiquement. Ceci n'enlève rien à son génie, mais c'est quand même ignorer la longue liste des chercheurs qui lui ont pavé la voie, et qui sont restés dans l'ombre. Ainsi la découverte de la structure de l'ADN ne s'est pas faite en une seule discussion entre le biologiste américain James Watson et le physicien anglais Francis Crick, autour d'un thé à Cambridge...

Tout a probablement commencé avec l'énoncé des premières lois de l'hérédité, publiées en 1865 par le moine autrichien Gregor Mendel. Ses résultats sont restés ignorés jusqu'à leur redécouverte indépendante et simultanée en 1900 par le Hollandais Hugo de Vries, l'Allemand Carl Correns et l'Autrichien Erich von Tschermak. Mendel est historiquement le premier à avoir avancé que chaque caractère héréditaire est transmis physiquement par l'intermédiaire de deux particules présentes dans l'œuf fécondé, l'une venant du père et l'autre de la mère, et qu'il appelle facteurs. Ces facteurs seront renommés gènes en 1909 par le Danois Wilhem Johannsen. L'Anglais Thomas Morgan propose en 1910 que les gènes soient associés sous forme de chromosomes, dont on connaît déjà les propriétés de duplication dans les noyaux cellulaires grâce à l'Allemand Walter Flemming (1879).

Les chromosomes accèdent ainsi au statut de support physique de l'hérédité. Mais de quoi sont-ils faits? En 1871, le Suisse Friedrich Miescher avait découvert une molécule de haut poids qu'il appelle nucléine. C'est en fait l'acide désoxyribonucléique ou ADN! Mais les acides nucléiques n'ont pas la cote auprès des généticiens, qui leur préfèrent les protéines plus abondantes et plus diversifiées pour servir de support à l'information génétique. Ce n'est qu'en 1944, que les Américains Oswald Avery, Colin MacLeod et Maclyn McCarty prouvent expérimentalement que le principe transformant – le support de l'information génétique qui passe d'une génération à l'autre – est l'ADN.

Reste à établir la structure de cet ADN. L'Anglais William Astbury et son étudiante Florence Bell publient en 1938 les premiers clichés de diffraction aux rayons X de la molécule d'ADN. Cette technique permet de prendre littéralement une photo d'une molécule à partir de son cristal, et d'en déduire la position des atomes qui la constituent. Malheureusement, les résultats, qu'Astbury qualifie lui-même d'encore passablement nébuleux (*still rather obscure*), ne sont pas assez précis pour aller plus loin. Puis la Deuxième Guerre mondiale éclate...

Beaucoup de physiciens perdent leurs illusions quand ils s'aperçoivent que l'utilisation de l'atome à des fins militaires annonce un drame humain sans équivalent historique. Ils sont nombreux à s'aiguiller vers la biologie: la biophysique prend son envol!

Ainsi Erwin Chargaff, un physicien autrichien réfugié aux États-Unis, se lance dans la course à la structure de l'ADN. Il découvre en 1949 que la proportion de bases azotées (les quatre lettres de l'alphabet génétique A, C, T et G) dans l'ADN obéit à une règle: le nombre de purines – les bases A et G (adénine et guanine) – est égal au nombre de pyrimidines – les bases azotées T et C (thymine et cytosine). Il ne peut malheureusement interpréter correctement ce résultat majeur.

De son côté, le Néo-zélandais Maurice Wilkins, peu après son arrivée au King's College de Londres en 1946, a l'idée d'étudier à nouveau la diffraction aux rayons X de l'ADN. Ses premiers pas ne sont pas concluants car les cristaux d'ADN ne sont pas purs. Mais l'arrivée le 5 janvier 1951 de l'Anglaise Rosalind Franklin, depuis Paris où elle vient de passer trois années à se spécialiser dans la diffraction aux rayons X des cristaux imparfaits du charbon, vient révolutionner les travaux du laboratoire de Wilkins. En effet, après avoir mis au point une technique laborieuse mais ingénieuse, elle obtient rapidement des cristaux purs de deux configurations d'ADN: une forme A déshydratée et une forme B hydratée, qu'on retrouve typiquement dans le noyau des cellules. Wilkins et Franklin, malgré des relations très tendues, se lancent dans la diffraction aux rayons X de cristaux purs des formes A et B d'ADN. C'est Rosalind Franklin qui obtient, en 1951, la première des photos de la forme A, puis de la forme B en 1952. Wilkins apprend rapidement à maîtriser lui aussi la technique de Franklin et obtiendra d'autres clichés convaincants.

Rosalind Franklin, reconnue par ses pairs comme étant une expérimentatrice hors pair, n'en était pas moins un cerveau brillant. De ses clichés, elle a pu tirer des conclusions déterminantes qu'elle a consignées dans son rapport MRC (King's Medical Research Council) en 1952. Entre autres, elle établit que le sucre et le phosphate de chaque nucléotide forment le squelette externe de la forme A d'ADN, alors que les bases azotées en forment le squelette interne. De plus, le magnifique X visualisé sur la photo 51 lui permet de déduire la structure hélicoïdale de la forme B de l'ADN, et de calculer l'espace entre les sucres et les phosphates. Pourtant, dans son rapport, elle n'a pas le temps d'étendre ses déductions sur la forme A à la forme B; et bien qu'elle connaisse les résultats de Chargaff et d'autres chimistes, elle n'a pas le temps non plus d'en déduire l'appariement des bases A-T et G-C.

James Watson et Francis Crick travaillaient déjà à l'élucidation de la structure de l'ADN depuis 1951 au laboratoire Cavendish, à Cambridge. La formidable intuition de Crick et l'hypothèse de l'appariement des bases A-T et G-C défendue par Watson leur permettent de construire plusieurs modèles de l'ADN. Mais leurs connaissances approximatives en chimie les amènent à faire quelques erreurs. Ils exposent notamment les bases azotées hydrophobes (qui ne supportent pas l'eau) au milieu aqueux du noyau cellulaire, alors que n'importe quel chimiste (dont Franklin) savait déjà que les parties hydrophobes sont à l'abri de l'eau à l'intérieur de la molécule. Pourtant, les deux hommes sont prêts lorsque deux événements majeurs les mettent sur la voie de la découverte: premièrement, Watson voit la photo 51 lors d'un séminaire et, deuxièmement, Mac Perutz, le superviseur de Crick, lui procure une copie du rapport de Franklin via Wilkins, sans que celle-ci soit mise au courant. Les éléments s'assemblent logiquement dans l'esprit des deux hommes, et s'ensuit une incroyable semaine au cours de laquelle Watson et Crick établissent le premier modèle correct de la forme B de l'ADN. Watson écrira plus tard dans son livre *The Double Helix* (*La Double hélice*), avec la tendance que l'on connaît aux humains d'enjoliver leurs souvenirs, que lorsqu'il a vu la photo 51, la mâchoire lui en est tombée et son pouls s'est accéléré.

Le 18 mars 1953, le manuscrit de Watson et Crick atterrit sur le bureau de Wilkins pour révision. La veille, se préparant à partir pour le Birkbeck College où elle poursuivra sa carrière, Rosalind Franklin met le point final à son propre manuscrit dans lequel elle retranscrit toutes les données quantitatives du rapport MRC que Watson et Crick ont lu sans son accord. Ce manuscrit ne sera publié qu'en 1968 par un collègue de Franklin, Aaron Klug, bien après la publication du manuscrit de Watson et Crick le 25 avril 1953 dans la prestigieuse revue *Nature.* La révolution génétique pouvait commencer, mais elle comptait une victime: Rosalind Franklin.

James Watson, Francis Crick et Maurice Wilkins recevront le prix Nobel de médecine en 1962 pour leurs travaux sur la détermination de la structure de l'ADN. Rosalind Franklin, décédée en 1958 d'un cancer des ovaires à l'âge de 37 ans, n'aura pas droit aux honneurs qui lui sont dus car le prix Nobel n'est pas attribué à titre posthume...

Bastien Llamas, 6 novembre 2006

Pour en savoir plus sur Internet:

Un magnifique site où vous pourrez avoir l'interprétation de la photo 51: http://www.pbs.org/wgbh/nova/photo51/

Un article sur Rosalind Franklin par une de ses biographes, Lynne Osman Elkin: http://www.aip.org/pt/vol-56/iss-3/p42.html

PBS et la querelle autour de Mme Einstein

Un documentaire d'une heure portant sur Mileva Maric-Einstein et présenté par la chaîne de télévision PBS est, depuis sa première projection en octobre 2003, au cœur d'une brûlante controverse.

Pour en saisir l'enjeu, un bref rappel historique sera sans doute utile.

Albert Einstein, on s'en souviendra, a publié en 1905 (et même, pour être plus précis, en six mois, soit du 17 mars au 27 septembre) cinq articles qui devaient, littéralement, transformer la physique et ouvrir certaines des plus importantes voies dans lesquelles cette discipline allait ensuite s'engager. Ces articles portaient notamment sur les atomes et le mouvement brownien, l'effet photoélectrique, la mécanique quantique et la relativité restreinte. La variété des sujets abordés, l'extraordinaire créativité déployée, l'importance des idées développées, tout cela, avouons-le, donne un peu le vertige.

En fait, la productivité d'Einstein, durant ces quelques mois, est telle que, pour la décrire, on a ressorti l'expression latine *Annus Mirabilis* qu'on avait utilisée une première fois pour décrire les exploits d'Isaac Newton. (Rappel : pendant 18 mois s'étalant sur les années 1665 et 1666, Newton, fuyant Londres et l'Université de Cambridge fermée à cause de la peste, allait, au domicile familial, élaborer le calcul différentiel et intégral, plusieurs des lois de l'optique, les trois lois du mouvement qui portent aujourd'hui son nom, ainsi que la loi de la gravitation universelle !)

1905 est donc, pour la physique, une deuxième *Annus Mirabilis*. Et elle est d'autant «miraculeuse» que ces articles sont signés par un tout jeune homme (Einstein n'a alors que 26 ans) lequel, de surcroît, est sans attachement institutionnel à une université ou à un centre de recherche et travaille comme modeste employé dans un bureau de brevets, en Suisse.

C'est ici qu'apparaît Mileva Maric (1875-1948), qui est alors l'épouse d'Einstein (le couple, marié en 1903, aura trois enfants et se séparera en 1919). Mileva Maric est elle-même physicienne et mathématicienne et semble avoir été assez douée. Vous l'avez deviné :

211

des voix se font entendre, depuis une vingtaine d'années, pour affirmer que Mileva Maric-Einstein est la clé de l'énigme de l'*Annus Mirabilis.*

Selon ces voix, elle aurait pris une part (plus ou moins grande, selon les auteurs) dans la rédaction des trois principaux articles de 1905 (ceux portant sur le mouvement brownien, l'effet photo-électrique et la relativité restreinte). Et c'est très précisément la thèse défendue dans le documentaire de la PBS : *Einstein's Wife.*

Ce serait, avouons-le, une bien belle histoire. Une pionnière de l'entrée des femmes dans les carrières scientifiques de haut niveau honteusement pillée par son mari qui recueille, seul, toute la gloire après avoir occulté l'apport immense de son épouse !

Mais ça restera une histoire, qui n'a été crédible parce que ses promoteurs ont pris des libertés inadmissibles avec les faits.

Ce documentaire a ainsi fait l'objet de vigoureuses critiques qui ont mis en évidence les nombreuses et graves faiblesses et erreurs historiques sur lesquelles repose sa thèse. Saisi d'une plainte, l'ombudsman de PBS vient de rendre son rapport (www.pbs.org/ombudsman/2006/12/einsteins_wife_the_relative_motion_of_facts. html). J'y renvoie pour les détails de l'affaire.

Au total, il semble clair que son épouse n'a été pour Einstein ni plus ni moins qu'une personne avec qui il a abondamment échangé et sur laquelle il s'essayait à présenter ses idées nouvelles de manière claire et compréhensible – notamment à ses propres yeux. Mais la légende présentée dans le documentaire, hélas, a fait bien des émules – d'autant que son site Internet propose des documents pédagogiques pour l'enseignement de la physique et de son histoire : on imagine les dégâts en classe...

Historiquement, l'exclusion des femmes des sciences – et plus généralement de la vie intellectuelle (ou du moins la minoration de leur place dans tout cela) – est un fait largement avéré et tragique. Mais c'est un bien mauvais service à rendre que de réparer les injustices d'hier par des approximations, des demi-vérités, voire des falsifications.

L'histoire des sciences, la sociologie des sciences et la philosophie, depuis, disons, une cinquantaine d'années, ont considérablement enrichi notre conception de la science comme entreprise humaine, historiquement située et faillible. Mais ces apports dépendent précisément de la mise en œuvre des principes sur lesquels la science elle-même repose: la rigueur; le respect des faits et de la vérité; la méfiance envers l'opinion et envers ces vérités confortables et qui consolent – celles qui doivent être démontrées deux fois, disait Jean Rostand!

La légende de madame Einstein était peut-être, pour certains, une telle vérité consolante. Mais cela ne suffit pas à faire de la bonne histoire des sciences.

Inévitablement, c'est un mot de Richard Feynman qui me revient ici en mémoire. Feynman, on s'en souvient, avait fait partie du comité qui avait enquêté sur l'explosion de la navette *Challenger*, en 1986. Selon lui, les estimations de fiabilité de la navette par la NASA étaient incroyablement irréalistes. Dans son rapport (minoritaire), il a cette phrase admirable: «Pour qu'une technologie soit efficace, la réalité doit avoir préséance sur les relations publiques: et cela parce qu'on ne peut pas tromper la nature.»

De même, pour qu'une histoire, une sociologie et une philosophie des sciences soient crédibles et saines, les faits pertinents doivent avoir préséance sur nos convictions et préférences idéologiques.

Normand Baillargeon, 1ᵉʳ janvier 2007

Chapitre 10

Qu'est-ce que c'est? Pourquoi? Qui? Comment?

Dans ce chapitre, on plonge avec délice dans l'usage classique de la communication scientifique : vulgariser. Expliquer. Mais on a fait bien du chemin depuis les «pourquoi l'herbe est verte et pourquoi le ciel est bleu». Désormais, un travail de vulgarisation, qu'il soit en physique ou en environnement, ne peut plus faire abstraction de l'univers culturel qui nous entoure. Une explication d'un phénomène complexe aura encore plus de valeurs si elle se rattache à quelque chose de connu, fût-ce un film de science-fiction!

La physique de Spiderman

Je suis allé voir *Spiderman III* la semaine dernière. Si, si. Que voulez-vous, j'ai un faible pour les films à effets spéciaux... Et j'ai été vraiment servi avec *Spiderman III*: il ne doit guère se trouver plus d'un ou deux plans dans le film à n'avoir pas été altéré numériquement. Permettez-moi de passer sur l'histoire, qui n'est qu'une série de rebondissements un peu trop nombreux, entrecoupés par des épisodes émotifs qui firent rire plus d'un spectateur dans la salle. Car, ce qui m'intéresse est un vilain en particulier dont les caractéristiques sont basées sur un matériau fascinant qui a connu un regain d'intérêt en physique au cours de la dernière décennie.

Non, il ne s'agit pas du Góbelin, ni de l'araignée noire, mais plutôt de Flint Marko, dit Sandman.

Dans *Spiderman III*, Marko tombe dans une étrange fosse à ciel ouvert qui se trouve à l'intérieur d'un centre de recherche nucléaire en plein milieu de New York. Frappé par un rayon étrange, il se transforme en Sandman, un être composé de gravats et de sable dont les morceaux tiennent difficilement ensemble, mais qui peut aisément se reconstruire en tombant dans un camion de sable ou sur un tas de gravier.

Pourquoi ce vilain en particulier? C'est que le sable, comme tous les matériaux granulaires – riz, grains, gravier, possède des propriétés particulièrement intéressantes qui continuent à épater les physiciens. Depuis une quinzaine d'années, les physiciens se sont finalement attaqués aux systèmes granulaires, longtemps considérés comme une simple curiosité, sans toutefois parvenir à en découvrir tous les secrets. Or, le troisième film de l'homme-araignée utilise ces propriétés avec brio.

Avant d'arriver aux aspects réalistes, il faut bien sûr accepter quelques éléments un peu incongrus. Je doute fort qu'un centre de recherche «nucléaire» ferait des expériences similaires à celles montrées dans le film en plein cœur de New York. Ensuite, on peut se demander comment le tas de sable peut absorber la personnalité du vilain et adopter une forme humaine où la granularité disparaît. Mais, on ne peut pas faire de supervilain sans casser quelques lois de la physique...

Une des propriétés les plus fascinantes du sable est la possibilité pour cet élément de passer d'un état presque solide à un état presque liquide simplement en diminuant sa densité; un petit peu d'aération et le tour est joué! Ça permet à l'homme de sable d'absorber, sans risque, les coups de poing de *Spiderman*. Il lui suffit de s'aérer un peu la poitrine pour que les coups passent sans dommage.

Le sable compact, quant à lui, se comporte en solide. Bien tassés, les grains remplissent les interstices, formant un objet dur et dangereux. Qu'on pense, par exemple, au paquet de café moulu sous vide avec lequel on pourrait facilement assommer son voisin. Un peu d'air dans le paquet lui enlève son côté contondant et le rend aussi inoffensif qu'un souffle de vent...

Le sable se comporte aussi étrangement en présence de l'eau. Avec juste assez d'humidité pour mouiller les grains de sable, la tension de surface garde les grains ensemble, permettant la construction d'un château de sable, par exemple. Si on augmente la quantité d'eau, par contre, celle-ci disperse les grains et forme un fluide visqueux (ce qui a d'ailleurs sauvé la vie de notre aimable homme-araignée). C'est le cas des boues, mais aussi des sables mouvants. Ces derniers paraissent solides au repos, mais une légère perturbation est suffisante pour liquéfier le sable, forçant les corps à la surface à s'enfoncer. Il aurait certainement été intéressant de voir Sandman se transformer en sables mouvants afin d'attraper Spiderman.

Finalement, lorsque la densité du sable est vraiment faible, celui-ci s'envole avec le vent et peut voyager sur de longues distances créant, dans plusieurs endroits, des tempêtes de sable qui peuvent être très dangereuses. C'est cette propriété qui permet à Sandman de voyager rapidement au gré des vents.

Si vous pensez tout savoir sur le sable, détrompez-vous! Sandman se contente de sables relativement homogènes. Les choses se corsent lorsque le milieu granulaire est composé d'éléments de tailles différentes, menant à toutes sortes de phénomènes de convection et de ségrégation qui ne sont pas encore compris et causent des maux de tête aux fabricants de médicaments, de moulées et de céréales.

Une carrière en physique? Si le sable vous intéresse.

Normand Mousseau, 16 mai 2007
Pour répondre à ce billet: http://blogue.sciencepresse.info/physique/item/405

Les animaux génétiquement modifiés

Contrairement aux plantes génétiquement modifiées, qui font la manchette à l'occasion, les animaux génétiquement modifiés restent dans l'ombre. Il faut dire que la grande majorité ne sont encore qu'au stade de recherche et de développement. Bref survol...

En 1980, fut développé le premier animal transgénique, une souris qui sécrétait une plus grande quantité d'hormone de croissance. C'était trois ans avant la première plante transgénique.

Pourquoi a-t-on besoin d'animaux transgéniques? Pour améliorer les animaux d'élevage, pour fabriquer des produits de diverses sortes et, peut-être un jour, pour servir de donneurs d'organes. Voyons ces trois éléments un par un.

L'amélioration d'animaux d'élevage

Dès 1985, des chercheurs du ministère de l'Agriculture des États-Unis (USDA) réussissaient à générer des porcs surexprimant l'hormone de croissance. Objectif : créer des animaux plus maigres et plus musclés. L'objectif a été atteint, mais les porcs étaient aussi plus sensibles à certaines maladies, comme les pneumonies et l'arthrite... Le projet a donc été abandonné.

Des travaux similaires sont présentement en cours chez le poisson. Par exemple, en 2001, une compagnie a déposé auprès des autorités américaines une demande de commercialisation pour un saumon transgénique exprimant un surplus d'hormone de croissance. Ainsi, il atteint sa taille adulte plus rapidement, sans toutefois la dépasser. La demande de commercialisation est toujours à l'étude.

Toujours en 2001, des chercheurs de l'Université de Guelph ont inséré chez le porc un gène bactérien qui exprime la phytase dans les glandes salivaires. Pourquoi cette insertion? Parce que la phytase est un enzyme qui aide à mieux absorber le phosphore contenu dans la moulée. Or, à l'heure actuelle, le lisier qu'ils produisent contient beaucoup de phosphore. Et ce rejet de phosphore constitue le facteur de pollution principal de la production porcine. Quant à eux, les porcs modifiés «EnviropigsMC» rejettent jusqu'à 75% moins de phosphore dans leur lisier que les porcs non modifiés.

Et chez la vache? Plusieurs modifications ont été effectuées afin de changer la composition de son lait ou d'en augmenter la production. Par exemple, il est possible d'en diminuer la teneur en lactose, qui provoque de l'intolérance chez certains consommateurs. D'autres modifications visent l'augmentation des oméga-3, reconnus pour leurs effets bénéfiques sur la santé. La transgénèse permet aussi la production de protéines antibactériennes dans les glandes mammaires des vaches, diminuant ainsi l'utilisation d'antibiotiques pour prévenir les mammites (infections des pis).

Les modifications génétiques ne s'appliquent pas seulement aux animaux d'élevage. En effet, depuis 2004 une compagnie américaine commercialise un poisson rouge fluorescent (GlofishMC). Ce dernier exprime un gène de fluorescence provenant d'un corail. Aussi, dernièrement, un lapin fluorescent a été exposé dans un musée européen en tant qu'objet d'art.

L'animal-fabricant

Au Québec, une compagnie a développé des chèvres transgéniques qui produisent dans leur lait une protéine provenant de l'araignée. Cette dernière utilise la protéine pour la production de son fil. Or, le fil d'araignée étant reconnu comme très résistant, le marché visé par la compagnie est l'industrie militaire (vestes pare-balles).

On nomme moléculture cette utilisation d'organismes vivants génétiquement modifiés pour la fabrication de produits industriels.

Transplantation d'organes

La pénurie croissante d'organes d'origine humaine pour les greffes a incité les chercheurs à se tourner vers les animaux, en particulier le porc. En fait, des milliers de porcs sont abattus quotidiennement pour l'alimentation et une grande quantité d'organes pourraient être récupérés de ces abattages. De plus, ces animaux peuvent être reproduits dans des milieux dépourvus de pathogènes, ce qui diminue d'autant les risques de transmission de maladies infectieuses pour l'humain.

La xénotransplantation – la transplantation d'organes d'animaux chez l'humain – se heurte à un problème majeur : le rejet par notre système immunitaire. Que faire? L'inactivation d'un certain gène porcin et l'ajout de certains gènes humains chez des porcs transgéniques sont susceptibles de réduire ce rejet. Déjà, une fois greffés chez des singes, les reins de ces animaux n'ont fait l'objet d'aucun rejet pendant plusieurs mois. Cependant, aucune tentative n'a été réalisée chez l'humain, car certains risques potentiels doivent encore être évalués.

Conclusion

Mis à part les poissons rouges fluorescents, les exemples mentionnés ici sont à divers stades de développement. Leur commercialisation, ou non, dépendra de leur coût économique et de l'évaluation de leurs risques pour l'animal et l'humain. De plus, les agences gouver-nementales concernées devront s'assurer que leur réglementation actuelle sera ajustée afin de pouvoir encadrer d'éventuelles mises en marché d'animaux transgéniques.

Au-delà de ces considérations pratiques, les développeurs de tels animaux doivent être conscients que la transgénèse est perçue par certains comme un changement radical face aux pratiques tradi-tionnelles d'amélioration animale. L'acceptation par la population de cette innovation technologique peut prendre encore quelques années...

Références

Gouvernement du Québec. Utilisation potentielle des animaux GM :
http://www.ogm.gouv.qc.ca/infopot_animaux.html

Mackenzie AA (2005). La biotechnologie appliquée à la santé
et à la production animales :
http://www.oie.int/fr/publicat/RT/F_RT24_1.htm

Observatoire de la génétique (2005). Numéro 25 :
http://www.ircm.qc.ca/bioethique/obsgenetique/archives/archives.html

David Carter, 25 septembre 2006
Pour commenter cet article : http://blogue.sciencepresse.info/
genetique/item/290

Comment mesurer le monde ?

Au cours des derniers mois, j'ai eu l'occasion de lire plusieurs livres scientifiques. Un de ceux que j'ai préférés s'intitule *Mesurer le monde. L'incroyable histoire de l'invention du mètre*, de Ken Alder. Il raconte, en près de 400 pages, l'épopée de deux astronomes, Jean-Baptiste Joseph Delambre (1749-1822) et Pierre-François-André Méchain (1744-1804), dans leur quête de la mesure la plus précise de l'heure.

L'histoire commence au début des années 1790, alors que l'Académie des sciences décide qu'il est nécessaire de définir des unités étalons universelles qui remplaceront les poids et mesures locaux. À l'époque, chaque village avait ses propres unités de réfé-rences, souvent accrochées à la mairie, permettant le commerce au niveau local, mais rendant difficile le commerce à plus grande échelle. Ainsi, comment chiffrer le coût d'un boisseau de blé, si celui-ci n'a pas le même volume dans deux villages voisins?

La Révolution française avait alors juste commencé et le gouvernement républicain comptait bien éliminer tous les restes de religion et de superstition afin de construire une société rationnelle. Il ne se fit donc pas prier pour financer le développement d'un système de mesures basé sur des références universelles et immuables. On décida que l'unité de longueur serait le mètre et correspondrait à 1/10 000 de la distance entre le pôle Nord et l'équateur, en suivant la surface de la Terre. Comme tout le monde a accès à la même Terre, l'étalon appartiendrait à l'humanité entière.

Mais comment mesure-t-on la distance entre le pôle et l'équateur? La technique classique consiste à *trianguler* la distance. L'idée est qu'on peut déterminer entièrement un triangle en connaissant la distance entre deux sommets de celui-ci et deux angles.

À partir d'une distance et de deux angles, on peut connaître la distance entre tous les points du triangle. Si on place un autre triangle adjacent au premier (qui partage un même côté), on peut donc répéter la mesure de deux angles et connaître maintenant la distance entre tous les sommets des deux triangles.

Il suffit alors de continuer à construire des triangles et à mesurer des angles, une tâche beaucoup plus facile que de mesurer directement des distances. En effet, on n'a besoin, pour un angle, que de voir les deux autres sommets du triangle alors que pour mesurer une distance, on a besoin d'un accès facile entre deux points – et si ces deux points sont le pôle et l'équateur, on a du travail!

Cette technique n'est pas nouvelle. Thalès, en 600 avant J.C., semble avoir été le premier à l'utiliser. Évidemment, pour obtenir une bonne évaluation de la distance, il est nécessaire de mesurer les angles avec une grande précision. Or, les Français disposaient du cercle répétiteur, un appareil inventé par le physicien Jean Charles de Broda (1733-1799) et d'une précision inégalée. Ils pourraient se charger de l'opération et obtenir ainsi la valeur définitive du mètre.

Delambre et Méchain devaient donc mesurer, l'un partant du nord et l'autre du sud, la distance le long du méridien de Paris entre Dunkerque et Barcelone. Pour ce faire, ils devaient trianguler en utilisant des clochers d'église, des collines ou, parfois, des tours construites pour ce projet.

Évidemment, c'est plus vite dit que fait, surtout lorsque la révolution fait rage et que la France se retrouve en guerre contre tous ses voisins. Les péripéties sont nombreuses, et très bien racontées par Alder. Toujours est-il qu'au lieu de prendre quelques mois, le projet dure plus de sept ans!

C'est alors que le choc survient. Alors qu'on pensait ainsi obtenir la longueur définitive des méridiens qui aurait permis de définir le mètre de manière universelle, on découvre que la Terre n'est pas un ellipsoïde parfait et que chaque méridien a sa propre longueur. L'universalité s'évanouit soudainement et le mètre redevient français. Pire, la quantité et la qualité des données fournies sont telles que les méthodes empiriques de traitement des erreurs ne suffisent plus. Il faut faire entrer l'erreur au cœur de la mesure, ce qui enlève à la mesure son caractère définitif, même pour le méridien de Paris. L'épopée du mètre força donc les scientifiques à définir la théorie de l'erreur expérimentale qui est encore à la base des sciences naturelles aujourd'hui.

Puisqu'il était impossible d'utiliser la Terre pour définir le mètre, on construisit donc un mètre étalon, en 1799, conservé à Paris et référence obligée durant 160 ans. Car la quête d'un étalon universel ne s'arrêta pas avec la chute du gouvernement révolutionnaire. La nature même d'une barre de métal ne permet pas d'établir la longueur du mètre étalon à plus de quelques dixièmes de millimètres, ce qui n'est pas suffisant pour la technologie moderne. Les scientifiques continuèrent donc de chercher de meilleures définitions. La dernière définition date de 1983, alors que la 17e Conférence générale des Poids et Mesures décréta que le mètre est *la longueur du trajet parcouru dans le vide par la lumière pendant 1/299 792 458e de seconde*, définissant le mètre avec une précision de 1 partie dans 100 milliards.

On sait toutefois, grâce à Delambre, Méchain et aux autres physiciens révolutionnaires, que cette définition n'est pas dernière et que la lutte pour une précision encore plus grande se poursuit!

Normand Mousseau, 1er octobre 2006
Pour commenter ce billet: http://blogue.sciencepresse.info/physique/item/293

Banquise en danger

Une île de glace de 66 km² s'est détachée de la banquise de l'île d'Ellesmere. Cet effondrement de la banquise démontre une fois de plus comment les changements climatiques en cours risquent d'affecter de façon imprévisible les calottes glaciaires. Le fond des océans a gardé la trace de nombreux effondrements des calottes de glace lorsqu'ils se sont produits dans le passé.

Des forages à travers les sédiments déposés au fond de l'océan Atlantique et de la mer du Labrador traversent des couches très distinctes qui contiennent des sédiments anormalement grossiers. Ces couches représentent très vraisemblablement l'enregistrement des instabilités des calottes de glace dans le passé.

La nature des sédiments déposés au fond des océans varie beaucoup. Alors que la plupart sont extrêmement fins, certaines couches contiennent des sédiments beaucoup plus grossiers. Ces variations reflètent des changements de la source de ces sédiments et des conditions de leur transport. Ainsi en s'accumulant au cours des millénaires, ces sédiments enregistrent toutes les variations des conditions environnementales tant dans les continents dont ils proviennent que dans les océans où ils sont transportés.

Lors de la dernière période glaciaire qui a eu lieu entre 10 000 et 40 000 ans, une calotte de glace épaisse de plus de 3 km recouvrait le centre et l'est du Canada. La glace toujours en mouvement agissait comme un moulin sur les roches, les cassait en morceaux et les réduisait en poudre qui s'assimilait dans la glace. On voit le résultat de cette action dans les moraines devant les glaciers. Lorsqu'un morceau de la calotte se détachait, les icebergs emportaient avec eux cette farine grossière de roche et en saupoudraient le fond des océans à mesure que la glace fondait.

On pense maintenant que les couches de sédiments grossiers identifiés dans l'Atlantique ont enregistré les instabilités de la calotte glaciaire qui, plus ou moins régulièrement, se mettait en mouvement et se précipitait dans la mer du Labrador. Les icebergs transportaient ainsi d'énormes quantités de farine de roche dont ils saupoudraient tout l'Atlantique. Ces événements montrent que les calottes de glace peuvent très facilement être déstabilisées et qu'on ne peut ignorer le risque d'une disparition rapide de certains grands glaciers.

Le bloc de glace qui s'est détaché de l'île d'Ellesmere reste minuscule comparé à celui de 11 000 km² qui s'était détaché de la banquise de Ross, dans l'ouest de l'Antarctique en l'an 2000. Une fonte du glacier de l'ouest de l'Antarctique causerait une montée de plusieurs mètres du niveau de la mer. Une équipe néo-zélandaise a entrepris de forer sous la banquise de Ross, dans l'Antarctique, pour essayer de détecter les changements subis par la calotte de l'ouest de l'Antarctique. Le forage qui a déjà traversé plus de 600 mètres de sédiments a maintenant révélé que la calotte avait disparu plusieurs fois au cours des 10 derniers millions d'années. Ces effondrements se sont produits alors que le niveau de CO_2 dans l'atmosphère était 30 % inférieur à celui que nous avons atteint aujourd'hui. Il y a donc de bonnes raisons de s'inquiéter de l'avenir des calottes glaciaires.

Jean-Claude Mareschal, 29 décembre 2006
Pour commenter cet article : http://blogue.sciencepresse.info/
environnement/item/351

Nobel et cosmologie

Comme à tous les ans, le mois d'octobre marque le retour des prix Nobel dans l'actualité scientifique. Cette année, le Nobel de physique, attribué conjointement à John Mather et George Smoot, souligne une découverte qui a totalement révolutionné la cosmologie et permis à celle-ci de devenir une science plus étoffée et dynamique.

Les travaux de Mather et Smoot découlent des observations obtenues par le satellite *COBE* (Cosmic Background Explorer).

L'objectif de ce satellite, mis en orbite en 1989, était de mesurer avec précision le rayonnement résiduel du Big Bang. Cette radiation fossile, témoin d'une période chaude et dense lorsque l'Univers était encore jeune, avait été prédite par George Gamow dans les années 1940, et observée pour la première fois par Arno Penzias et Robert Wilson en 1965. Ces derniers avaient d'ailleurs reçu le Nobel de physique en 1978.

En fait, le Nobel de cette année est accordé pour deux découvertes distinctes. La première est celle de l'équipe dirigée par John Mather et confirme que le rayonnement fossile a bel et bien la forme d'un corps noir.

Attention, il ne faut pas confondre le concept physique du corps noir avec celui de trou noir. Tout objet dont la température est supérieure au zéro absolu (−273 °C), émet de la lumière dans l'espace. L'intensité de cette radiation électromagnétique dépend de la température. De plus, l'intensité n'est pas la même à toutes les longueurs d'onde. Plus un objet est chaud, plus l'intensité maximum est émise à de courtes longueurs d'onde. Ainsi, parce que la température de votre corps est d'environ 37 °C, vous émettez de la lumière surtout dans le domaine infrarouge lointain ; le Soleil, beaucoup plus chaud (!), environ 6 000 °C, émet un maximum de rayonnement dans le domaine de la lumière visible. Pour un objet donné, la distribution de ce rayonnement (d'origine thermique) en fonction de la longueur d'onde prend la forme d'une cloche et porte le nom de distribution de Planck ou distribution du corps noir.

Selon la théorie du Big Bang, l'Univers commence par une phase chaude et dense. Après environ 400000 ans, la température est encore de 3 000 °C. Le rayonnement fossile découvert par Penzias et Wilson correspond à cette période. La seule différence est que ce rayonnement est dilué par l'expansion de l'Univers. Sa température n'est plus que de 2,73 degrés au-dessus du zéro absolu. Cependant, la forme de la distribution de l'intensité en fonction de la longueur d'onde doit être la même, celle d'un corps noir.

Grâce aux données recueillies par *COBE*, Mather et son équipe ont montré que la distribution d'intensité est bel et bien celle d'un corps noir. Il est intéressant de noter qu'à peine 10 minutes d'observations par *COBE* ont été suffisantes pour confirmer cette prédiction du Big Bang! Voilà pourquoi, lorsque Mather a présenté les résultats lors d'une conférence en janvier 1990 (quelques mois à peine après le lancement de *COBE*), il a eu droit à une ovation debout de la part des autres participants!

La deuxième découverte, aussi basée sur des observations de *COBE*, consiste en l'observation de petites fluctuations spatiales dans la distribution de Planck du rayonnement fossile. Cette découverte, fruit des travaux de George Smoot, confirme aussi une autre prédiction du Big Bang.

En effet, puisque nous observons un Univers rempli de structures diverses (galaxies, étoiles, planètes...), celles-ci doivent avoir une origine très ancienne. Les fluctuations spatiales observées par Smoot consistent en de très petites variations de la température (environ 0,5 millième de degrés) en fonction de la ligne de visée (la direction d'observation à partir du satellite). Ces petites variations de température correspondent à des variations de densité de la matière, c'est-à-dire que certaines régions de l'Univers sont un peu plus compactes que d'autres. Dans ces régions plus denses, la force gravitationnelle est un peu plus grande, et les premières galaxies vont éventuellement s'y former. L'image de ces fluctuations est en quelque sorte un portrait de l'Univers lorsque celui-ci n'est encore qu'un bébé.

L'image est si frappante que le physicien anglais Stephen Hawking a qualifié le résultat de Smoot comme la plus grande découverte du 20e siècle.

Les travaux de Smoot et Mather ont ouvert la voie à une nouvelle branche de la cosmologie appelée cosmologie de haute précision. Les résultats de ces deux chercheurs ont évidemment été raffinés grâce à des expériences plus sophistiquées telles *BOOMERANG*, *MAXIMA*, et *WMAP*. Mais, les deux pionniers ont désormais leur place au panthéon des Nobel.

Robert Lamontagne, 13 octobre 2006

La société malade de ses gènes

Nous sommes à l'ère de la génétique diront certains, mais la lecture des journaux me fait pencher plutôt pour l'ère de la maladie génétique. En effet, les principales découvertes médiatisées sont liées à des espoirs thérapeutiques. Personne ne se soucie de savoir que deux gènes expliquent les différences de morphologie du bec des pinsons de Darwin, ce qui pourtant me semble le plus beau résultat de l'été pour conclure une histoire commencée il y a 170 ans!

Hormis les ovules et les spermatozoïdes, toutes nos cellules contiennent notre information génétique en double, une moitié venant de la mère et l'autre moitié, du père. On hérite donc de chacun de nos parents de 23 chromosomes, qui forment donc autant de paires de chromosomes, dont 22 paires qu'on appelle les autosomes: chaque chromosome d'une paire porte les mêmes gènes (la 23e paire est une paire de chromosomes sexuels, XX pour les femmes, XY pour les hommes).

Les maladies héréditaires dont on entend le plus souvent parler sont dues à une mutation dans un seul gène (maladies monogéniques).

Or, ces maladies monogéniques sont relativement rares en comparaison des maladies qu'on appelle complexes (obésité, hypertension, schizophrénie ou maladie d'Alzheimer pour n'en citer que quelques-unes). Pourquoi complexes? Parce que pour qu'un individu soit malade il faut que plusieurs gènes soient plus ou moins défaillants, mais aussi que certains facteurs environnementaux interviennent. Par exemple dans le cas de l'hypertension, on connaît maintenant quelques dizaines de gènes qui, une fois mutés, peuvent potentiellement provoquer la maladie. Mais si un individu qu'on estime à risque limite sa consommation de sel, il a de fortes chances de maintenir sa pression artérielle à des niveaux normaux.

Oui, mais comment estimer le risque? En général, – et on rejoint là les maladies monogéniques –, l'histoire familiale permet d'estimer avec une grande efficacité le risque d'un individu. On appelle cela le risque une prédisposition génétique. C'est la raison pour laquelle les médecins cherchent toujours à connaître vos antécédents familiaux, afin de prévenir au lieu de guérir! Là où mes poils se hérissent, c'est quand ma charmante voisine dans l'avion me sort le discours fataliste suivant: «Ma grand-mère est morte d'un arrêt cardiaque, mon père souffre d'hypertension et a un taux de cholestérol élevé, alors moi je sais que je suis condamnée», tout ceci en enfournant dans sa bouche une poignée de croustilles salées et grasses avec des doigts tachés de nicotine.

Alors qu'on se mette d'accord sur un point, chère compagne de voyage et amis lecteurs: vous êtes génétiquement prédisposés à avoir deux jambes fonctionnelles et donc, vous pouvez marcher. Si vous êtes attentifs avant de traverser une rue, vous aurez un risque très faible de vous faire renverser par une auto. Mais si vous décidez de traverser en dehors des passages pour piétons et sans regarder, alors là vous augmentez le risque de façon dramatique! Une prédisposition génétique n'est pas une condamnation dans le cas des maladies complexes, car si le facteur environnemental déclencheur est soigneusement évité, votre espérance de vie ne s'en trouvera que grandement améliorée.

Pour en finir avec le mythe de la condamnation génétique dans le cas des maladies complexes les plus répandues comme les maladies cardiovasculaires, le diabète ou le cancer, on connaît 8 facteurs de risque modifiables en faisant attention à ses habitudes de vie, ou grâce à des médicaments: le tabac, l'alcool, la nourriture riche en gras ou en sel, le manque d'activité physique, l'obésité, la pression artérielle, le taux de cholestérol dans le sang et le taux de glucose dans le sang. Les seuls contre lesquels on ne peut rien faire sont l'âge, le sexe et nos gènes. Avouez que ça laisse pas mal de place pour une bonne prévention!

La génétique des maladies complexes est en plein essor et pose un défi de taille aux généticiens: comprendre les interactions entre tous nos gènes d'une part, et entre les gènes et l'environnement d'autre part. Disons qu'il y a du pain sur la planche! N'oublions pas que les maladies monogéniques même les plus rares sont aussi la cible de recherches intensives.

Bastien Llamas, 23 septembre 2006
Pour commenter cet article: http://blogue.sciencepresse.info/
genetique/item/289

Le buveur de bière est-il un cannibale?

Les êtres vivants évoluent continuellement depuis 3,5 milliards d'années et prennent aujourd'hui des formes aussi variées que vous, votre cactus et votre poisson rouge. Mais un lien existe entre tous les organismes du passé et du présent: l'ADN. Cette molécule est le papier sur lequel est écrite l'information génétique: les gènes. Elle a en plus la propriété de se transmettre plus ou moins fidèlement de génération en génération pour créer la diversité du vivant. Ce processus qui se déroule depuis des millions d'années s'appelle l'évolution biologique.

Nous possédons environ 30000 gènes qui agissent de concert pour créer des êtres complexes capables de bouger, sentir, apprendre. Or, beaucoup de ces gènes jouent un rôle très important dans le fonctionnement de base des organismes et ont été conservés au cours de l'évolution. En d'autres mots, un certain nombre de nos gènes est présent aussi chez les animaux ou les végétaux, car leur fonction est nécessaire à la survie. C'est pourquoi les scientifiques d'aujourd'hui utilisent d'autres organismes pour mieux comprendre et soigner les maladies humaines.

Ainsi nous partageons 90% de nos gènes avec le rat ou la souris qui, malgré de nombreuses différences morphologiques évidentes avec l'homme, sont des mammifères: cela signifie que leur physiologie est très similaire à celle des humains. Les scientifiques ont pu créer des modèles par simples croisements, ou en modifiant directement les gènes de ces animaux, pour étudier à peu près toutes les pathologies humaines: maladies génétiques rares, cancer, obésité, hypertension, diabète, hypercholestérolémie, troubles immunitaires, infections bactériennes ou virales, maladies neurodégénératives comme celle d'Alzheimer, troubles du développement ou du vieillissement, dépendances aux drogues ou à l'alcool... La liste est longue! Il existe même des modèles qui permettent d'étudier des troubles de la reproduction, du comportement ou de l'apprentissage!

Nous partageons 85% de nos gènes avec le poisson-zèbre (*Danio rerio*), le fétiche des aquariophiles débutants. Ce petit poisson sert de modèle pour étudier certaines maladies du sang, des reins, du vieillissement, mais aussi le cancer ou les effets d'une exposition à des produits chimiques toxiques!

Nous partageons 36% de nos gènes avec la drosophile (*Drosophila melanogaster*), la petite mouche aux yeux rouges qui envahit nos corbeilles de fruits en été. Ce modèle est même un des plus vieux développés par des généticiens du début du 20e siècle! Utilisée essentiellement pour mettre en évidence les gènes qui contrôlent le développement, la drosophile sert aujourd'hui à étudier des gènes impliqués dans les maladies neurodégénératives ou cardiaques, et les troubles du vieillissement. Il y en a même qui s'en servent pour étudier les effets de l'alcool et de la cocaïne sur la locomotion et les comportements!

Nous partageons 26% de nos gènes avec l'arabette des dames (*Arabidopsis thaliana*), une plante à fleurs de la famille des moutardes. Ce modèle sert principalement à étudier la résistance ou la sensibilité à certaines infections bactériennes, mais aussi le métabolisme du zinc ou du cuivre!

Nous partageons 23% de nos gènes avec la levure, la même qui sert à fabriquer du pain ou de la bière. La levure est un organisme qui se présente sous la forme d'une simple cellule. Simple? En fait c'est une cellule complexe dont la structure est la même que chez les animaux multicellulaires (comme nous!). La différence majeure avec des cellules à la structure plus simple comme les bactéries est le noyau, qui permet d'enfermer l'ADN dans un compartiment. Les scientifiques utilisent la levure pour mieux comprendre le métabolisme cellulaire (qui est la production et la consommation de ressources énergétiques, le sucre par exemple) ou la division cellulaire. Ce dernier point présente un intérêt pour ceux qui s'intéressent au cancer, qui est une prolifération incontrôlée des cellules.

Nous partageons 21% de nos gènes avec le minuscule ver *Caenorhabditis elegans*. Avec sa taille de 1 mm et ses quelque 1 000 cellules (à titre de comparaison, l'être humain est constitué de 100 milliards de cellules...), cet animal possède tout de même un système digestif, un système nerveux et un système reproducteur. Les scientifiques l'utilisent donc pour étudier les maladies neuro-dégénératives ou le cancer. C'est aussi un excellent modèle pour certaines maladies du rein!

Enfin, nous partageons 7% de nos gènes avec la bactérie *Escherichia coli* qui vit dans nos intestins! C'est un faible pourcentage, pourtant c'est suffisant pour étudier les mécanismes cellulaires de base dédiés à la synthèse d'ADN et à la production des protéines à partir des gènes.

Cette liste n'est pas exhaustive, car il existe bien d'autres organismes que les chercheurs étudient pour mieux comprendre les bases génétiques des maladies humaines. Mais vous aurez compris que, finalement, la fonction d'un gène peut être conservée dans des organismes très éloignés d'un point de vue évolutif!

Ah oui! Pour en revenir au titre étrange de ce blogue: sachant qu'on retrouve 23% de nos gènes chez la levure, la consommation d'une bière peut-elle être considérée partiellement comme du cannibalisme?

Bastien Llamas, Isabelle Boutin-Ganache, Marianne Dion-Labrie, du Groupe de recherche en bioéthique, 14 mars 2006

Pour commenter cet article: http://blogue.sciencepresse.info/genetique/item/218

Incroyable... mais faux!

Je ne peux m'empêcher de discuter d'un article publié cette semaine dans le *Courrier international*, provenant originalement du grand quotidien anglais *The Guardian*, qui relate une découverte scientifique qui pourrait être révolutionnaire:

> Un médecin électrotechnicien diplômé de la prestigieuse Université Harvard a récemment annoncé la découverte d'un nouvel état de l'hydrogène, appelé *hydrino*, qui donnerait accès à une réserve d'énergie presque infinie. Mais l'explication de cette découverte discrédite la mécanique quantique, une théorie vieille de 80 ans et qui fait l'unanimité parmi les physiciens. Selon plusieurs experts, c'est cette raison qui expliquerait la réticence de la communauté scientifique à accepter une telle découverte, malgré son potentiel remarquable.

J'ai déjà répondu brièvement à un commentaire au sujet de l'article original dans le *Guardian*, il y a quelques mois. Je ne peux m'empêcher d'y revenir, maintenant que l'article est reproduit dans une grande revue internationale.

Car cet article représente l'archétype du mauvais travail de journaliste qui essaie de mousser un résultat bidon en manipulant les lecteurs* et contient tous les indices permettant de l'identifier comme tel.

Tout d'abord, on établit la crédibilité du chercheur en la bardant de diplômes, même si ceux-ci n'ont rien à voir avec la discipline. En quoi un médecin, par exemple, est-il plus compétent que le citoyen moyen, quand il s'agit de mécanique quantique ? Ce n'est pas grave. Le nom de Harvard ou de toute autre grande université américaine suffit à faire taire les critiques. Pourtant, le fait que George Bush ait réussi à décrocher un diplôme de l'Université Yale devrait faire réfléchir le lecteur…

Ensuite, on mentionne le nom d'«experts», généralement inconnus, mais qui cautionnent le travail. Si on peut en nommer deux ou trois, on donne vite l'impression que la moitié de la communauté scientifique s'intéresse à la découverte. On évite, évidemment, de citer des scientifiques bien reconnus qui déclarent le travail factice.

Finalement, on annonce une conspiration établie pour cause de jalousie, de paresse intellectuelle ou de conflit financier. L'argument, qui peut sembler acceptable pour un lecteur généraliste, apparaît farfelu pour un physicien. En effet, les chercheurs adorent les découvertes qui ébranlent les bases de la physique, car elles impliquent la présence de nouvelles classes de phénomènes auxquelles ils s'attaqueront avec le plus grand plaisir. Par exemple, cela fait plus de 30 ans que les physiciens essaient de casser le modèle standard établi pour expliquer la nature des forces et des particules élémentaires. Malheureusement, le modèle tient toujours le coup, au grand dam des scientifiques.

Fausse crédibilité, appel à l'autorité, invention d'une conspiration : les fausses découvertes et les canulars sont souvent faciles à dépister en science. Mais ne vous trompez pas ! on les retrouve dans tous les domaines du savoir. Qu'il s'agisse de politique, d'économie ou de société, on ne doit jamais accepter les annonces surprenantes

---

* Oui, je l'avoue, je fais partie des sceptiques pour qui l'hydrino n'existe que dans la tête d'un imposteur et devrait rejoindre la fusion à froid parmi les impostures scientifiques des 20 dernières années.

(et souvent les idées reçues) sans étudier avec soin les détails de la présentation. Surtout rappelez-vous, si c'est trop beau pour être vrai, c'est que ce n'est pas vrai...

Normand Mousseau, 20 décembre 2005
Pour commenter cet article : http://blogue.sciencepresse.info/physique/item/168

Quand les matériaux se créent par ordinateur

Dans un article théorique publié récemment par la prestigieuse revue *Physical Review Letters*, mon collègue, le professeur Michel Côté, et deux de ses collaborateurs, Sébastien Hamel et Vladimir Timoshevskii, ont ouvert la voie à une nouvelle famille de matériaux qui pourraient avoir un impact fondamental et technologique important.

Avant d'expliquer ces travaux, il me faut toutefois vous raconter une version fort brève de la fascinante histoire de la supraconductivité.

Le phénomène de la supraconductivité fut découvert il y a presque 100 ans, en 1911, par le professeur Heike Kamerlingh Onnes à l'Université de Leyde, aux Pays-Bas, lors d'expériences à très basse température (environ −270 degrés Celsius). Onnes découvrit en effet que lorsque la température s'abaisse suffisamment, des métaux tels que le mercure, l'étain et le plomb conduisent l'électricité sans aucune résistance. Dans leur état normal, tous les matériaux offrent une certaine résistance au passage de l'électricité. Cette résistance chauffe le matériau et est utilisée, par exemple, dans les éléments d'un calorifère électrique, d'une cuisinière ou d'un grille-pain. Un peu plus tard, on s'aperçut également que dans leur état supraconducteur, les matériaux repoussent tout champ magnétique. Un objet supraconducteur flotte donc au-dessus d'un aimant, puisqu'il lui est impossible de laisser pénétrer le champ magnétique. Par contre, un matériau supraconducteur se transforme facilement en un aimant puissant. En effet, un courant qui circule dans une boucle produit un champ magnétique et transforme la boucle en électro-aimant. À cause de la résistance, on ne peut faire passer un trop gros courant dans un électro-aimant normal puisque celui-ci chauffe et peut même fondre. Par contre, comme il n'y a pas de résistance dans un supraconducteur, on peut facilement faire circuler un courant important.

Cette découverte prit tous les physiciens par surprise et les théoriciens se mirent au travail afin d'expliquer ce phénomène des plus étranges. Leur quête ne fut pas facile, toutefois, et ce n'est que 46 ans plus tard, en 1957, que John Bardeen, Leon Cooper et John Robert Schrieffer fournirent une théorie complète de la supraconductivité. Durant ce temps, les expérimentateurs n'avaient certainement pas chômé et on connaissait alors tout un zoo de métaux supraconducteurs. Malheureusement, et en accord avec la théorie, aucun de ceux-ci ne demeure supraconducteur à une température dépassant 40 degrés Kelvin, environ –230 °C. En dépit de cela, on utilise les supraconducteurs lorsqu'on a besoin d'aimants puissants et compacts. C'est le cas, par exemple, dans les appareils de résonance magnétique utilisés dans les hôpitaux. Leur entretien coûte très cher, toutefois, car on doit refroidir ces aimants à très basse température en utilisant une technologie complexe.

Deux découvertes importantes au milieu des années 1980 ont révolutionné l'étude des supraconducteurs. En 1987, on a découvert que des céramiques à la composition barbare et à la physique très éloignée de celle de Bardeen, Cooper et Schrieffer, présentaient une supraconductivité pouvant survivre à des températures élevées, c'est-à-dire dépassant les 70 °K (avoisinant –200 °C), une température accessible par des moyens relativement peu dispendieux. Malheureusement, ces matériaux se sont avérés assez capricieux à l'utilisation : ils sont cassants, difficiles à préparer et pas très stables lorsqu'ils sont exposés à l'air.

Deux ans plus tôt, en 1985, Harold Kroto, Rubert Curl, Richard Smalley et leurs collaborateurs à Rice University, au Texas, avaient découvert une molécule fascinante : la buckyballe ou le fullerène C60. Il s'agit d'une molécule composée de 60 atomes de carbone assemblés comme sur un ballon de soccer pour former une sphère parfaite. Cette nouvelle forme de carbone, pourtant présente dans la suie de tous les feux de camp depuis les temps immémoriaux, suscita également un intérêt immédiat tant pour la beauté de sa géométrie que pour ses propriétés particulières. Parmi celles-ci, on découvrit que si on mêle des molécules de C60 à divers éléments, le matériau devient supraconducteur à une température dépassant de 40 °K les métaux classiques.

En utilisant divers mélanges, on s'aperçut que la température critique à laquelle le système perd la supraconductivité augmente avec la distance entre les molécules de C60. Il serait donc possible que le C60, placé dans un bon environnement, puisse atteindre une température beaucoup plus élevée.

Malheureusement, le tableau périodique est fini et même les plus gros atomes sont beaucoup plus petits qu'une molécule de C60. Il faut donc repenser l'approche. C'est ici que Michel Côté et son équipe entrent en jeu. Réfléchissant au problème, ils proposent d'utiliser une classe de matériaux découverts récemment, des métallo-organiques, qui ressemblent à un assemblage de pièces de mécano. Cette structure est formée de tubes d'atomes qui s'entre-croisent, laissant des trous assez grands pour y loger une molécule de C60.

À l'aide de calculs théoriques utilisant la mécanique quantique, les chercheurs du Département de physique de l'Université de Montréal ont pu montrer que la molécule de C60 devrait être très à l'aise dans cet environnement et posséderait même des propriétés laissant espérer une température élevée pour la supraconductivité.

Évidemment, on n'est sûr de rien tant que les expériences ne sont pas faites. Il faudra d'abord voir s'il est possible chimiquement d'incorporer les molécules de C60 aux organo-métalliques. On devra ensuite vérifier si les prédictions théoriques tiennent la route et si elles mènent bien à des températures critiques intéressantes. Quoi qu'il en soit, il y a tout lieu de penser que le travail de Sébastien Hamel, Vladimir Timoshevskii et de Michel Côté va créer des vagues dans le milieu de la matière condensée.

Une histoire à suivre...

Normand Mousseau, 1er février 2007

Je pense, donc… l'Univers est en expansion!

Je me permets de reprendre et d'adapter le célèbre *cogito ergo sum* de Descartes afin de montrer que le simple fait que nous réfléchissions constitue une observation dite cosmologique qui révèle que l'Univers est en expansion et n'existe pas depuis toujours. Bref, si je pense, donc l'Univers évolue!

La semaine dernière, je participais au congrès annuel de la Société canadienne d'astronomie à Kingston. Près de 200 communications orales ou sous forme d'affiches, y ont été présentées. Comme il arrive à l'occasion dans ce genre d'événement, les propos d'un conférencier stimulent parfois notre imagination dans une direction inattendue. Ainsi, pendant qu'un des conférenciers parlait de matière et d'énergie sombres, je me suis mis à réfléchir à une variation sur le thème du paradoxe d'Olbers. Voici le fruit de cette réflexion.

Le paradoxe d'Olbers tire son origine des travaux d'un astronome allemand du 19e siècle, H.W.M. Olbers, et porte sur la question suivante: «Pourquoi la nuit est-elle sombre?». À première vue la réponse semble évidente! Il fait noir la nuit parce que le Soleil est couché et n'éclaire pas le ciel. Cependant, comme l'avait initialement remarqué Johannes Kepler dans les années 1600, la réponse à la question est beaucoup plus subtile et dérangeante qu'il n'y paraît.

Vers la fin du 19e siècle, on considère que l'Univers est statique (pas d'expansion ou de contraction) et s'étend à l'infini dans toutes les directions. Donc, quelle que soit la direction vers laquelle un observateur dirige son regard, sa ligne de visée doit nécessairement intercepter la surface d'une étoile. Puisque les étoiles sont brillantes, le ciel de la nuit devrait donc être aussi brillant que la surface du Soleil. D'où le paradoxe de la noirceur de la nuit décrit par Olbers dans un de ses articles scientifiques.

Une autre manière de présenter le paradoxe est la suivante. Si l'Univers est infini, il contient un nombre infini d'étoiles. Plus les étoiles sont éloignées de la Terre, moins elles semblent brillantes. L'intensité de la lumière des étoiles diminue selon le carré de leur distance ($1/r^2$) par rapport à l'observateur. Toutefois, le nombre d'étoiles augmente proportionnellement au volume d'espace, donc en fonction du cube de la distance (r^3). Donc, même si l'intensité des étoiles lointaines est plus faible, cet effet est largement compensé par l'augmentation du nombre d'étoiles. Le résultat net est que le ciel de la nuit devrait être brillant plutôt que sombre.

La clé du paradoxe réside dans l'hypothèse d'un Univers statique et infini. Nous savons aujourd'hui que l'Univers existe depuis environ 13,7 milliards d'années. Puisque la vitesse de la lumière n'est pas infinie, nous pouvons seulement observer des étoiles jusqu'à une distance maximum de 13,7 milliards d'années-lumière. Il s'agit évidemment d'une très grande distance, mais cette distance n'est pas infinie. Le volume de l'Univers observable renferme donc un nombre grand mais fini d'étoiles (environ 1 000 à 10 000 milliards de milliards d'étoiles). Ces étoiles contribuent à la brillance du ciel nocturne, mais puisque leur nombre n'est pas infini, le ciel de la nuit est moins lumineux que la surface d'une étoile.

L'expansion de l'Univers contribue aussi à la noirceur de la nuit. Ainsi, parce que l'espace-temps est en expansion, la contribution des étoiles lointaines à la brillance du ciel est beaucoup moins importante que celle prévue dans le cas d'un Univers statique. Les étoiles situées dans des galaxies lointaines s'éloignent de nous à des vitesses qui frôlent celle de la lumière. Cette lumière stellaire est diluée par l'expansion de l'Univers et son intensité est donc nettement moins grande.

Maintenant, revenons à «Je pense, donc... l'Univers est en expansion». Comme le montre la solution du paradoxe d'Olbers, si l'âge de l'Univers n'était pas fini et que celui-ci n'était pas en expansion, la nuit devrait être aussi lumineuse que la surface d'une étoile. Dans de telles conditions, l'évolution stellaire serait radicalement différente et l'évolution de la vie sur des planètes serait carrément impossible.

En effet, imaginons que l'on puisse transporter notre système solaire dans cet hypothétique Univers infini, statique, et donc lumineux. Le Soleil et les planètes seraient alors plongés dans un bain de rayonnement dont la température est équivalente à celle de la surface d'une étoile. Or, selon la 2e loi de la thermodynamique, la chaleur s'écoule des régions chaudes vers les régions froides.

Le Soleil devrait donc augmenter le taux de réactions nucléaires et se réchauffer afin de pouvoir rayonner dans l'espace. Quant aux planètes, leur surface serait chauffée à une température de plusieurs milliers de degrés jusqu'à ce qu'elles disparaissent complètement.

Dans un tel Univers, la vie serait donc impossible. *Pas de structures, pas de planètes, pas de bactéries, pas d'animaux, pas d'intelligence pour réfléchir sur cet Univers!*

Notre existence et le fait que nous puissions y réfléchir représentent donc des arguments très forts en faveur de l'expansion et d'un âge fini pour l'Univers. Voilà de quoi laisser songeur en contemplant la voûte étoilée pendant les belles nuits d'été...

Robert Lamontagne, 11 juin 2007
Pour commenter cet article : http://blogue.sciencepresse.info/astronomie/item/412

L'étoile de Bethléem

Jésus étant né à Bethléem de Judée, au temps du roi Hérode, voici que des mages venus d'Orient arrivèrent à Jérusalem et demandèrent : «Où est le roi des Juifs qui vient de naître? Nous avons vu son astre à son lever et nous sommes venus lui rendre hommage.»

[...]

Et voici l'étoile qu'ils avaient vue en Orient marchait devant eux jusqu'à ce qu'étant arrivée au-dessus du lieu où était le petit enfant, elle s'arrêta. Quand ils aperçurent l'étoile, ils furent saisis d'une très grande joie.

Ils entrèrent dans la maison, virent le petit enfant avec Marie, sa mère, se prosternèrent et l'adorèrent; ils ouvrirent ensuite leurs trésors, et lui offrirent en présent de l'or, de l'encens et de la myrrhe.

Puis, divinement avertis en songe de ne pas retourner vers Hérode, ils regagnèrent leur pays par un autre chemin. (Matthieu 2. 1-12)

Mais quel était donc ce mystérieux objet? Et qui étaient les Mages?

Le texte de l'Évangile de Mathieu aurait été rédigé vers l'an 90 A D., soit cinq ans après celui de Luc, 25 ans après celui de Marc, et près d'un siècle après la naissance du Christ; seul ce texte rapporte le récit de l'étoile. Que croire du récit de Mathieu, qu'on retrouve aussi dans le protoévangile de Jean?

Notre ignorance de la date réelle de la naissance du Christ ne facilite pas les choses. En effet, le décompte dressé par Dionysius Exiguus en 525 lors de la détermination de la date de Noël n'est pas exact. En effet, Dionysius accepta l'affirmation de Clément d'Alexandrie que Jésus était né dans la 28e année du règne de César Auguste. Cependant, il a négligé le fait que pendant ses quatre premières années de règne, il était connu sous le nom d'Octave, avant que le sénat ne le proclame «Auguste». Cette erreur laisse à penser que la naissance du Christ aurait eu lieu quelque part entre 7 et 2 avant notre ère.

On ne sait même pas qui étaient les mages. Mathieu utilise le mot *magós* (μαγος) qui est d'origine babylonienne et qui signifie «scientifique, sage, astrologue». Certains les considèrent comme des prêtres zoroastriens, perses ou parthes. Pour certains auteurs, ils seraient des juifs membres de la diaspora vivant à Babylone.

Quoi qu'il en soit, il est clair que l'objet a été visible du côté est pendant un certain temps, car les Mages ont eu le temps de venir jusqu'à Jérusalem. Le voyage depuis la Perse, où il y avait beaucoup d'astrologues prenait environ six semaines. Seule une comète ou un regroupement de planètes se comporte de cette façon.

Cette hypothèse de la comète sera épousée par Giotto de Bondone. En 1301, il observe le passage de la comète de Halley et en exécute un portrait fidèle sur son chef-d'œuvre, l'adoration des mages. Pour la première fois, une comète est représentée de façon réaliste. Justement, les annales astronomiques chinoises rapportent le passage d'une comète en mars-avril de l'an 5 avant notre ère: «La seconde année du règne de Chien-p'ing, le deuxième mois, une comète apparut à Ch'ien-niu pendant 70 jours.»

Dès le troisième siècle, Origène note que, selon les descriptions, l'étoile de Bethléem ressemble plus à une comète qu'à une étoile. Dans la pensée des pères de l'Église, les comètes étaient des astres nouveaux et miraculeux, absents lors de la création du Monde, et que Dieu créait pour transmettre un message au monde: ainsi, la naissance des prophètes Abraham et Moise était annoncée par une telle étoile.

Il y a aussi l'interprétation planétaire. La position relative de certaines planètes aurait eu une signification très importante du point de vue astrologique. Ce genre d'événement aurait pu attirer l'attention des mages. Durant l'intervalle de temps qui nous intéresse, il y a eu plusieurs de ces événements.

Ainsi, en l'an 7 avant notre ère, il y eut une triple conjonction de Jupiter et Saturne dans la constellation des Poissons, et autre conjonction de Mars, Jupiter et Saturne en févier de l'an 6 avant notre ère. Une conjonction se produit lorsque deux objets ou plus semblent près l'un de l'autre dans le ciel. Selon certaines interprétations, la constellation des Poissons est associée au peuple juif en astrologie.

Alors, quand Saturne et Jupiter passèrent l'un près de l'autre trois fois en l'espace de quelques mois, il s'agissait d'un événement remarquable d'autant plus qu'une telle conjonction dans la constellation des Poissons ne se produit qu'une fois tous les 900 ans. La première conjonction se produisit en mai de l'an 7 avant notre ère alors que les mages auraient pu entreprendre leur voyage. La seconde s'est produite en septembre alors qu'ils auraient visité le roi Hérode et la troisième au sud en direction de Bethléem au début de décembre. La conjonction suivante de Mars, Jupiter et Saturne dans moins de 8 degrés ne se produit qu'une fois aux 800 ans. Jupiter était le symbole de la royauté et Saturne était la divinité mésopotamienne protégeant Israël. Les connaissances astronomiques de l'époque permettaient de prévoir ces conjonctions, ce qui n'aurait pas manqué d'attirer l'attention des mages.

Cependant, il y a d'autres événements astrologiquement intéressants qui se produisirent vers la même époque. En effet, Jupiter a été occulté à deux reprises par la Lune en l'an 6 avant notre ère. Le rapprochement de la Lune aurait augmenté le pouvoir de Jupiter. La seconde de ces occultations s'est produite le 17 avril alors que Jupiter était à l'est. À ce moment, la Lune, Jupiter et le Soleil se trouvaient dans la constellation du Bélier. Les calculs modernes indiquent que la Lune a occulté Jupiter, bien que le phénomène fût inobservable en raison de la proximité du Soleil. Firmicus Maternus, un astrologue au service de Constantin le Grand, décrivit cette configuration comme celle de la naissance d'un gouverneur de monde de nature divine et immortelle! Par la suite, au mois d'août, Jupiter était stationnaire dans le ciel passa à travers la constellation du Bélier (associé aux Juifs dans le Tetrabiblos de Claude Ptolémée), et devint stationnaire de nouveau le 19 décembre.

Il existe aussi une autre série de conjonctions importantes s'étant produite un peu plus tard. Le 1er août de l'an 3 avant notre ère, on assiste au lever héliaque de Jupiter. Le 13 août, Vénus et Jupiter sont très près l'une de l'autre au lever du Soleil. Et le 18, Mercure devient visible et le 1er septembre, Mercure et Vénus sont à moins d'un tiers de degrés l'une de l'autre dans la constellation du Lion. Astrologiquement, Jupiter, la planète royale, a quitté le Soleil, le père des dieux, pour se joindre à Vénus, la Vierge Marie, dans la constellation du Lion, symbole de la tribu de Judas. De plus, Mercure, le messager des dieux, a quitté le Soleil pour se tenir avec Vénus dans les lueurs de l'aube.

Par la suite, le 14 septembre ainsi que les 17 février et 8 mai de l'an 2 avant notre ère, Jupiter si tint à côté de l'étoile Regulus dans la constellation du Lion, qui représente aussi la royauté. C'est le 17 juin que le phénomène sera le plus spectaculaire. Vénus et Jupiter, les deux planètes les plus brillantes, donnent l'impression d'entrer en collision. À 8h30, heure locale, elles passent à 0,6 minute d'arc l'une de l'autre. À l'œil, elles formeront alors plus qu'un seul point très brillant à 15 degrés au-dessus de l'horizon ouest, en direction de la Judée. Il s'agissait là d'un événement sans précédent. Mieux encore, le 27 août de cette même année, Jupiter et Mars se trouvait à moins d'un septième de degré l'un de l'autre dans la constellation de la Vierge. Près d'eux se trouvaient ensemble Mercure et Vénus dans les lueurs de l'aube.

Cette séquence d'événements dramatiques aurait été observée par les mages. Lorsque Jupiter quitte le Soleil à la mi-novembre de l'an 3 avant notre ère, les mages entreprennent leur voyage, Jupiter les dirigeant vers la Judée. Six semaines plus tard, en examinant le ciel à l'aube, Jupiter est en direction sud, juste au-dessus de Bethléem. À ce moment, Jupiter cessa de se déplacer, ayant atteint son point le plus à l'ouest. Simultanément, le Soleil fait de même; c'est le solstice. C'est alors que les mages découvrent l'enfant.

Le principal problème avec cette théorie est que les événements se passent après la date généralement admise de la mort du roi Hérode en 4 avant notre ère. Alors, qu'en est-il vraiment?

Yvan Dutil, 19 décembre 2006
Pour commenter cet article : http://blogue.sciencepresse.info/astronomie/item/345

CHAPITRE 11

Comment ça fonctionne, la science ?

Adieu, Pierre-Gilles de Gennes!

Il est des personnages plus grands que nature, qui attirent immédiatement tous les regards vers eux, quoi qu'ils fassent. C'était le cas de Pierre-Gilles de Gennes, qui s'est éteint vendredi dernier à Paris, à l'âge de 74 ans. Physicien hors norme, de Gennes a passé sa vie à sortir des sentiers battus et à étudier des phénomènes considérés sans intérêt par ses collègues, créant à lui tout seul de nouveaux domaines de recherche dans lesquels s'engouffrèrent des générations de chercheurs.

Au début des années 1960, à peine dans la trentaine, de Gennes s'établit déjà comme un physicien important dans le domaine des matériaux magnétiques où il étudie la transition ordre-désordre. Si on prend un aimant et qu'on le chauffe, il perdra son aimantation. Ce phénomène est dû à une transition d'ordre (aimanté)-désordre (sans aimantation) qui se produit suivant un processus physique bien établi.

Puis, il se tourne vers les supraconducteurs pour y appliquer le même type d'idées. Quelques années auparavant, John Bardeen, Leon Cooper et Robert Schrieffer avaient percé à jour ce mystère vieux de 40 ans, offrant une théorie qui pouvait enfin expliquer pourquoi certains matériaux pouvaient conduire l'électricité sans perte de chaleur à très basse température. Mais il restait encore pas mal de travail à faire afin de comprendre les détails de cette théorie. C'est à cette tâche que s'attaquèrent Pierre-Gilles de Gennes et plusieurs autres grands physiciens dans les années 1960.

À la fin des années 1960, son côté ingénieur le rattrape (il fut ingénieur de recherche au Commissariat à l'énergie atomique, en France, de 1957 à 1961) et il commence à sentir l'appel des sujets plus près des préoccupations industrielles. C'est à ce moment qu'il se tourne vers les cristaux liquides, un mélange de liquide et de longues molécules aux propriétés étranges, avec un groupe de collègues à Orsay, en banlieue de Paris. Ses collègues le considèrent comme un peu fou. À cette époque, les physiciens des matériaux se concentraient avant tout sur des systèmes de plus en plus propres et contrôlés. Or, les cristaux liquides sont salauds : ils forment un liquide visqueux et inhomogène pas toujours facile à caractériser. Qu'à cela ne tienne, en quelques années, de Gennes établit les fondements d'une théorie complète de ces matériaux basée, encore une fois, sur cette célèbre théorie de la transition ordre-désordre, et publie, en 1974, un livre, *La physique des cristaux liquides* qui demeure un classique sur le sujet, 33 ans plus tard.

Mais de Gennes a la bougeotte et il ne reste pas très longtemps sur le même sujet. Vers le milieu des années 1970, il se tourne donc vers les polymères, qui sont de longues molécules dont les propriétés sont déterminées par leur enchevêtrement. Encore une fois, de Gennes bouleverse le domaine et apporte de nombreuses contributions à notre compréhension de la dynamique des polymères.

Les travaux de de Gennes durant les années 1970 établissent l'étude de la *matière molle* comme un domaine à part entière de la physique. Et alors que ces champs grandissent, de Gennes les quitte déjà pour étudier les gels, la friction et les systèmes granulaires.

Avec une telle feuille de route, on ne sera pas surpris d'apprendre que l'Académie des sciences de Suède lui a décerné le prix Nobel de physique en 1991 pour ses travaux sur la transition ordre-désordre dans toutes sortes de matériaux. Pour plusieurs, toutefois, ce prix Nobel représentait la consécration de son travail de pionnier et de l'importance de la matière molle, qui ramenait doucement des pans entiers de la chimie vers la physique.

Évidemment, de Gennes ne pouvait en rester là. Vers la fin des années 1990, la soixantaine avancée, il décida de faire le saut vers la neurologie, appliquant son intelligence vive et ses connaissances physiques poussées au problème de la mémoire, rassemblant autour de lui une équipe multidisciplinaire située à l'Institut Curie, un centre de recherche en médecine.

J'ai eu l'occasion de rencontrer Pierre-Gilles de Gennes lors de son passage à Montréal, il y a deux ou trois ans, alors que l'Université de Montréal lui remit un doctorat *honoris causa*. Il nous présenta un séminaire sur un modèle assez particulier de la mémoire olfactive. C'était un homme très ouvert qui prit grand plaisir à discuter avec les étudiants et les professeurs.

Alors que la fumée était bannie depuis longtemps, il n'a jamais hésité à allumer une de ces cigarettes brunes et sans filtre, sans que le vice-recteur ne lui fasse un reproche. Cette anecdote n'est pas là pour mousser la cigarette, mais pour indiquer qu'il n'avait pas peur d'agir et de prendre position, parfois à l'encontre de tout le monde.

Or, c'est ça un grand scientifique. On n'arrive généralement à rien si on se contente de suivre l'opinion dominante. Il faut avoir la force de ses convictions et foncer. On peut se tromper, bien sûr, et plusieurs se perdent ainsi. Mais les grands, comme de Gennes, n'en reviennent que plus forts.

La physique a perdu un grand chercheur vendredi dernier.

Normand Mousseau, 23 mai 2007
Pour commenter ce billet: http://blogue.sciencepresse.info/physique/item/407

La gloire et la science

En rédigeant mon billet de la semaine dernière sur le physicien Pierre-Gilles de Gennes, je n'ai pu m'empêcher de penser à la signification de la gloire pour un scientifique. Oiseau rare parmi les siens, de Gennes bénéficiait d'une renommée inhabituelle dans la société, même pour un pays comme la France qui traite ses grands esprits avec respect. Je l'ai vu à quelques reprises, mangeant ou déambulant près de l'Institut Curie, l'an dernier à Paris, lors de mon année sabbatique, et je suis certain que plusieurs autres passants le reconnaissaient également dans ce quartier à forte densité de scientifiques. Pour autant, je suis certain qu'il pouvait se promener, sans aucun risque d'être dérangé, à quelques pas de là, dans le quartier plus commerçant de Saint-Germain des Prés.

Que veut donc dire l'adjectif *renommé* lorsqu'un journaliste l'applique à un scientifique? La plupart des chercheurs, même récipiendaire de l'illustre prix Nobel, ne s'approchent pas de la visibilité de de Gennes. Qui d'entre nous pourrait reconnaître John Polyani, par exemple, ou Bertram Bockhouse, deux récents prix Nobel canadiens? L'étendue de leur gloire semble se limiter à un petit cercle d'initiés: mondialement connus, bien sûr, mais seulement par leurs pairs, c'est-à-dire quelques milliers ou dizaines de milliers de personnes. Quel contraste avec le pire du groupe déjà mauvais de Star Académie, par exemple, qui en quelques heures sera assez célèbre pour ne plus pouvoir se promener incognito sur la rue!

Je me souviens d'un autre prix récipiendaire du Nobel de physique, Phillip W. Anderson, un chercheur hors pair qui continue de planer sur la physique à 80 ans passés, que j'avais eu la chance de rencontrer, il y a une dizaine d'années. En visite sabbatique à l'Université d'Oxford, il traversait tous les jours la petite place qui sépare le Département de physique théorique de la boulangerie Maison Blanc où il achetait son sandwich. Pas une seule fois, dans cette ville de savoir, n'ai-je vu quelqu'un se retourner sur son passage ou présenter un quelconque signe de reconnaissance. C'était pourtant un des chercheurs les plus importants de la physique du XXᵉ siècle!

Nous, les scientifiques, sommes décidément bien peu de chose. On apprend rapidement après notre doctorat qu'il est facile de devenir un leader mondial: il suffit de définir le thème de manière étroite, et le tour est joué! Ne suis-je pas, après tout, un des grands experts internationaux dans l'étude théorique des mécanismes activés du silicium amorphe? (Je suis fier de pouvoir me présenter comme un leader mondial dans quelques autres domaines également...)

Pourtant, nombreux sommes-nous à rechercher la reconnaissance de nos pairs, un groupe de chercheurs plus ou moins pointus travaillant sur des sujets d'intérêt proche des nôtres. Lors de notre agrégation, c'est-à-dire lorsque vient le moment pour l'université de nous accorder la permanence (un processus qui prend plusieurs mois et ne se produit qu'à la fin d'une période de probation de 5 ans), on doit montrer qu'on n'est pas de parfaits inconnus vivant en ermite quelque part en haut de notre tour d'ivoire. Il est donc nécessaire de recueillir des lettres de soutien de la part d'autres illustres inconnus, se trouvant autant que possible dans d'autres grandes universités.

La gloire pour un scientifique est donc quelque chose de bien particulier. Et l'immortalité n'est plus ce qu'elle était. Si Newton et Einstein peuvent dormir tranquilles, certains qu'on se souviendra d'eux pour les siècles à venir, la plupart des scientifiques seraient bien contents qu'on se souvienne encore d'eux au moins quelques années après leur départ.

Si ce billet peut vous sembler un peu cynique, dites-vous quand même que si les scientifiques ne dédaignent pas un peu de renommée, mais limitée au cercle restreint de leurs collègues, elles et ils font de la science avant tout pour le plaisir de la découverte. Rappelez-vous aussi, lorsqu'on vous présente un expert à la télévision ou à la radio que n'importe qui peut se présenter comme tel lorsque le sujet est assez pointu. Comme ça vous ne vous laisserez pas trop impressionner par les inepties qu'un tel titre permet de proférer.

Normand Mousseau, 29 mai 2007
Pour répondre à ce billet : http://blogue.sciencepresse.info/physique/item/409

Sauvetage de *Hubble* : le revers de la médaille

Hier, la NASA a confirmé qu'une prochaine mission de la navette serait dédiée au rehaussement du télescope spatial *Hubble*. Il s'agira de la cinquième et dernière mission du genre. L'Agence spatiale américaine est donc revenue sur sa décision d'assurer la sécurité des astronautes à tout prix, en permettant un vol sur une orbite qui ne permettrait pas de rejoindre la station orbitale en cas de problèmes. D'une certaine manière, la NASA est victime de la pression exercée par les astronomes mais aussi (et peut-être surtout) par celle du public en faveur du sauvetage de ce qui est désormais perçu comme un trésor national.

C'est avec le développement de la navette spatiale, dans les années 1970, que le projet du télescope spatial se précise et prend la forme que nous lui connaissons. Le concept final est celui d'un télescope dont le miroir fait 2,5 m de diamètre; c'est un miroir de taille modeste si on le compare à ceux qui existent déjà sur Terre, mais c'est le plus gros qui puisse être lancé par la navette. Comme ses cousins terrestres, ce télescope est doté d'instruments et de détecteurs modulaires qui peuvent être rehaussés par des composantes plus performantes au fil du temps. Les rehaussements doivent être faits par des astronautes. Sur papier, le projet semble très prometteur et ne présente pas de difficultés majeures.

Malheureusement, les vols de navettes sont plus complexes que prévu. L'accident de la navette *Challenger*, en janvier 1986, repousse la mise en orbite de *Hubble*, finalement lancé en avril 1990.

Dès sa mise en service, une autre tuile s'abat sur le projet. Une erreur s'est produite pendant le polissage final du miroir. Les images du télescope ne sont pas aussi nettes que prévues. Les critiques des médias, des politiciens et du public (américains) sont immédiates et sans pitié.

Dans les mois qui suivent, la NASA et le Space Telescope Science Institute proposent que la première mission de rehaussement soit dédiée à corriger le problème de myopie du miroir. La solution consiste à sacrifier un des instruments modulaires et à installer à sa place un jeu de lentilles permettant de compenser pour la dégradation optique du miroir primaire.

En même temps, les deux organismes décident de réagir aux critiques en misant sur une campagne de promotion aggressive des résultats scientifiques du nouveau télescope. C'est une première en astronomie, puisque jusqu'alors, les images astronomiques se trouvaient surtout dans les livres d'astronomie! La campagne promotionnelle du télescope spatial est un vif succès, surtout après la mission réussie du rehaussement de l'optique, en décembre 1993. Les images de télescope spatial nouveau et amélioré font la une des journaux et des bulletins de nouvelles.

Un des effets collatéraux et bénéfiques de cette nouvelle manière de promouvoir l'astronomie est que la plupart des autres observatoires (au sol ou dans l'espace) font désormais de même. D'une certaine façon, les scientifiques ont compris qu'une partie de leur travail consiste aussi à expliquer ce qu'ils font au grand public.

En contrepartie, un des effets pervers de la médiatisation (à mes yeux exagérée) du télescope spatial est que celui-ci est devenu une sorte d'icône de l'astronomie. À tel point que pour le grand public (et même une partie des astronomes), les recherches astronomiques sont jugées à l'aune de *Hubble*. Les résultats scientifiques semblent avoir plus de valeur si les données proviennent du télescope spatial…! Je souligne à nouveau que *Hubble* est un très petit télescope si on le compare à ceux de la dernière génération des télescopes au sol qui sont 3 à 4 fois plus grands (8 à 10 m de diamètre), et dont la qualité des images rivalise avec celle d'un télescope dans l'espace.

Voilà pourquoi j'affirme plus haut que la NASA est victime de son propre succès médiatique avec *Hubble*. En effet, le remplacement de *Hubble* par le *JWST* (James Webb Space Telescope), qui devait avoir lieu avant la fin de la présente décennie, est maintenant retardé à 2013. Or, sans une 5e mission de rehaussement, le télescope *Hubble* cessera de fonctionner d'ici 2 à 3 ans. Pour le public, il y aurait donc un hiatus apparent de 5 à 6 ans de la recherche en astronomie. Comme si, sans *Hubble*, la recherche en astronomie s'arrêtait!

La 5e mission était prévue depuis plusieurs années; la destruction de la navette *Columbia*, en février 2003, a chamboulé les plans. L'une des recommandations de la commission d'enquête sur l'accident est que les futures missions fassent en sorte que les astronautes puissent se réfugier dans la station orbitale en cas d'urgence. Ce qui exclut toute mission vers *Hubble* puisque l'orbite et l'altitude de celui-ci ne sont pas compatibles avec celles de la station orbitale. C'est ainsi que, peu de temps après la parution du rapport, la NASA a annulé la 5e mission.

L'annonce d'hier, à l'effet qu'une mission de rehaussement aura finalement bel et bien lieu au plus tard en 2008, est un renversement complet de la part de la NASA. Je suis convaincu que ce choix n'est pas uniquement justifié par des considérations scientifiques. L'opinion publique a certainement joué un rôle dans ce revirement.

Robert Lamontagne, 1er novembre 2006

Bibliothèques du futur

Une étude publiée récemment dans les archives gratuites du Public Library of Science (PloS) suggère que les articles provenant des sites en accès public sont cités plus fréquemment que les articles publiés en revues commerciales.

Ces résultats, qui ne m'étonnent pas le moins du monde comme bibliothécaire, tendent à montrer que l'information libre et facile d'accès sur Internet ne peut être que privilégiée par la majorité des usagers face à une littérature scientifique enfouie dans des revues papier, accessibles seulement dans quelques bibliothèques. Même quand ces périodiques sont disponibles en ligne, les abonnements demeurent souvent coûteux.

Il est à souhaiter que les scientifiques adoptent ce nouveau paradigme de l'édition spécialisée. En effet, le Net permet de démocratiser l'information et d'accélérer la circulation des idées scientifiques. Depuis plusieurs années déjà, des sites d'archives publiques, tels que le dépôt de prépublications électroniques en ligne du Los Alamos National Laboratory. De telles initiatives ne bénéficient pas seulement aux scientifiques eux-mêmes mais aussi au grand public. Moyennant l'effort de se mettre à ce niveau, le quidam moyen peut prendre connaissance des dernières avancées de la science et voir, par la même occasion, à quoi servent ses impôts puisque, ne l'oublions pas, une bonne part de la recherche scientifique s'effectue grâce aux deniers publics.

Constituer une bibliothèque virtuelle globale, comme l'ont annoncé Google et ses partenaires commerciaux, est certes louable mais il est difficile de savoir quelle forme définitive prendra ce projet. Cette initiative comporte de nombreux problèmes, ne serait-ce qu'en matière de droit d'auteur et de droit de reproduction. Mais ce qui est le plus problématique, à mon avis, c'est de voir ce vaste projet, méritoire et porteur d'avenir en lui-même, échapper aux mains des bibliothécaires pour aboutir chez des commerçants.

Car on se doute bien que toute cette belle culture (Shakespeare et Molière, Milton et Hugo, Zola, Huxley, etc.) n'est pas numérisée pour sa valeur intrinsèque mais pour les dollars qu'elle peut rapporter. Lorsqu'on voit les efforts répétés de l'industrie du spectacle, particulièrement Sony, pour enforcer leurs règles de gestion des droits numériques (ou DRM, en anglais, Digital Rights Management), on peut se demander si nous pourrons toujours lire les livres électroniques dans 20 ans. Peut-être seront-ils enfermés à jamais dans des fichiers cryptés, liés à des formats désuets.

Gloires et misères de l'édition électronique!

Toutes ces réflexions sur les bibliothèques virtuelles me ramènent à une conférence que j'ai donnée récemment dans le cadre du 37e Congrès de la Corporation des bibliothécaires professionnels du Québec. Le thème de la causerie, dont le titre était *Formes et fonctions des bibliothèques imaginaires,* m'a permis d'explorer comment les auteurs entrevoyaient les bibliothèques idéales et celles de l'avenir. Parmi les représentations les plus intéressantes, citons le bibliothécaire virtuel de Neal Stephenson, dans son ouvrage *Snow Crash.* Ce *librarian daemon,* selon sa propre expression, inspirée par ailleurs d'un terme informatique existant, est une sorte d'agent virtuel, une intelligence artificielle qui, sous l'interface d'un recherchiste, interroge le contenu du Metaverse (Internet du futur) pour en extraire l'information désirée.

Image moderne du génie de la lampe, prêt à exaucer tous nos désirs, ce fantasme de l'homme-livre, image séminale du reste fort ancienne, revient sous la forme de Vox, le bibliothécaire virtuel de la New York Public Library du futur dans le film *The Time Machine* (2002). Tout à la fois bibliothécaire de référence, catalogue en ligne, livre électronique et bibliothèque entière, c'est l'aboutissement de tous les rêves de bibliothèque virtuelle globale. Il a littéralement toute l'information du monde au bout des doigts. Et ce qui ne gâche rien, il possède également un semblant de pseudo-personnalité, quand il s'entretient de manière légèrement sarcastique avec le voyageur du temps!

Mario Tessier, 6 juin 2006

Sciences «naturelles» *versus* sciences «humaines»

Je viens tout juste de terminer *In defence of politics*, un livre écrit il y a plus de quarante ans par le philosophe politique Bernard Crick. L'analyse que fait Crick de la politique souligne presque à chaque page les différences profondes entre la politique et la science. Une différence qui n'est pas toujours acceptée ni valorisée alors que plusieurs penseurs en sciences humaines aimeraient bien élever la respectabilité de leur discipline au niveau de celle de la science naturelle. C'est le cas, par exemple, de l'économie et, comme on le voit ces jours-ci, de la politique. Pourtant, les différences entre les sciences humaines et naturelles sont grandes et fondamentales.

Ainsi, les économistes présentent souvent leurs *lois* sur un pied d'égalité avec les lois de la physique. L'humain, peu importe ce qu'il veut, ne pourrait échapper à ces contraintes calculées, grâce à des mathématiques complexes, par ces chercheurs. On en vient à prétendre que les taux d'imposition et de chômage idéaux ou l'âge de la retraite optimal sont aussi solidement déterminés par les théories économiques que les propriétés du carbone par la mécanique quantique. Or, l'être humain, contrairement à l'atome de carbone, peut changer. Les lois économiques, qui dépendent des comportements humains, sont donc également appelées à changer avec le temps.

Il en est de même avec la politique. Certaines structures ou organisations qui paraissaient acceptables il y a 20 ans, ne le sont plus, et vice versa. Chaque époque se pense au summum d'une évolution pointant, avec parfois quelques soubresauts, vers la situation actuelle. Pourtant, il ne peut avoir de fin de l'Histoire, contrairement à ce qu'avait annoncé Francis Fukuwama, il y a une quinzaine d'années puisque les règles du jeu changent constamment.

La politique n'est donc pas une science exacte. Puisque la vérité unique n'existe pas, il faut donc apprendre le respect des opinions divergentes. Il faut aussi apprendre la flexibilité. Gouverner, c'est aussi faire des compromis et ne pas toujours aller aussi loin que nous poussent nos convictions intimes.

Quelques jours à peine après l'annonce des résultats électoraux, il faut se rappeler que gouverner est un art et non une science. Des erreurs peuvent être commises et un gouvernement peut reculer. De tout temps, les populations ont adopté une position critique et souvent cynique face au pouvoir. Car ce pouvoir attire invariablement des gens qui souhaitent l'utiliser pour eux-mêmes.

Cette réalité est inévitable. Nous aurons toujours des politiciens démagogues ou assoiffés de pouvoir. Évidemment, certaines structures assurent une meilleure représentativité au gouvernement, ou permettent de garder celui-ci sous contrôle beaucoup plus efficacement que le système britannique dont nous avons hérité, ce qui permet de contrebalancer les pulsions individuelles. Les traditions ainsi que l'existence d'une fonction publique professionnelle et neutre offrent toutefois à ce système une inertie bénéfique.

Prétendre que la politique peut être menée scientifiquement et froidement relève de la supercherie. Il faut donc se méfier des solutions parfaites ou idéales à des problèmes d'organisation ou de gestion humaine. Cette affirmation n'empêche pas que la science ait un rôle important à jouer en politique. Cette dernière permet de clarifier certaines situations et d'orienter les débats sur des sujets parfois techniques. Elle ne peut rien décider, toutefois ; ce privilège est le domaine exclusif de la politique.

En dépit du cynisme ambiant, on doit donc reconnaître l'importance de la politique. Le système actuel est boiteux et on doit travailler à le changer. Pour cela, il est nécessaire de se mouiller et d'entrer dans l'arène. On n'y échappera pas. Si cela peut parfois être frustrant pour un scientifique habitué aux argumentations factuelles devant se terminer par un consensus imposé par la réalité, cette situation est la seule qui peut préserver la démocratie.

Normand Mousseau, 28 mars 2007
Pour commenter ce billet : http://blogue.sciencepresse.info/physique/item/386

Les meilleurs commettent des erreurs

Les revues *Science* et *Nature* sont les plus prestigieuses de toutes les revues scientifiques. Leur influence, qui dépasse souvent le cadre de la communauté scientifique, est comparable à celle des grands journaux politiques comme le *New York Times*. Bien que ces deux revues aient des standards très élevés, il leur est arrivé de publier de grosses erreurs. Ces erreurs ont parfois de sérieuses conséquences. C'est le cas notamment dans le domaine de l'environnement et de l'énergie en raison des énormes enjeux socio-économiques et politiques.

La semaine dernière, un commentaire publié par *Science* soulignait qu'il y avait de grosses erreurs dans un article sur le climat publié en 2004. Cet article avait fait sensation et avait été notamment soulevé au sénat américain pour mettre en doute l'impact humain sur les changements climatiques. Il avait aussi servi de prétexte à une véritable campagne de harcèlement et d'intimidation entreprise par un membre du congrès américain contre certains chercheurs dont les résultats publiés auparavant montraient l'impact anthropogénique sur les changements climatiques. Les protestations de l'Académie des sciences et de plusieurs organisations scientifiques ont été nécessaires pour mettre un terme à cette campagne d'intimidation.

L'histoire commence en 1998 avec la publication par *Nature* d'un article de Michael Mann et coauteurs qui avaient utilisé toutes les données indirectes disponibles pour reconstruire le climat des 1000 dernières années. Dans leur étude, les auteurs avaient pris grand soin de vérifier la validité de leur méthode et établi qu'elle permettait de retrouver les variations récentes du climat. La forme de leur courbe de reconstruction de la température moyenne de la terre est celle d'un bâton de hockey, un long bâton droit avec une courbure au bout, représentant le réchauffement de la seconde moitié du 20e siècle. Cet article était très important, car il montrait que le réchauffement depuis 1950 est sans précédent et ne peut pas être causé par des variations naturelles. Cet article n'était pas le premier ou le seul à lier le réchauffement climatique à l'activité humaine, mais il a eu d'autant plus de retentissement qu'il était publié par *Nature*.

Dans leur article de 2004, Von Storch et ses coauteurs préten-daient montrer que la méthode de reconstruction du climat utilisée n'était pas valide et donc que l'impact humain n'est pas démontré. Par la suite, Von Storch avait cru bon, dans une interview pour un journal grand public, de mettre en doute la compétence de ses rivaux et de proclamer que leur travail était nul. Il s'avère maintenant que c'est Von Storch et ses coauteurs qui avaient commis une grosse erreur. Cela arrive! On peut souhaiter qu'à l'avenir Von Storch fera preuve de moins d'arrogance, mais c'est peu vraisemblable. Dans une réponse au commentaire, Von Storch admet du bout des lèvres son erreur (*Errare humanum est*), tout en prétendant que cela ne change en rien la valeur de ses conclusions (*Perseverare...*).

Cette petite histoire est exemplaire pour plusieurs raisons. Elle montre d'abord l'extraordinaire influence des revues *Science* et *Nature* qui va bien au-delà de la communauté scientifique. Elle montre aussi le fonctionnement du milieu de la recherche. Dans les sciences naturelles, il est possible de faire des erreurs, mais il y a toute une série de contrôles qui dans la plupart des cas finissent par les démasquer. Tout article scientifique est évalué par d'autres chercheurs avant d'être publié. En principe, cet examen critique devrait éviter la publication d'erreurs. Tout comme *Nature*, la revue *Science* prétend avoir de très sévères standards. Pourtant, le système peut faillir et des erreurs peuvent être publiées malgré une évaluation critique. Mais il n'a pas fallu très longtemps pour que l'erreur soit démasquée. Il ne faut pas nécessairement en conclure que tout est bien qui finit bien. En fait, cette erreur a fait beaucoup de mal en donnant des arguments «scientifiques» aux opposants du traité de Kyoto. Comme dans le domaine politique, la bonne foi ne triomphe pas toujours, on peut craindre que les opposants continuent de prétendre que l'impact humain sur le climat n'est toujours pas démontré.

Plus de détails sur cette affaire, et de nombreuses informations sur le climat sur le site de *RealClimate*: http://www.realclimate.org/index.php/archives/2006/04/a-correction-with-repercussions/

Jean-Claude Mareschal, 10 mai 2006
Pour commenter cet article: http://blogue.sciencepresse.info/environnement/item/247

Scientifique ou intellectuel: les limites de l'expertise

Le plus souvent, le scientifique apparaît comme un expert, un spécialiste d'un domaine pointu sur lequel il a le droit de prononcer des énoncés absolus qui ne tolèrent aucune contradiction. En tant que physicien, ce genre de situation ne se produit pas très souvent; il y a assez peu de journalistes qui me contactent afin de vérifier que le silicium existe bien en trois phases, liquide, cristalline et amorphe. Cela se produit plus fréquemment dans des disciplines telles que l'économie, le droit ou la science politique.

Il importe toutefois de savoir que derrière un discours factuel se cache souvent une idéologie qui peut colorer la présentation ou la sélection de ces faits. Même dans des domaines très pointus, il existe des divergences d'opinions sur l'interprétation de faits et même, dans certains cas, sur leur existence propre. De plus, du fait même de l'étroitesse du domaine d'expertise, ces spécialistes finissent toujours par parler sur un sujet qu'ils ne maîtrisent pas. Il faut donc aussi prendre les énoncés des experts avec circonspection et toujours essayer d'utiliser nos propres connaissances généralistes afin de juger la pertinence de leurs énoncés.

Considérons, par exemple, la question de l'impact des nano-sciences sur la société dont j'ai parlé il y a deux semaines. Il s'agit d'un problème complexe et multidisciplinaire qui implique des physiciens, des chimistes, des biologistes, des environnementalistes, des sociologues, etc. Rares sont ceux qui peuvent poser un regard d'expert sur le problème. Ainsi, les chercheurs qui développent les nouvelles structures ne connaissent pas les interactions possibles de ces substances avec l'environnement et sont, en fait, assez mal équipés pour l'étudier. Si on les interroge sur ce sujet, ces spécialistes ne pourront donc pas donner une réponse experte; ils seront pourtant cités comme tels. Ça ne veut pas dire que la réponse sera nécessairement farfelue ou sans valeur. Après tout, ces spécialistes sont des chercheurs habitués à faire des inférences et à analyser des données et scénarios complexes. Cette réponse ne sera plus celle d'un expert, toutefois, mais d'un citoyen éclairé. La difficulté, pour le public, étant généralement de départager l'expert du citoyen éclairé.

Malgré ces défis, il est important pour les scientifiques de s'exprimer sur la société pour plusieurs raisons. Tout d'abord, leur formation formelle leur permet d'analyser sans complexes des problèmes compliqués qui nécessitent parfois de passer à travers des colonnes de chiffres ou des équations mathématiques. De plus, ils sont formés à poser des questions et à rester sceptiques lorsque les preuves manquent. Il ne faut pas se leurrer, toutefois, bon nombre de chercheurs érigent un mur infranchissable entre leur travail et leur quotidien, réservant leur sens critique pour leur activité professionnelle. De plus, la communauté scientifique ne voit pas toujours d'un bon œil le fait qu'un chercheur se prononce, en tant que citoyen engagé, dans des débats hors de son champ de spécialisation, de peur que ces positions nuisent à la communauté scientifique en général.

Je rejette cette catégorisation. Le scientifique est autant un intellectuel que le chercheur en sciences sociales et il se doit de participer au débat de la société en acceptant que ses propos ne soient pas protégés par l'étiquette d'expert. C'est aussi comme cela qu'il vous faut lire certaines parties de mon blogue. Bien que physicien, je ne suis pas un expert dans toutes les sous-disciplines du domaine ni dans les relations entre la science et la société. Je dois donc me mouiller, de temps en temps, mais je le fais avec soin, m'assurant de vérifier mes faits et utilisant, lorsque nécessaire, mes connaissances techniques afin d'évaluer la pertinence ceux-ci. Je peux bien sûr me tromper ou même dire des bêtises, de temps en temps. C'est à vous de rester vigilants!

Un mot, en terminant, sur le livre donc j'ai parlé ci-haut. Celui-ci, intitulé *Où va notre argent?*, est écrit par le collectif Attac-Québec et publié par la maison d'édition Écosociété. Ma contribution porte sur les torts à la société posés par les paradis fiscaux. Pris dans son ensemble, ce livre essaie de confronter certaines idées véhiculées par les médias et montre que l'argent est disponible pour financer les projets de société qui nous tiennent à cœur, si seulement on veut bien aller le chercher là où il se trouve. Mais c'est une autre histoire qui n'appartient pas à ce site.

Normand Mousseau, 10 avril 2006
Pour commenter ce billet: http://blogue.sciencepresse.info/physique/item/229

L'astrophysique a besoin de vous!

L'astrophysique possède la particularité d'être une science où les amateurs contribuent encore d'une manière non négligeable. Le ciel accessible à tous et la démocratisation de la technologie expliquent en partie ce phénomène. Il ne faut cependant pas négliger le fait que de nombreux astronomes professionnels ont d'abord été amateurs.

La plus célèbre des collaborations entre les astronomes amateurs et les astronomes professionnels est probablement *SETI@home*. Ce programme de recherche d'intelligence extraterrestre est basé sur l'analyse de signaux radio obtenus au radiotélescope d'*Arecibo*, une antenne de 300 m de diamètre situé à Puerto Rico. Proposé par David Gedye en 1995, le projet a débuté en 1999. Le 26 septembre 2001, le projet avait produit 10 exposant 21 (10^{21}) opérations à virgule flottante, performant ainsi la plus grande opération de calcul de l'Histoire. Avec plus de 500 000 ordinateurs dans le monde, ce projet harnache l'équivalent de 100 téraflops, ce qui en fait l'un des systèmes de calcul les plus puissants du monde.

Les outils de gestion informatique développés dans le cadre de *SETI@home* ont depuis été appliqués à d'autres problèmes scientifiques:

– *Climateprediction.net:* Étude des changements climatiques;
– *Einstein@home:* Recherche d'onde gravitationnelle émise par les pulsars;
– *LHC@home:* Améliorer le design de l'accélérateur de particule *LHC* du *CERN;*
– *Predictor@home:* Étudie les maladies reliées aux protéines;
– *Rosetta@home:* Aide à développer des traitements médicaux;
– *Cell Computing:* Recherche biomédicale;
– *World Community Grid:* Améliore notre connaissance des maladies humaines.

Si les projets précédents ne demandent aucun effort du côté de l'amateur, d'autres sont plus interactifs. Par exemple, la NASA vous offre la chance de cataloguer des cratères sur Mars ou sur des astéroïdes avec une *interface Web*. Ou encore, vous pouvez rechercher des traces d'impact de poussière interstellaire dans les pièges en aérogel de la sonde *Stardust*. Vous êtes un rat de bibliothèque? Plus de 300 000 pages de littérature astronomique ancienne ont été numérisées, mais il faut les indexer afin qu'elles soient facilement accessibles.

Les amateurs peuvent aussi contribuer à la recherche scientifique dans de nombreux projets où leur nombre est essentiel. Par exemple, le Comité consultatif sur les météorites et les impacts météoritiques de l'Agence spatiale canadienne invite le public à lui faire parvenir des météorites potentiels pour identification. De même, il maintient aussi une banque de données sur les bolides. Aussi, l'International Meteor Organisation compile de l'information sur les pluies d'étoiles filantes.

De son côté, l'International Occultation Timing Association organise et récolte les observations sur les occultations des étoiles par les astéroïdes et la Lune. Ces observations sont une des rares façons dont on dispose pour mesurer directement le diamètre des étoiles et des astéroïdes. De même, les observations photométriques d'étoiles variables sont coordonnées par l'American Association of Variable Stars Observers. Mieux encore, les astronomes amateurs peuvent participer à la recherche de transit de planètes extrasolaires.

Dans d'autres domaines cependant, la présence des astronomes amateurs tend à diminuer. C'est entre autres le cas de la recherche d'astéroïdes ou des comètes. Dans ce domaine, les systèmes automatisés mis en place par les astronomes professionnels réduisent considérablement la contribution des amateurs. Il n'en demeure pas moins qu'elle est appréciée quand il s'agit de confirmer l'orbite d'un astéroïde géocroiseur ou de découvrir une comète.

Comme vous pouvez le constater, l'espace est suffisamment grand pour offrir à tous la chance de participer à l'essor de la connaissance.

Yvan Dutil, 22 janvier 2006

Deux soirs dans la vie d'un astronome...

Vendredi et samedi prochain 13 et 14 avril, je serai à l'Observatoire du mont Mégantic pour une mission de caractérisation de la pollution lumineuse. Simultanément, Martin Aubé, du Collège de

Sherbrooke, sera sur le site avec son équipe pour faire des mesures. J'essaierai de décrire en temps réel comment se passe une mission d'observation dans un observatoire professionnel.

Vendredi 13 avril, 20h24

Je suis sagement dans mon salon, les conditions météo n'étant pas favorables aujourd'hui, j'ai décidé de rester chez moi afin de ne pas faire trois heures de route dans des conditions périlleuses pour en fin de compte ne pas observer. Demain, quoiqu'il arrive nous montons à l'observatoire.

En parallèle, ce soir, je mets au point les derniers préparatifs de la mission. En effet, le temps de télescope est précieux et il ne faut pas le gaspiller. Et comme ça fait dix ans que je n'ai pas observé en professionnel, je dois avouer que cela me stresse un peu.

Vendredi 13 avril, 21h13

La première chose à faire est d'estimer le temps de pose, nécessaire pour faire les observations. D'après les données obtenues par Martin Aubé et son équipe, nous devons viser une sensibilité d'au moins 10^{-10} W/sr/m²/nm afin de mesurer le fond de ciel avec un rapport signal sur bruit de dix.

D'après le manuel de l'observatoire, l'efficacité du spectromètre est d'environ 15%, la surface du miroir de 1,5 m² et la résolution du spectro est de 2 nm, cela nous donne 4,5 photo-électrons par seconde sur l'ensemble de la fente.

Le bruit dominant est le bruit de lecture du détecteur qui est de 5 électrons par pixels. Il y a 1 500 pixels sur la fente, ce qui donne un total de 87 électrons de bruit.

Par conséquent, le temps d'intégration minimum serait de l'ordre de 20 secondes. Dans les faits, comme il faut du temps pour bouger d'un point de mesure à l'autre et pour lire le détecteur, il vaut mieux utiliser un temps d'intégration d'au moins 5 minutes si d'autres contraintes ne se présentent pas.

Samedi 14 avril, 16 h 45

Nous sommes au sommet de la montagne. Il semble que la météo ne coopérera pas ce soir. On va tout de même tester les procédures pour l'équipe qui prendra notre place la semaine prochaine.

Samedi 14 avril, 17 h 26

Nous avons fait un saut au télescope pour mettre un cryostat de CCD sur la pompe à vide. Ensuite, nous sommes allés déposer nos affaires dans nos chambres. On va manger un morceau et remonter au télescope vers 19 h 00.

Samedi 14 avril, 18 h 34

Une coquille Saint-Jacques, une lasagne et une pointe de tarte au sucre plus tard, nous nous préparons à remonter à l'observatoire. Nous jetons un coup d'œil à toutes les cartes météo disponibles et essayons de décider si nous allons changer l'instrument ou pas. Il y a un petit trou prévu vers 1 h 00 ce matin. Normalement, ce serait suffisant pour que l'on s'essaye mais les prédictions de transparence du ciel sont médiocres pour toute la nuit. D'après les cartes satellites, il y a au moins deux couches de nuages. Dans ces conditions, les mesures photométriques de la pollution lumineuse ne seront pas représentatives de conditions d'observations normales. À moins que les conditions ne changent radicalement dans la prochaine heure, nous ne procéderons pas au changement d'instrument.

Samedi 14 avril, 19 h 30

Je suis sorti dehors pour vérifier la météo et nous avons eu un trou dans les nuages, mais cela ne durera pas longtemps et le télescope n'est pas encore prêt.

Samedi 14 avril, 20 h 23

Les nuages recouvrent complètement le ciel. Nous allons faire des essais de pointage du télescope. Le système de guidage du télescope est conçu pour observer des objets sur la voûte céleste et utilise des coordonnées équatoriales. Cependant, pour les mesures de pollution lumineuse, on doit observer des points précis dans le ciel en azimuth et angle zénithal. Il faut donc faire une conversion de système de coordonnées. J'ai fait les calculs ce matin avant de partir, mais mieux vaut tout vérifier avant d'observer réellement. De cette façon, les membres de l'équipe qui prendront notre place la semaine prochaine n'auront qu'à suivre les instructions.

En passant, on voit déjà à l'œil nu les améliorations des systèmes d'éclairage. Cependant, je note aussi qu'il y a plus de luminaires visibles que lors de ma dernière visite.

Samedi 14 avril, 20h47

On vient de faire un tour sur la passerelle. Malgré le ciel nuageux, il fait relativement noir dehors. Pas parfaitement noir, mais c'est déjà beaucoup mieux que dans le passé. Il reste encore quelques lampadaires privés à changer, mais ce sont sutout les modifications qui seront faites à Lac Mégantic qui amélioreront la qualité du ciel. Le dôme de lumière de Sherbrooke est évident et il faudra s'assurer que la ville continue ses efforts dans la lutte à la pollution lumineuse.

Samedi 14 avril, 21h26

On vient de terminer les essais de pointage. 6/6 pour mes calculs!

Nous avions droit à une deuxième chance les 20 et 21 avril. Deux autres astronomes sont donc partis en mission: Guy Dion et Steve Lévesque. Ce sont deux anciens astrophysiciens qui travaillent maintenant au CRIQ et chez ABB Bomem.

Vendredi 20 avril, 22h00

Après quelques pépins, le système est maintenant opérationnel. Les observations vont pouvoir commencer.

Samedi 21 avril, 2h27

Chacune des directions a été observée à cinq reprises au cours de la nuit. Les données ont été transférées sur l'ordinateur de Steve. On a même eu le temps de prendre un spectre de deux nébuleuses planétaires M27 et M57.

Yvan Dutil, 13-21 avril 2007

CHAPITRE 12
Science et politique

Les dangers d'une formation scientifique peu attrayante

Lorsque j'ai demandé à un groupe d'étudiants intelligents et attentifs quelles études ils pensaient poursuivre à l'université, seulement une poignée a indiqué les sciences pures, la vaste majorité préférant la santé. Cela m'a poussé à réfléchir un peu à la valeur de la science dans notre société et à son attrait pour les jeunes.

Tout d'abord, mettons les choses au clair. Si plusieurs professeurs se plaignent que les étudiants ne sont plus ce qu'ils étaient, ce n'est pas mon avis. Les cours qu'on enseigne en physique à l'Université de Montréal sont donnés au même niveau qu'il y a 20 ans et les résultats sont sensiblement les mêmes. Les étudiants réussissent donc aussi bien que dans le bon vieux temps. Par contre, les étudiants en science sont de moins en moins nombreux, alors que la population universitaire a augmenté considérablement durant cette période. Et je parle ici des sciences pures – physique, chimie, mathématiques – ainsi que d'ingénierie; les sciences de la vie ne semblent pas affectées par cette perte d'intérêt.

Cette tendance est étrange. La société n'a jamais été aussi technologique qu'aujourd'hui et les besoins en personnel qualifié croissent chaque année. Pas seulement pour pourvoir des postes qui existent présentement, mais surtout pour créer les emplois de demain. Une petite société comme la nôtre n'a pas le choix, il nous faut être plus vite que les autres, au risque de disparaître.

On l'a vu ces dernières semaines. Les fermetures de scieries, annoncées à la chaîne, montrent bien les risques à ne pas investir dans le savoir. Les grandes compagnies forestières canadiennes se sont toujours contentées de faire le minimum, afin d'engranger les profits le plus rapidement possible.

Malheureusement, les gouvernements successifs ont accepté de jouer le jeu, encourageant cette approche désastreuse. Le présent gouvernement poursuit dans la même veine en proposant de refiler le coût des routes et du reboisement aux contribuables québécois afin que les compagnies puissent continuer à faire des profits. Ces subventions pourront peut-être stabiliser la situation à court terme, mais elles ne font que retarder la crise: si les produits forestiers ne sont pas transformés sur place en marchandises à haute valeur ajoutée, il ne sera pas possible de compétitionner avec le bois d'Asie du Sud-Est. Or, il n'y a rien dans le nouveau plan d'aide qui force la main aux compagnies forestières.

Pire, cette situation n'est pas confinée à l'industrie forestière. On retrouve cette absence d'intérêt dans les techniques de pointe chez les papetières, les compagnies minières, mais aussi chez les fleurons de la technologie comme Bombardier, une compagnie qui vend du matériel de transport à travers le monde, mais qui n'a aucun laboratoire de recherche, se contentant d'acheter la technologie dont elle a besoin.

Pour changer cette mentalité de rentier, présente dans l'industrie des matières premières, ou de patenteux, dominante chez Bombardier, il est essentiel de former des gens qui deviendront les créateurs de demain, des créateurs éduqués, avec une solide formation scientifique. Si, collectivement, on tourne le dos aux sciences et techniques, alors on s'engage dans une voie risquée.

Il est donc nécessaire de revaloriser les carrières scientifiques dans la société afin d'attirer plus d'étudiants dans ces domaines. On ne doit pas se leurrer, les programmes de physique, de chimie, de mathématiques et de génie sont difficiles. Plus, certainement, que la plupart des baccalauréats en sciences humaines, en administration ou en sciences de la vie. Les concepts de base sont ardus et il faut apprendre à réfléchir. Mais c'est aussi le côté exaltant de ces disciplines: être constamment poussé à comprendre permet de former un esprit critique et un mode de pensée structuré.

Revaloriser les carrières scientifiques, c'est donc aussi rejeter les solutions de facilité proposées dans les médias. Je ne sais pas si on va réussir; la tendance lourde dans les pays développés est d'éviter les défis et les difficultés, et on voit partout le nombre d'étudiants en science péricliter. Pourtant, c'est l'avenir du Québec qui en dépend.

Normand Mousseau, 28 octobre 2006
Pour commenter ce billet: http://blogue.sciencepresse.info/physique/item/307

Commentaires

yd – 29 octobre 2006, 20h05

À mon avis, le problème fondamental vient du fait que seuls les étudiants en sciences sont exposés aux sciences de façon obligatoire. L'aspect facultatif des sciences et des maths passé le secondaire III indique clairement à l'étudiant l'aspect secondaire de ces matières.

D'autre part, dans leur travail, les scientifiques subissent les conséquences de la vision déformée de la science qu'a leur entourage. L'image projetée par la science en est une de solution rapide et directe. Or, en pratique, c'est tout le contraire, c'est long et cela prend du temps. Or, les entreprises sont gérées sur une échelle de temps de trois mois. Dans ces conditions, il n'est quasiment pas possible de faire de la recherche et l'on doit se contenter de développement ce qui revient essentiellement à rabouter des morceaux de composantes ensemble. Dans les rares cas où il y a de l'innovation, cela est dû la plupart du temps à un contrat. Les limites de temps et de budget sont donc strictes sans compter les questions de propriété intellectuelle et toutes les lois en vigueur partout sur la planète.

Dans un tel environnement, le scientifique se voit ramener à une condition de technicien supérieur. La seule façon de progresser dans la hiérarchie étant de faire de l'administration, la majorité des scientifiques doivent abandonner la technique après 4-5 ans dans une organisation! N'étant pas des administrateurs patentés, leur carrière s'arrête le plus souvent à ce niveau sans espoir de progression et avec toujours l'épée de Damoclès du licenciement au-dessus de leur tête.

Que les jeunes ne veulent pas s'embarquer dans ce merdier est surtout une indication de leur intelligence!

RL – 30 octobre 2006, 12h51

Une autre cause possible de la désaffection des étudiants en science est la piètre couverture médiatique.

En effet, mis à part quelques émissions spécialisées (*Découverte, Les Années-lumière, La Revanche des Nerdz...*), dont la clientèle est déjà accro aux sciences, le monde scientifique est essentiellement absent du paysage médiatique.

Les bulletins de nouvelles font rarement écho aux découvertes récentes dans le domaine des sciences pures. En contrepartie, les percées dans le monde de la santé (médecine, génétique, pharmacie) font souvent la manchette. L'astronomie est peut-être la seule des sciences qui soit assez sexy pour qu'on en parle dans un bulletin de nouvelles.

Même les remises de prix prestigieux, comme les Nobel en science, sont à peine mentionnées. À l'échelle locale, lors de la remise des Prix du Québec, on parle surtout et uniquement de tel ou tel artiste, sportif, ou politicien qui reçoit son prix. Il n'y a pratiquement jamais de mention pour le ou les prix scientifiques (sauf si Hubert Reeves est le récipiendaire...).

Dans ce contexte, il n'est pas étonnant que la science soit moins populaire.

SD – 30 octobre 2006, 20h35

Il faut toutefois faire attention de ne pas tomber dans le piège de l'image romanesque du scientifique qui ne fait que de la recherche pure. Rares sont ceux d'entre nous qui sommes en position d'innover constamment. Lorsque j'étais plus jeune, on nous parlait de gens comme Einstein, Feynman, Newton et Maxwell. Nous pensions tous alors qu'être physicien signifiait passer sa vie à faire de la physique pure. Or, je crois que cette époque est révolue.

Je suis d'accord qu'il y a un manque de visibilité de la science dans les médias. Mais où sont donc passés les Carl Sagan et autres vulgarisateurs?

Il faut se mettre dans les souliers de monsieur Tout-le-monde. Dans les années 1950, vulgariser la science était beaucoup facile que d'essayer d'expliquer les quarks ou les cordes d'aujourd'hui. Je fais beaucoup d'animation en astronomie et ça passe bien, les gens aiment ça. Mais ils ne veulent pas trop en savoir sur le reste car ils trouvent ça trop compliqué. Les concepts sont tellement pointus, et parfois mal expliqués, que la culture scientifique disparaît progressivement pour laisser sa place aux pseudo-sciences. Car pour les gens dans la rue, qui n'ont pas de formation scientifique, l'astrologie et l'astronomie, c'est pareil.

J'ai déjà assisté, à plusieurs reprises, à des conférences sur la pseudo-science. Ce genre d'événement est beaucoup plus fréquent que l'on pense. J'ai déjà parlé avec des gens qui ont fait 4 heures de route pour une conférence sur l'énergie libre alors que le Centre de démonstration en science physique d'Yvon Fortin n'attire pas beaucoup de monde de Québec même.

Tant que des librairies telles que Renaud-Bray auront des étalages de livres sur le paranormal plus imposants que sur la science, nous allons avoir un problème de compréhension de la science.

Juste une secrétaire – 14 novembre 2006, 16h57

Pourquoi est-ce que les gens en science se sentent-ils comme une élite? Nous, on est juste la merde, les pas-bons qui ont coulé leurs cours de science et de math au secondaire!

J'en suis et j'ai souvent affaire à des scientifiques dans mon métier. Très rares sont ceux qui ne me regardent pas avec un petit air suffisant, l'air de dire, peuh! MOI j'ai un Ph. D. en physique et toi...ben t'é juste une secrétaire! Tandis que bizzarement, avec ceux qui sont moins élitistes, on parle de tout... sauf de science! Et quand je tente de les amener sur le sujet... ils évitent en restant vagues et ne rentrent jamais à fond dans le sujet... probablement de peur que je n'y comprenne rien!

Voilà, entre autres, pourquoi les sciences rebutent tant de gens, parce que c'est comme les Raéliens. Les sciences c'est juste pour les bons, ceux frôlant le génie... ou presque! Si tu as le malheur de t'y intéresser et d'aller y faire une carrière, attache ta tuque avec d'la broche parce qu'il ne faudra jamais que tu descendes en bas de 90% de moyenne tout au long de ta carrière d'étudiant! Et il ne faudra jamais que tu cesses de prouver par un travail acharné, ne laissant de place à rien d'autre qu'à la science, que tu es le meilleur, celui qui va écraser tous les autres et avoir TOUTES les bourses et plus tard TOUTES les grosses subventions...

J'aime la science, je suis curieuse, je lis régulièrement *Québec Science*, j'apprends des rudiments d'astronomie et de mathématique à mes enfants de 2 et 4 ans. Mais je le fais en cachette...parce que dans mon entourage on m'a souvent dit: si tu n'es pas scientifique, à quoi bon t'intéresser à l'espace-temps, tu n'y comprendras rien! Et depuis je ne le dis à personne, je n'en parle plus à personne, sauf anonymement sur un blogue! Et c'est bien dommage...

Le jour où tous les «péteux plus haut que le trou» (c'est comme ça que je surnomme la plupart des scientifiques, s'cusez...) cesseront de s'enfermer dans leur tour d'ivoire en regardant le bas peuple ne rien y comprendre, peut-être alors les sciences seront-elles plus démocratiques, ouvertes et intéresseront-elles plus monsieur et madame Tout-le-monde?

SD – 18 novembre 2006, 18h46

C'est malheureux, mais en effet la plupart des scientifiques passent pour un groupe d'élite. Or, ce n'est pas du tout le cas.

Comme dit Yvan, une carrière en science est très compétitive. On est jugé par le nombre de publications et le renom que l'on acquiert durant notre carrière. Contrairement à d'autres carrières qui sont plus relax.

Un autre facteur qui est contre la science est que rares sont les scientifiques qui ont le temps d'expliquer ce qu'ils font. La pression est énorme pour produire et je ne connais pas beaucoup de physiciens qui font des conférences publiques. Je dois avouer que je les comprends, car nous devons faire face à toute une panoplie d'énergumènes qui tentent de nous coincer sur la moindre anomalie. Ça rebute plusieurs de faire des conférences grand public. Même Hubert Reeves n'y échappe pas.

J'adore expliquer la science aux gens dans la rue. Et tant que je pourrai, je vais le faire.

Je dirais que vous avez plus de chance de vous faire expliquer n'importe quel concept de science par un physicien que de demander à un avocat de simplifier une loi.

Mais on ne cache pas que la science est une discipline rigoureuse qui demande beaucoup à ceux qui la pratiquent.

nmousseau – 19 novembre 2006, 00h25

Je suis d'accord avec Stéphane. Moi aussi j'adore discuter science avec n'importe qui. Après tout, je suis physicien et m'y connais dans ce domaine, mais dès qu'on parle d'une autre science, je suis aussi néophyte que la majorité des gens.

Mon expérience est plutôt que dès que je dis que je suis physicien, les gens changent de sujet.

La course contre le dopage génétique

Nous voici au cœur des Jeux olympiques d'hiver de Turin et la question se pose: est-ce que la génétique a rattrapé les stratégies anti-dopage?

Même si le journal *Le Soleil* (8 février 2006) titrait «Le ski dans les gènes» à propos du skieur Érik Guay, la transmission naturelle des gènes de son papa n'est pas considérée comme du dopage génétique. Le dopage génétique c'est plutôt le transfert – par des moyens techniques – d'un gène qui améliore les performances de l'athlète.

En sommes-nous déjà là? L'entraîneur allemand Thomas Springstein pourrait bien être un «pionnier» dans le domaine du dopage génétique... Des enquêtes menées sur le cas de Springstein (AMA) ont intercepté des échanges de courrier électronique démontrant que Springstein cherchait à se procurer du Repoxygen, une version modifiée de l'érythropoïétine qui est indétectable par les techniques conventionnelles.

L'érythropoïétine est bien connue dans le monde du sport de compétition, sous le nom d'EPO. L'EPO est une protéine qui augmente l'efficacité de consommation de l'oxygène, ce qui peut grandement améliorer les performances dans les sports d'endurance, mais son usage est interdit par les règlements sportifs.

Repoxygen est un produit qui permet d'insérer une version modifiée du gène de l'érythropoïétine dans l'ADN d'un athlète. Ce gène produira la protéine à l'intérieur du corps de l'athlète, ce qui augmentera ses capacités énergétiques. Repoxygen est présentement développé dans des buts thérapeutiques et n'est pas disponible sur le marché.

Est-ce que le dopage génétique devient la porte de sortie pour des athlètes trop ambitieux? La réponse technologique à cette question pourrait bien être simplement que la science va trouver le moyen de détecter ces nouvelles versions étrangères des gènes et protéines. D'autres techniques – par exemple, le séquençage – permettront de détecter les modifications apportées au gène au niveau de l'ADN. Ces modifications qui masquent l'agent dopant seront, en fin de compte, ce qui permettra de le détecter.

Oui, mais...

Est-ce que des athlètes utilisent déjà ces moyens de dopage contre lesquels on est encore mal équipé? Repoxygen a été conçu comme thérapie génique pour traiter les anémies découlant d'un défaut des reins ou des suites d'une chimiothérapie. Repoxygen est présentement testé dans des essais précliniques, ce qui signifie qu'il est encore au stade expérimental et que ses effets ne sont pas tous connus, loin de là. Quels sont les risques pour les descendants de ces athlètes: est-il certain que les gamètes (cellules reproductrices) n'intégreront pas le gène étranger? La volonté de remporter une compétition justifie-t-elle la prise de tels risques?

D'autres substances ont le même effet que l'EPO et sont indétectables par le séquençage. La génétique n'est pas tout le problème ni toute la solution au dopage.

Et où est donc encore passé l'esprit sportif?

Lise Lévesque, Marianne Dion-Labrie, Céline Durand, Isabelle Boutin-Ganache, 22 février 2006

L'astronomie, à quoi ça sert?

En 1978, avec l'établissement de l'Observatoire du mont Mégantic, l'astronomie a connu une formidable expansion au Québec. En deux ans à peine, le nombre d'astronomes est passé de deux à dix-huit dans cette province. De plus, avec la mise en œuvre du Plan à long terme (PLT) en 2000, il n'a cessé de croître.

Aujourd'hui, le Québec compte une forte proportion des astronomes canadiens amateurs et professionnels. Les astronomes professionnels du Québec déploient des efforts notables pour entrer en contact avec les amateurs, ce qui donne d'excellents résultats: il y a plus de 3000 astronomes amateurs au Québec, tandis que le reste du Canada en compte 5000. En outre, 20% des membres de la Société canadienne d'astronomie et 35% des étudiants membres de cette association résident au Québec.

Quatre universités du Québec, à savoir les universités Bishop's, McGill, Laval et de Montréal, participent à des programmes d'astronomie. Elles se sont jointes à l'Association canadienne d'universités pour la recherche en astronomie, organisme regroupant 23 universités qui vise à promouvoir l'astronomie comme priorité dans les programmes des universités canadiennes où l'on fait de la recherche de façon intensive.

Les investissements du gouvernement fédéral dans le PLT ont eu une profonde incidence sur les universités québécoises. Le Québec est l'une des provinces canadiennes qui connaissent le taux de croissance le plus élevé pour ce qui est du nombre d'étudiants diplômés, de nouveaux professeurs, et de programmes et de départements d'astronomie. Le nombre d'étudiants diplômés et de niveau postdoctoral y a doublé, et cinq professeurs y ont été recrutés. Neuf des 23 chaires de recherche du Canada en astronomie ont été attribuées au Québec.

Le financement de projets menés au terme du PLT a également eu une profonde incidence sur l'économie du Québec et la réputation de la province à l'étranger. Des entreprises telles que INO et TeraXion en ont tiré parti. Établie à Sainte-Foy, la société INO se penchera sur l'élaboration des revêtements extrêmement durables de pointe requis pour les miroirs du télescope de trente mètres. Elle participe aussi à l'étude de définition en vue de la conception d'une optique adaptative extrême. TeraXion, à Sherbrooke, fournira le laser maître pour le radiotélescope ALMA. La conception, la construction et l'exploitation d'installations et d'instruments astronomiques ont suscité la création d'un grand nombre d'emplois.

La recherche en astronomie a également entraîné la création d'un nombre incroyable d'entreprises dérivées au Québec. Des étudiants travaillant à l'Observatoire du mont Mégantic ont mis sur pied une petite entreprise, Matrox, afin de produire des cartes électroniques pour le stockage d'images. Cette dernière est devenue un leader mondial dans le domaine des cartes vidéo. Un producteur de films numériques de Montréal a conçu son premier produit au moyen du système d'affichage d'images astronomiques de l'Université de Montréal. Son entreprise, Softimage, est devenue un chef de file dans la visualisation informatique et la production vidéo.

Les scientifiques, les ingénieurs, les universités et le secteur privé du Québec souhaitent participer pleinement aux stimulants projets menés dans le cadre du PLT. Collectivement, ils considèrent le PLT comme un élément essentiel au maintien de la recrudescence de l'astronomie au Québec et des avantages qui en découlent.

Yvan Dutil, 13 mai 2006

Ce texte provient du bulletin du printemps 2006, de la Coalition pour l'astronomie canadienne.

Des savants inquiets de l'éducation

À l'intérieur comme à l'extérieur des États-Unis, l'administration Bush est de plus en plus ouvertement accusée de manipuler la science pour des raisons politiques, idéologiques ou religieuses.

The Union of Concerned Scientists, (L'association des savants inquiets – ou encore: préoccupés) a justement rendu public, le 11 décembre 2006, un troublant document qui dévoile et condamne un nombre réellement impressionnant de travestissements de la science à des fins politiquement et idéologiquement intéressées.

Sous la forme amusante d'un tableau périodique de «perversions» de la science par le pouvoir politique, le document recense de très nombreux cas, survenus au cours des dernières années, où des scientifiques travaillant pour le gouvernement ont vu leur travail «manipulé, supprimé et déformé» et que «des organismes ont systématiquement limité l'accès du public et des décideurs à une information scientifique importante».

Ces «abus» sont commodément ventilés en quatre catégories» – environnement, santé publique, pollution, contamination, sécurité nationale et autres – et je vous invite fortement à aller y faire un tour. Le document est signé par 10 600 scientifiques, certaines de ces signatures étant très prestigieuses – on y découvre notamment 52 Prix Nobel et près de 200 membres des National Academies of Science.

Mais il est vrai qu'il suffit d'être un tant soit peu attentif à l'actualité pour soupçonner tout cela. Le gouvernement américain ne se rebiffe-t-il pas devant l'accord de Kyoto? Qui ignore qu'appuyé par un puissant lobby industriel, il a volontiers laissé entendre que le réchauffement planétaire n'est peut-être qu'une illusion. Sa position dans le dossier des cellules souches est elle aussi bien connue. Et chacun sait que ne reculant devant aucune bêtise, il ouvre la porte des écoles à l'enseignement de l'Intelligent Design à côté de la théorie de l'évolution – tout en prônant l'abstinence en guise d'éducation sexuelle.

Qui ignore encore, aujourd'hui, qu'il adopte sur l'environnement des politiques qui tendent à être massivement dictées par les intérêts économiques de ses lobbies: c'est ainsi qu'il réforme l'*Endangered Species Act*, qu'il donne suite à un projet de centre de stockage des déchets nucléaires sur le site de *Yucca Mountain* et qu'il assouplit les politiques sur l'eau ainsi que sur les niveaux d'arsenic et de dioxyde de carbone qu'on peut émettre.

Devant tout cela, les mots du regretté Carl Sagan reviennent irrésistiblement en mémoire: «Je sais que les conséquences de l'illettrisme scientifique sont beaucoup plus dramatiques à notre époque qu'à n'importe quelle autre période précédente. Le citoyen ordinaire qui ignore ce que sont, disons, le réchauffement planétaire, l'appauvrissement de la couche ozone, la pollution de l'air, les déchets toxiques et radioactifs, [...] la déforestation tropicale, la croissance exponentielle de la population, le fait à ses risques et périls. Comment peut-on influencer les politiques publiques – ou simplement prendre des décisions éclairées dans nos vies – si nous ne comprenons même pas les problèmes et les enjeux qui se posent. À l'évidence, on ne peut revenir en arrière et la science est avec nous pour de bon. Nous devons donc en tirer au mieux notre parti.»

Pour ce faire, Sagan misait sur l'éducation et c'est, je pense, le bon choix. C'est que l'information scientifique ne peut avoir de poids politique significatif que si elle est relayée vers le public et comprise par lui. Ce qui suppose des médias qui diffusent une information scientifique crédible et des citoyens éduqués à la science, suffisamment pour comprendre cette information et en discuter.

On doit donc faire en sorte que la majorité des gens aient une culture scientifique qui leur permette de naviguer parmi ce qui se dit de la science dans les médias, et aussi entre les proclamations de pseudo-sciences, des charlatans de tout poil, des scientifiques aux ordres de l'industrie et ainsi de suite. On est loin du compte.

Considérez par exemple les citoyens américains. On estimait au recensement de 2000 qu'il y avait dans ce pays 222 millions de personnes de 15 ans et plus; le National Science Board estimait quant à lui (en 1996) que 95% des Américains de 15 ans et plus étaient, en science, des illettrés (*scientifically illiterate*). Ce sont là sans doute des estimés à prendre avec des pincettes et portant sur des concepts dont on pourrait longtemps débattre; mais ils indiquent une tendance lourde que personne ne conteste sérieusement et qui se vérifie à l'échelle planétaire.

La solution passe nécessairement par une éducation scientifique. Mais il faut être clair sur ce qu'elle doit être, afin de ne pas se tromper sur ce qu'on peut en espérer. Vaste question. Permettez-moi de donner mon grain de sel sur le sujet.

Ce que je privilégierais n'a d'abord rien à voir avec l'augmentation du nombre de jeunes qui choisissent d'étudier en sciences à l'université et donc rien à voir non plus avec l'objectif d'augmenter le nombre de scientifiques : il s'agit plutôt d'atteindre un massif accroissement qualitatif d'une éducation scientifique dispensée au plus grand nombre possible de gens – je soutiens que cette éducation, telle que je la conçois, est accessible à tout le monde.

Cette éducation scientifique, dans mon esprit, est encore distincte de l'éducation technologique – celle qui nous prépare à utiliser les technologies dans nos vies privées et au travail.

Ce qu'on devrait y viser, c'est crucialement la compréhension des principes et des méthodes de la science, plus que (mais sans négliger) son vocabulaire spécialisé, les faits et théories scientifiques voire, avec ceux et celles qui peuvent suivre, les formules mathématiques. Chacun, sortant de l'école, devrait savoir ce qui caractérise la science comme méthode, ne rien ignorer de ses principes et avoir fait un tour au moins qualitatif des principaux résultats des différentes sciences. Un exemple ? En physique, chacun de nous devrait avoir des notions d'astronomie, connaître et comprendre les lois de Newton, la gravitation universelle, l'énergie, les lois de la thermodynamique, l'entropie, l'électricité et l'électromagnétisme, la relativité, l'atome et posséder quelques notions de physique quantique – j'oublie peut-être un truc ou deux…

Cette éducation devrait se concentrer sur les «grandes sciences» et donc introduire à la physique, à l'astronomie, à la chimie, aux sciences de la terre et à la biologie (incluant l'écologie scientifique).

Elle devrait finalement présenter la science comme une aventure intellectuelle, exaltante et exemplaire, mais aussi comme une aventure humaine et pour cela inscrire fortement la science dans ses contextes sociaux et historiques.

Je ne pense pas me tromper en disant qu'il y a une certaine urgence. Et le jour où des hordes de chasseurs-cueilleurs tenteront de survivre dans le désert des Laurentides, il sera sans doute un peu tard...

Normand Baillargeon, 18 décembre 2006

Les météorites disparaissent!

Depuis plusieurs années, les météorites sont devenues des objets de collection très convoités. Au fil du temps, le phénomème a pris de l'ampleur à tel point que, d'ici quelques années, on estime que la plupart des météorites tombées sur notre planète depuis des millénaires se retrouveront sur les tablettes de collectionneurs privés plutôt que sur celles d'un laboratoire ou d'un musée.

Les météorites nous arrivent de l'espace et leur origine est variée. La majorité provient de la ceinture d'astéroïdes située entre Mars et Jupiter. Ces météorites sont des vestiges – des fossiles – de la formation de notre système solaire. L'analyse de ces roches nous fournit de précieuses indications sur les conditions physico-chimiques qui régnaient dans les premières phases de la formation du système solaire il y a près de 4,5 milliards d'années. C'est d'ailleurs grâce à la datation radiométrique de ces roches que l'on a obtenu une mesure précise de l'âge du système solaire et de la Terre.

Quelques météorites, beaucoup plus rares, proviennent de la Lune ou même de Mars. L'une de ces pierres, ALH84001, fait d'ailleurs l'objet d'une controverse depuis que des traces de vie martienne ancienne ont été soi-disant identifiées par des chercheurs de la NASA il y a environ 10 ans.

La rareté des météorites, particulièrement celles d'origines lunaire ou martienne, fait en sorte que leur prix a explosé sur le marché des pierres précieuses et des minéraux. À titre d'exemple, certaines météorites peuvent atteindre 10 000 dollars américains le gramme!

Le marché des météorites s'apparente beaucoup à celui des œuvres d'art vendues aux enchères. Ainsi, comme on le voit trop fréquemment dans les encans de haut de gamme, les tableaux des grands maîtres sont achetés par des collectionneurs fortunés et se retrouvent dans des salons privés auxquels le public n'a généralement pas accès. Les musées (les laboratoires), avec des budgets souvent modestes, ne sont tout simplement pas compétitifs.

Le marché des météorites est si lucratif que des chasseurs parcourent la planète à la recherche de nouveaux spécimens. Ils les taillent et les revendent en petites parcelles avant que des spécialistes aient pu en faire l'analyse.

Heureusement, il y a une lueur d'espoir pour la recherche et les musées. Le cosmo-chimiste Dante Lauretta, du Lunar and Planetary Laboratory de l'Université d'Arizona à Tucson, et le collectionneur de météorites, Marvin Killgore, ont mis sur pied un centre de collection et d'analyse des météorites – le UA Southwest Meteorite Center (SWMC) – afin de préserver ce patrimoine mondial.

L'objectif du SWMC est d'analyser et de caractériser le plus grand nombre de météorites possible. Les informations colligées par le centre seront alors disponibles à la communauté scientifique. De plus, les informations serviront à établir le prix le plus juste pour une météorite sur le marché des enchères.

Finalement, le centre s'efforcera de préserver la plus vaste collection de météorites qui soit. D'ailleurs, Marvin Killgore, qui agira à titre de curateur du centre, a offert sa collection personnelle d'une masse de 3 300 kg, évaluée à près de 5 millions de dollars, comme point de départ.

Il ne manque qu'une grande star afin de parrainer la cause. Y a-t-il une Brigitte Bardot des météorites?

Robert Lamontagne, 16 février 2006

Blogues de chercheurs mentionnés dans ce livre

Anthropologie

Savage Minds : http://savageminds.org
John Hawks : http://johnhawks.net/weblog/

Astronomie

Bad Astronomy : http://www.badastronomy.com
Science! On blogue... d'astronomie : http://blogue.sciencepresse.
info/astronomie

Bioéthique

Bioethics.net http://blog.bioethics.net/

Bioinformatique

Nodalpoint : http://nodalpoint.org

Biologie

The Evilutionary Biologist : http://evilutionarybiologist.blogspot.com/
The Panda's Thumb : http://www.pandasthumb.org
Pharyngula : http://scienceblogs.com/pharyngula

Climatologie

RealClimate : http://www.realclimate.org

Critique littéraire

The Valve : http://www.thevalve.org

Droit

The Balkinisation : http://balkin.blogspot.com
The Volokh Conspiracy : http://www.volokh.com

Éducation

Bernard Rentier, recteur: http://recteur.blogs.ulg.ac.be
Mario tout de go: http://carnets.opossum.ca/mario
Relief: http://www.opossum.ca/guitef

Environnement

GreenState: http://www.greenstateblog.com/wordpress/index.php
Science! On blogue... d'environnement: http://blogue.
sciencepresse.info/environnement

Génétique

Science! On blogue... de génétique: http://blogue.sciencepresse.
info/genetique

Histoire

Cliopatra: http://hnn.us/blogs/2.html

Mathématiques

MathTrek: http://blog.sciencenews.org/mathtrek

Physique

Cosmic Variance: http://cosmicvariance.com/
Quantum Diaries (année 2005): http://www.interactions.org/
quantumdiaries/blog
Science! On blogue... de physique: http://blogue.sciencepresse.
info/physique

Politique

Eschaton: http://atrios.blogspot.com

Psychologie

Cognitive Daily: http://scienceblogs.com/cognitivedaily

Recherche

Lab Life: network.nature.com/blogs/user/U2929A0EA
Libre accès à l'information scientifique et technique: http://www.
inist.fr/openaccess
Open Access News: http://www.earlham.edu/~peters/fos/fosblog.
html

Santé – Épidémiologie

Aetiology: http://scienceblogs.com/aetiology

Santé mentale et neurologie

Neurotopia: http://scienceblogs.com/neurotopia
Neurophilosophy: http://neurophilosophy.wordpress.com/

Sciences – Analyses et réflexions

Adventures in Ethics and Science: http://scienceblogs.com/ethicsandscience
Confessions of a Science Librarian: http://jdupuis.blogspot.com
Framing Science: http://scienceblogs.com/framing-science
Science! On blogue... de culture: http://blogue.sciencepresse.info/culture

Science et politique

The Scientific Activist: http://scientificactivist.blogspot.com
Science! On blogue... controverse: http://blogue.sciencepresse.info/controverse

Blogues fourre-tout

A Blog Around the Clock: http://scienceblogs.com/clock
Deltoid: http://scienceblogs.com/deltoid
Dr Joan Bushwell's Chimpanzee Refuge: http://scienceblogs.com/bushwells/
Effect Measure: http://scienceblogs.com/effectmeasure
Enro (en français): www.enroweb.com/blogsciences
Respectful Insolence: http://scienceblogs.com/insolence
Spectroscope: http://spectroscope.blogspot.com/
Thoughts from Kansas: http://scienceblogs.com/tfk
Uncertain Principles: http://scienceblogs.com/principles

Chronologie

1989 – Naissance du langage HTML: débuts du Web tel que nous le connaissons. Premières pages créées par des individus, en «texte seulement».

1993 – Apparition de Mosaïc, puis de Netscape, qui permettent de naviguer sur le Web avec des images. Apparition des outils permettant de créer des pages Web personnelles d'une manière conviviale.

1995 – Création du logiciel Wiki. Le système demeure largement confidentiel jusque vers 2000.

Juillet 1997 – Naissance de *Slashdot*, «site collaboratif» d'abord consacré à l'informatique, aujourd'hui le plus grand blogue communautaire du monde.

1998 – Le terme *weblog* commence à faire son chemin.

8 août 1999 – À Québec, naissance de *Pssst*, premier blogue collaboratif en français dans le monde (aujourd'hui fermé). Une initiative de Clément Laberge et Carl-Frédéric de Celles. Les participants sont tous anonymes. L'un des auteurs de ces lignes, Pascal Lapointe, était l'un des participants.

1999 – Le terme anglais *blog,* contraction de *weblog*, se répand.

1999 – Création des premiers outils de fabrication et de mise à jour de blogues (LiveJournal, Blogger, Manila). Le phénomène reste largement confidentiel en 1999-2000.

Novembre 1999 – Naissance du site *Indymedia* de Seattle, un blogue qui ne porte pas encore ce nom, premier maillon du futur réseau Indymedia.

Printemps 2000 – Dégonflement de la «bulle boursière Internet». Les investissements se tarissent, mettant un temps d'arrêt à la croissance du réseau informatique.

Mars 2001 – LiveJournal devient un logiciel libre et connaît un succès instantané.

2001 – Création de l'encyclopédie *Wikipédia*, utilisant le logiciel wiki.

2002 – Les articles sur les blogues commencent à se multiplier dans les médias américains. Le *New York Times*, à lui seul, en publie 26.

2002 – Premiers livres en anglais sur le sujet.

Février 2003 – Google rachète Blogger, le principal hébergeur américain de blogues.

2003 – La guerre en Irak et l'approche des élections présidentielles donnent une légitimité au phénomène : journalistes professionnels qui bloguent sur le terrain, «journalistes citoyens», blogues militants et blogues critiques des médias.

Été 2003 – Naissance de *Pharyngula*, consacré à la lutte contre les créationnistes, aujourd'hui l'un des blogues de science les plus populaires du monde.

Mars 2004 – Naissance de *Panda's Thumb*, blogue collaboratif sur l'évolution biologique, aujourd'hui l'un des blogues de science les plus populaires du monde.

Printemps 2004 – Les blogues dépassent le million.

Décembre 2004 – Naissance de *RealClimate*, blogue créé par sept climatologues américains.

Février 2005 – Naissance de *YouTube*, une création de trois *nerds* dans la vingtaine.

2005 – Les réseaux virtuels (*Second Life, YouTube, MySpace, Facebook*, etc.) font parler d'eux dans les médias et interpénètrent l'univers des blogues. Premiers livres spécialisés : le blogue pour les entreprises, les journalistes citoyens, etc.

2005 – De janvier à décembre : *Quantum Diaries*, blogue collaboratif en liaison avec l'Année internationale de la physique.

Juillet 2005 – Naissance de *Cosmic Variance*, blogue collaboratif en physique.

Septembre 2005 – Baladodiffusion: la revue scientifique *Nature* lance son bulletin (*podcast*) hebdomadaire et Radio-Canada offre l'émission scientifique *Les Années-lumière*.

Octobre 2005 – Naissance de *Science! On blogue*, premier blogue collaboratif en science en français.

Décembre 2005 – Le mot *Podcast* nommé «mot de l'année» par le *New Oxford American Dictionary*.

1er décembre 2005 – En éditorial, *Nature* s'inquiète de l'absence des scientifiques dans la blogosphère.

15 décembre 2005 – *Nature* publie une étude comparant les erreurs contenues dans *Wikipédia* et dans l'*Encyclopædia Britannica*.

Janvier 2006 – Le magazine américain *Seed* lance *ScienceBlogs*, réseau de 14 blogues dont certains déjà très populaires.

2006 – De nombreuses revues scientifiques lancent leur propre bulletin baladodiffusé.

Juin 2006 – *Nature* expérimente pendant six mois une forme de commentaires ouverts à tous. Succès mitigé.

Octobre 2006 – Google achète *YouTube* pour 1,65 milliard $.

Janvier 2007 – Première *Science Blogging Conference*, à l'Université de Caroline du Nord.

Avril 2007 – Le nombre de blogues dépasse les 70 millions, dont (peut-être) 30 millions sont actifs.

Août 2007 – L'Américain P.Z. Myers devient le premier scientifique-blogueur poursuivi pour libel diffamatoire. La plainte est rapidement retirée.

Bibliographie

Internet et collaborations de masse

John Bohannon, «Distributed Computing: Grassroots Supercomputing», *Science*, 6 mai 2005: http://www.sciencemag.org/cgi/content/summary/308/5723/810

Kevin Kelly, «We Are the Web», *Wired*, vol. 13, no 8, août 2005: http://www.wired.com/wired/archive/13.08/tech.html

Joël de Rosnay, *La Révolte du pronétariat. Des mass média aux médias des masses.* Paris, Fayard, 2006.

Don Tapscott et Anthony D. Williams, *Wikinomics. How Mass Collaboration Changes Everything*, Portfolio Hardcover, 2006.

Time, «Person of the Year», *Time*, 25 décembre 2006.

Dave Weinberger, *Small Pieces Loosely Joined: A Unified Theory of the Web.* Perseus Books, 2002, 256 p.

Lawrence Wright, «The Terror Web», *The New Yorker*, 2 août 2004, p. 40-53.

Internet: les médias face à leur avenir

Brian Carroll, «Culture Clash: Journalism and the Communal Ethos of the Blogosphere», *Into the Blogosphere*, 2004: http://blog.lib.umn.edu/blogosphere/culture_clash_journalism_and_the_communal_ethos_of_the_blogosphere.html

Sam Elworthy, «Who Needs Books», *Science*, 14 avril 2006, p. 199-200: http://www.sciencemag.org/cgi/content/summary/312/5771/199a

James Fallows, *Why America Hates the Press*, Random House, 1996. Le chapitre 1 peut être lu à: http://www.pbs.org/wgbh/pages/frontline/shows/press/vanities/fallows.html

Marc Fisher, «The Metamorphosis», *American Journalism Review*, novembre 2002: http://www.ajr.org/article_printable.asp?id=2683

Jason Gallo, «Weblog Journalism: Between Infiltration and Integration», *Into the Blogosphere*, 2004: http://blog.lib.umn.edu/blogosphere/weblog_journalism.html

Institute for Interactive Journalism, *Citizen Media: Fad or the Future of News. The rise and prospects of hyperlocal journalism*, IIJ, 5 février 2007: http://www.kcnn.org/research/citizen_media_report/

Randy Kennedy, «The Shorter, Faster, Cruder, Tinier TV Show», *The New York Times Magazine*, 28 mai 2006, p. 45-49.

Robert Kuttner, «The Race», *Columbia Journalism Review*, mars 2007, p. 24-32: http://www.cjr.org/issues/2007/2/Kuttner.asp

Clément Laberge, «Avec Internet, on n'a plus besoin d'éditeurs!», *Canal numérique des savoirs*, 4 juin 2007: http://lesblogsducns.net/cns/avec-internet-on-na-plus-besoin-dediteurs/

Steven Levy, *The Perfect Thing: How the iPod Shuffles Commerce, Culture and Coolness*, New York, Simon and Schuster, 2006, 284 p.

Barb Palser, «Journalism's Backseat Drivers», *American Journalism Review*, août 2005: http://www.ajr.org/article_printable.asp?id=3931

Barb Palser, «Hype or the Real Deal», *American Journalism Review*, février 2006: http://www.ajr.org/article.asp?id=4060

Deborah Potter, «IPod, You Pod, We All Pod», *American Journalism Review*, février 2006: http://www.ajr.org/Article.asp?id=4053

Project for Excellence in Journalism, *The State of the News Media 2007*: http://www.stateofthemedia.org/2007/

Marc Tessier, *La presse au défi du numérique. Rapport au ministre de la Culture et de la Communication.* Paris, février 2007: http://www.culture.gouv.fr/culture/actualites/rapports/tessier/rapport-fev2007.pdf

Wikipédia: ses défis

Laure Endrizzi, *L'édition de référence libre et collaborative: le cas de Wikipédia*, Institut national de recherche pédagogique, Paris, mars 2006: http://www.inrp.fr/vst/Dossiers/Wikipedia/sommaire.htm

Jim Giles, «Internet Encyclopaedias Goes Head to Head», *Nature*, 14 décembre 2005: http://www.nature.com/news/2005/051212/full/438900a.html

Scott Jaschik, «A Stand Against Wikipedia», *Inside Higher Education*, 26 janvier 2007: http://www.insidehighered.com/news/2007/01/26/wiki

David Mehegan, «Bias, sabotage haunt Wikipedia's free world», *The Boston Globe*, 12 février 2006, p. 1, 30-31: http://www.boston.com/news/nation/articles/2006/02/12/bias_sabotage_haunt_wikipedias_free_world/

Nature, «Editorial. Wiki's Wild World», *Nature*, 15 décembre 2005, p. 890.

Stacy Schiff, «Know it All. Can Wikipedia Conquer Expertise?», *The New Yorker*, 31 juillet 2006: http://www.newyorker.com/archive/2006/07/31/060731fa_fact

Wikipédia, *Projets pédagogiques*. http://fr.wikipedia.org/wiki/Wikipedia:Projets_pédagogiques

Les blogues et les blogueurs

Livres

Dan Gillmor, *We the Media. Grassroots Journalism by the People, for the People*. Cambridge, O'Reilly, 2004, 299 p.

Cyril Fiévet, *Blog Story*. Paris, Eyrolles, 2004, 306 pages.

Articles

The Economist, «It's the links, stupid», *The Economist*, 20 avril 2006: http://www.economist.com/surveys/displaystory.cfm?story_id=6794172

Electronic Frontier Foundation, *Legal Guide for Bloggers*, 2006: www.eff.org/bloggers/lg/

Jean-Marc Hardy, «Les blogs: effet de mode stérile ou succès justifié?», *Redaction.be,* janvier 2006: http://www.redaction.be/exemples/blogs_jan_06.htm

Meg Hourihan, «What We're Doing When We Blog», O'Reilly Network, 13 juin 2002: http://www.oreillynet.com/pub/a/javascript/2002/06/13/megnut.html

Jeffrey S. Juris, «The New Digital Media and Activist Networking within Anti-Corporate Globalization Movements», *Annals of the American Academy of Political and Social Sciences*, no 597 (2005).

Clément Laberge, «Première génération de post-blogueurs», *Remolino*, 26 août 2006: http://carnets.opossum.ca/remolino/archives/2006/08/premiere_genera.html

Amanda Lenhart et Susannah Fox, *Bloggers: A Portrait of the Internet's New Storytellers*, Pew Internet & American Life Project, 19 juillet 2006: http://www.pewinternet.org/PPF/r/186/report_display.asp

Cameron A. Marlow, *Investment and attention in the weblog community*, MIT Media Laboratory, 2006, 8 pages: http://alumni.media.mit.edu/~cameron/cv/pubs/2006-investment-and-attention-in-the-weblog-community.pdf

Brian Morrissey, «Tech, Politics Dominate Blogosphere», Adweek, 11 octobre 2006: http://www.adweek.com/aw/iq_interactive/article_display.jsp?vnu_content_id=1003224023

François Nonnenmacher, *Blogueur d'entreprise*, Éditions Eyrolles, Belgique, décembre 2005. Blogue: http://padawan.info/be/

Martine Pagé, «Deux mondes», dans *MartinePage.com*: http://www.martinepage.com/blog/2006/03/deux-mondes.html

Pointblog.com, «Pourquoi bloguez-vous»: http://www.pointblog. com/past/000464.htm

Reporters sans frontières, *Handbook for Bloggers and Cyber-dissidents*, septembre 2005, 46 pages: http://www.rsf.org/IMG/ pdf/handbook_bloggers_cyberdissidents-GB.pdf

T. Neil Sroka, *Understanding the Political Influence of Blogs. A Study of the Growing Importance of the Blogosphère in the U.S. Congress.* Washington, IPDI, avril 2006: http://www.ipdi.org/UploadedFiles/ PoliticalInfluenceofBlogs.pdf

Technorati, «Blogging Basics», *Technorati*, v. 2004: http://www. technorati.com/help/blogging101.html

Nick Usborne, *Net Words: Creating High-Impact Online Copy.* New York, McGraw-Hill, 2001, 224 p.: http://www.nickusborne.com/ networds.htm

L'utilisation en classe

Mario Asselin, «Je ne suis pas tombé dedans quand j'étais petit, et pourtant...», *Mario tout de go*, 3 avril 2007: http://carnets. opossum.ca/mario/archives/2007/04/je_ne_suis_pas_2.html

Robert Bibeau, «La vie avec les TIC, la vie après les TIC», *Revue électronique de l'EPI* (Association Enseignement Public et informatique), 2006: http://www.epi.asso.fr/revue/articles/ a0610a.htm

Nathalie Bloch-Sitbon, «Blogs et podcasts sur les bancs de l'université», *01.net*, 15 juin 2006: www.01net.com/editorial/319521/ enseignement/blogs-et-podcasts-sur-les-bancs-de-l-universite/

François Guité, «Les blogues scolaires et l'apprentissage», *Relief*, 21 février 2007: http://www.opossum.ca/guitef/archives/003572. html

Clément Laberge, «Croire dans l'éducation», *Remolino*, 5 août 2006: http://carnets.opossum.ca/remolino/archives/2006/08/ croire_dans_led.html

Université Lumière Lyon 2, «Le Podcast par Weblog», Portail de l'Université Lyon 2, 24 juillet 2006: www.univ-lyon2.fr/1153732546386/0/fiche__article/

Brigitte Vandal, «Blogues et éducation – Tour d'horizon», *Clic*, avril 2006: http://www.clic.ntic.org/clic61/blogues_education.html

Blogues et science: pourquoi bloguent-ils?

American Journal of Bioethics, «What is This», *Bioethics.net*, 24 septembre 2004: http://blog.bioethics.net/2004/09/what-is-this.html

Clifford Johnson, «How I Learned to Stop Worrying and Love the Blog», *Cosmic Variance*, 17 juillet 2005: http://cosmicvariance.com/2005/07/17/how-i-learned-to-stop-worrying-and-love-the-blog

Quantum Diaries, «About Quantum Diaries», *Quantum Diaries*, janvier 2005: http://www.interactions.org/quantumdiaries/about/index.html

RealClimate, «Welcome to RealClimate», *RealClimate*, 9 décembre 2004: http://www.realclimate.org/index.php?p=1

Tara C. Smith, «Why Do I Blog», *Aetiology*, 6 avril 2007: http://scienceblogs.com/aetiology/2007/04/why_do_i_blog.php

Blogues et science: enjeux et défis

Alison Ashlie et Richard J. Ladle, «Environmental Science Adrift in the Blogosphere», *Science*, 14 avril 2006, p. 201.

Hélène Bosc, «La communication scientifique revue et corrigée par Internet»: http://www.tours.inra.fr/prc/internet/documentation/communication_scientifique/comsci.htm

Stephen Bryant, «Pass the Politics, Please: Science Blogs Peppered with Commentary», *Online Journalism Review*, 13 avril 2006: http://www.ojr.org/ojr/stories/060413bryant

Declan Butler, «Top Five Science Blogs», *Nature*, 6 juillet 2006: http://www.nature.com/news/2006/060703/pf/442009a_pf.html

Declan Butler, « Science in the Web Age : Joint efforts », *Nature,* 1ᵉʳ décembre 2005, p. 548-549 : http://www.nature.com/news/ 2005/051128/full/438548a.html

Sean Carroll, « It's not the Blog », *Cosmic Variance,* 11 octobre 2005 : http://cosmicvariance.com/2005/10/11/its-not-the-blog/

Sean Carroll, « The Message That is Sent », Cosmic Variance, 8 mai 2007 : http://cosmicvariance.com/2007/05/08/the-message-that-is-sent

Tom DeCoursey, « The Pros and Cons of Open Peer Review », *Nature,* 2006 : http://www.nature.com/nature/peerreview/debate/ nature04991.html

Henry Farrell, « The Blogosphere as a Canival of Ideas », *Chronicle of Higher Education,* 7 octobre 2005 : http://chronicle.com/free/ v52/i07/07b01401.htm

John Gallagher, « Shoudn't You Be Online ? », *The Scientist,* vol. 21, nᵒ 6, juin 2007 : http://www.the-scientist.com/article/home/53218/

Robert Hoehndorf *et al., A Proposal for a Gene Functions Wiki,* Université de Leipzig, Allemagne, 2006 : http://onto.eva.mpg. de/publication/2006/HPBHKLV06a/

Scott Jaschik. « Too Much Information ? », *Inside Education,* 11 octobre 2005 : http://www.insidehighered.com/news/2005/10/11/ bloggers

Clifford Johnson, « The Blog As a Sharp Tool for Research », *Cosmic Variance,* 23 juillet 2005 : http://cosmicvariance.com/2005/07/23/ the-blog-as-a-sharp-tool-for-research

Klaus Minol *et al.,* « Portals, Blogs and Co. : the role of the Internet as a medium of science communication », *Biotechnology Journal,* 2007, 2 (août 2007), p. 1129-1140.

Chris Mooney, « Learning to speak *science* », *Seed Magazine,* janvier 2006 : http://www.seedmagazine.com/news/2006/01/learning_ to_speak_science.php?page=2

Nature, « Let Data Speak to Data », *Nature,* 1 décembre 2005, p. 531.

Nature, « Peer Review on Trial », *Nature,* 8 juin 2006, p. 668.

Nature, «Overview: Nature's Peer Review Trial», *Nature*, décembre 2006: http://www.nature.com/nature/peerreview/debate/nature05535.html

Nature, «Editorial. Peer Review and Fraud», *Nature,* 21 décembre 2006: http://www.nature.com/nature/journal/v444/n7122/full/444971b.html

RealClimate, «One Year on…» dans *RealClimate*, 28 décembre 2005: http://www.realclimate.org/index.php/archives/2005/12/one-year-on/

Janet D. Stemwedel, «SBC 2007: Questions in the Air», *Adventures in Ethics and Science*, 21 janvier 2007: http://scienceblogs.com/ethicsandscience/2007/01/sbc_2007_questions_in_the_air.php

Mario Tessier, «Bibliothèques du futur», *Science! On blogue… de culture*, 6 juin 2006: http://blogue.sciencepresse.info/culture/item/266

Mark Trodden, «How Can We Best Use Blogs?», *Cosmic Variance*, 11 février 2007: http://cosmicvariance.com/2007/02/11/how-can-we-best-use-blogs-help-please

Carl Zimmer, «When Scientists Go All Bloggy», *The Loom*, 17 avril 2007: http://scienceblogs.com/loom/2007/04/17/when_scientists_go_all_bloggy.php

Bora Zivkovic, dir., *The Open Laboratory: The Best Writing in Science Blogs 2006*. Cortunix éditeur, 2007, 336 pages

Actualités pertinentes de l'Agence Science-Presse

Blogues

«Un scientifique poursuivi pour libel!», 28 août 2007: http://www.sciencepresse.qc.ca/node/18337

Pascal Lapointe, «Blogues et science: un retour vers la vraie nature d'Internet», 23 décembre 2005: http://www.sciencepresse.qc.ca/archives/2005/cap1912056.html

«Le scientifique wikipédien», 22 décembre 2005: http://www.sciencepresse.qc.ca/archives/2005/cap1912055.html

«ArXiv: la recherche pénètre la blogosphère», 19 décembre 2005: http://www.sciencepresse.qc.ca/archives/2005/cap1912052.html

«Le blogue, mon deuxième job», *Hebdo-Science* n⁰ 1406, *spécial Science! On blogue*, 25 octobre 2005.

«La grippe aviaire envahit la blogosphère», 17 octobre 2005: http://www.sciencepresse.qc.ca/archives/2005/cap1710055.html

«Big Brother vous surveille, et il s'appelle Google», 2 mai 2005: http://www.sciencepresse.qc.ca/archives/2005/cap0205051.html

«Un blogue chaud», *Agence Science-Presse*, 21 janvier 2005: http://www.sciencepresse.qc.ca/archives/2005/cap1701058.html

Science et communication

Pascal Lapointe, «Les faire descendre de leur tour d'ivoire», 18 février 2002: http://www.sciencepresse.qc.ca/archives/2002/cap1802025.html

«Pneumonie atypique: un échange d'information digne du XXIᵉ siècle», Agence Science-Presse, 9 avril 2003: http://www.sciencepresse.qc.ca/archives/2003/cap0704037.html

Quand des scientifiques s'occupent d'un président, 23 février 2004: http://www.sciencepresse.qc.ca/archives/2004/cap2302044.html

Erwan Le Fur, «Désinformation massive (les armes de)», 7 octobre 2004: http://www.sciencepresse.qc.ca/congres/js/0401.html

Pascal Lapointe, «Les scientifiques communiquent parfois... entre eux!», 21 février 2005: http://www.sciencepresse.qc.ca/archives/2005/man210205.html

«Michael Crichton au Sénat», 3 octobre 2005: http://www.sciencepresse.qc.ca/archives/2005/cap0310053.html

«La science sur votre iPod», 7 novembre 2005: http://www.sciencepresse.qc.ca/archives/2005/cap0711051.html

Mélanie Robitaille, «Le triangle dysfonctionnel de l'information scientifique», 31 juillet 2006: http://www.sciencepresse.qc.ca/archives/2006/cap3107061.html

Accès libre à la recherche

«L'information (scientifique) veut être libre (suite)», 5 avril 2001: http://www.sciencepresse.qc.ca/archives/2000/cap0204018.html

Luc Dupont, «Des revues plus ouvertes?», 1er avril 2002: http://www.sciencepresse.qc.ca/archives/2002/cap0104022.html

«Le marché biaisé des revues savantes», 23 septembre 2002: http://www.sciencepresse.qc.ca/archives/2002/cap2309022.html

«Information scientifique gratuite: dernières nouvelles du front», 8 septembre 2003: http://www.sciencepresse.qc.ca/archives/2003/cap0809032.html

«Information scientifique gratuite: un (autre) grand bond en avant», 6 janvier 2005: http://www.sciencepresse.qc.ca/archives/2005/cap0301056.html

Pascal Lapointe, «L'information scientifique veut être libre», 20 février 2005: http://www.sciencepresse.qc.ca/archives/2005/cap2102054.html

«Grippe aviaire: publier et périr», 6 mars 2006: http://www.sciencepresse.qc.ca/archives/2006/cap0603062.html

Isabelle Burgun, «Libérer l'accès à la recherche», 18 mai 2006: http://www.sciencepresse.qc.ca/archives/quebec/capque0506g.html

Autres

«Corée du Sud: le Watergate du clonage», 9 janvier 2006: http://www.sciencepresse.qc.ca/archives/2006/cap0901063.html

«Clonage: comment détecter des photos truquées», 27 janvier 2006: http://www.sciencepresse.qc.ca/archives/2006/cap2301066.html

«Ordinateurs partagés: la science de l'avenir», 17 mai 2005: http://www.sciencepresse.qc.ca/archives/2005/cap1605054.html